PÓS DEUS

Dados Internacionais de Catalogação na Publicação (CIP)
(Câmara Brasileira do Livro, SP, Brasil)

Sloterdijk, Peter
  Pós-Deus / Peter Sloterdijk ; tradução de Markus A. Hediger. – Petrópolis, RJ : Vozes, 2019.

  Título original: Nach Gott.
  ISBN 978-85-326-6058-9

  1. Filosofia 2. Religião 3. Religião – Filosofia 4. Teologia I. Título.

19-23763   CDD-100

Índices para catálogo sistemático:
1. Filosofia   100

Cibele Maria Dias – Bibliotecária – CRB-8/9427

PETER SLOTERDIJK

Tradução de Markus A. Hediger

PÓS DEUS

EDITORA VOZES

Petrópolis

© Suhrkamp Verlag Berlin 2017.

Título do original em alemão: *Nach Gott*

Direitos de publicação em língua portuguesa – Brasil:
2019, Editora Vozes Ltda.
Rua Frei Luís, 100
25689-900 Petrópolis, RJ
www.vozes.com.br
Brasil

Todos os direitos reservados. Nenhuma parte desta obra poderá ser reproduzida ou transmitida por qualquer forma e/ou quaisquer meios (eletrônico ou mecânico, incluindo fotocópia e gravação) ou arquivada em qualquer sistema ou banco de dados sem permissão escrita da editora.

CONSELHO EDITORIAL

Diretor
Gilberto Gonçalves Garcia

Editores
Aline dos Santos Carneiro
Edrian Josué Pasini
Marilac Loraine Oleniki
Welder Lancieri Marchini

Conselheiros
Francisco Morás
Ludovico Garmus
Teobaldo Heidemann
Volney J. Berkenbrock

Secretário executivo
João Batista Kreuch

Editoração: Leonardo A.R.T. dos Santos
Diagramação: Sheilandre Desenv. Gráfico
Revisão gráfica: Alessandra Karl
Capa: Rafael Nicolaevsky

ISBN 978-85-326-6058-9 (Brasil)
ISBN 978-3-518-42632-6 (Alemanha)

Editado conforme o novo acordo ortográfico.

Este livro foi composto e impresso pela Editora Vozes Ltda.

Sumário

1 Crepúsculo dos deuses, 7

2 Podemos dizer sim ao mundo? – Sobre a mudança na disposição básica na religiosidade da Modernidade com consideração especial de Martinho Lutero, 30

3 A verdadeira heresia: a gnose – Sobre a religião mundial da ausência do mundo, 64

4 Mais próximo de mim do que eu mesmo – Pré-escola teológica à teoria do interior comum, 103

5 O bastardo de Deus: a ruptura Jesus, 161

6 Aprimoramento do ser humano – Notas filosóficas sobre o problema da diferença antropológica, 190

7 Épocas da animação – Sugestões para uma filosofia histórica da neurose, 206

8 Latência – Sobre o escondimento, 231

9 O imperativo místico – Observações sobre a mudança de forma do religioso na Modernidade, 242

10 Imperativo absoluto e categórico, 269

11 Novidades sobre a vontade de crer – Observação sobre a dessecularização, 276

12 Chances no monstruoso – Anotação sobre a mudança de forma do religioso no mundo moderno na sequência de alguns motivos em William James, 297

Índice, 323

1
Crepúsculo dos deuses

> "A todos os mundos de deuses segue
> um crepúsculo dos deuses"[1].
> Descansa, descansa, ó Deus!
> WAGNER, R. *O crepúsculo
> dos deuses.*

I

O fato de que os gregos da era clássica designavam os seres humanos como "mortais" ainda não foi esquecido completamente pelos cultos dos nossos dias culturalmente esquecidos. Os seres humanos eram portadores desse nome porque eram compreendidos como contraparte terrena aos deuses, que eram chamados os imortais. Na verdade, a imortalidade era a única característica eminente dos deuses gregos; no que dizia respeito à sua conduta, esta, com sua humanidade demasiada, dificilmente poderia ter sido diferenciada do comportamento humano.

Cem anos atrás, quando Paul Valéry, sob os abalos da Primeira Guerra Mundial, estendeu o predicado da "mortalidade" às altas culturas, afirmando que agora sabíamos que até mesmo as grandes configurações coletivas (*nous autres, civilisations*) in-

---
[1] GÜNTHER, G. "Seele und Maschine". In: GÜNTHER, G. *Beiträge zur Grundlegung einer operationsfähigen Dialektik.* Vol. 1. Hamburgo, 1976, p. 79.

tegradas pela língua, pelo direito e a divisão do trabalho eram mortais, podemos considerar um acaso feliz se a sentença imensa ainda deixou algum engrama numa memória cunhada pelo espírito veteroeuropeu. De fato, "nós civilizações" somos mortais, e deveríamos ter tomado conhecimento disso depois de tudo que aconteceu. O predicado da "mortalidade" não compete mais apenas a Sócrates e seus iguais. Ela abandona o exercício silogístico e inunda um continente que não contém a sua guerra. O que conferiu uma nova qualidade à mortalidade não foi apenas o fato de que, dentro de quatro anos, mais de nove milhões de homens foram enviados para o fogo nas frentes. Decisivo é que o número enorme de soldados mortos e de vítimas civis pareciam ser uma consequência das tensões internas da vida cultural. O que são nações de cultura e o que significam civilizações se elas permitem tamanhos excessos em termos de vítimas e autossacrifícios, sim, que não só as permitem, mas as provocam por seus próprios impulsos? O que esse consumo em massa de vida revela sobre o espírito da era industrial? O que essa nova brutalidade sem igual significa para a existência individual? A partir de agora, a palavra "mortalidade", quando aplicada a civilizações, conotará sempre opções suicidas.

O choque do qual a observação de Valéry dava testemunho alcançava uma profundeza maior do que seus contemporâneos podiam compreender. Dessa vez, o reconhecimento da possibilidade de ruína das civilizações não dizia respeito a mundos distantes como Nínive, Babilônia, Cartago. Tratava de grandezas que as pessoas acreditavam conhecer de perto: França, Inglaterra, Rússia... até ontem, estes ainda eram nomes cativantes. Eles eram pronunciados como universais em forma de povos. Representavam a estabilidade atemporal que, desde sempre, era atribuída aos clãs [*Sippen*] e suas alianças em povos. Desde sempre, os clãs eram regidos pela lei da descendência. Eles representavam a continuidade que atravessa as gerações, por mais que os indivíduos surjam e desapareçam. Valéry: "E agora vemos que o abismo da história é grande o bastante para todos"².

O crepúsculo da civilização começa no instante em que os habitantes da grande construção cultural são tomados pelo pressentimento de que nem mesmo os sistemas humanos mais sólidos do presente foram construídos para a eternidade. Eles estão sujeitos a uma fragilidade que é chamada também de "historicidade". Historicidade significa para as civilizações o que a mortalidade significa para o indivíduo. Na filosofia do século XX, no tocante ao indivíduo, isso tem sido chamado "ser para a morte". Nas culturas, isso é chamado consciência histórica.

Normalmente, os membros das nações historicamente agitadas ignoram o reconhecimento de que seus historiadores são, ao mesmo tempo, seus tanatólogos. Em virtude de seu ofício, os tanatólogos são os melhores teólogos: Eles assumem – apoiando-se em um ponto de partida local – o ponto de vista de Deus no fim do mundo e da vida. Normalmente, os historiadores não sabem que eles, ao lembrar os primórdios, se exercitam indiretamente também na perspectiva do fim.

Na visão divina, história significa nada mais do que o processo de transferir "aquilo que ainda não foi" para "aquilo que foi". Apenas quando todo "ser" tiver passado para o "ter sido", o "Deus onisciente"³ do classicismo metafísico terá alcançado seu destino. Apenas quando estiver certo de que nada de novo pode acontecer, Deus pode se despir do predicado comprometedor da

---

2 "Nous autres, civilisations, nous savons maintenant que nous sommes mortelles [...]. Et nous voyons maintenant que l'abîme de l'histoire est assez grand pour tout le monde" (VALERY, P. *La Crise de l'Esprit*. Paris, 1919 [reimp.: Paris: Variété I, 1924] [agora em: *Œuvres*, I. Paris: la Pléiade, p. 988]).

3 Cf. PETTAZZONI, R. *Der allwissende Gott* – Zur Geschichte der Gottesidee. Frankfurt a.M./Hamburgo, 1960.

"onipotência": Pois este se tornara cada vez mais embaraçoso e supérfluo. No final real da história nada haverá para criar ou preservar. Tudo que é existe em função daquilo que será por último. O dossiê da criação será fechado. O Deus final se oculta sob o manto da onisciência: Assim que o conhecimento completo da criatividade (ou do "evento") deixar de se ver confrontado com novas tarefas, Deus verá o universo em sua totalidade. Ele olhará tranquilo através de tudo que era o caso.

A tradição veteroeuropeia chama de "apocalipse" o momento dessa transparência na retrospectiva abrangente. Isso significa em sentido estrito: revelação de todas as coisas a partir do fim. Tudo está pronto, tudo se torna transparente. As chamadas "revelações", às quais os observadores mortais de algumas altas culturas têm acesso na forma de "escrituras sagradas", são, de certa forma, visões do além paralisado, documentadas a meio caminho. Elas são testemunho de que religiões mais altas precisam da pressa[4]. Essa "pressa antecipada" está submetida ao esquema temporal da fé impaciente: Já agora, mas então com tudo! Os apocalipses religiosos, porém, tratam geralmente não das verdadeiras "coisas últimas", eles se deleitam com a descrição de tumultos anteriores ao grande silêncio.

Aquele que aceita esse tipo de mensagens como verdades, pode convencer a si mesmo de que está participando antecipadamente da grande visão a partir do fim. As esferas dessas representações são chamadas "mundos de fé". Eles são criados para vencer o abismo entre o tempo atual até a eternidade. Mesmo assim, o fiel permanece sujeito à lei do "estar a caminho" no temporário. Ele sabe que só consegue alcançar Deus se, na morte, ficar em pé de igualdade ontológica com Deus. Isso vale para a Índia antiga

---

4 Cf. SLOTERDIJK, P. *Gottes Eifer* – Vom Kampf der drei Monotheismen. Frankfurt a.M./Leipzig, 2007, p. 192s.

tanto quanto para a Europa antiga, e não vale menos para os domínios do Islã.

Aqueles grupos de fiéis que viviam na convicção de conseguirem solucionar *media in vita* aquela tarefa aparentemente impossível de alcançar Deus eram chamados místicos. Graças aos seus esforços, a transcendência não permaneceu uma palavra completamente vazia. Esses mestres da renúncia própria tentaram desistir de qualquer vida separada fora de Deus. Dessa forma, eles se entregaram à ideia de, já aqui, terem passado para o além. Morrer significa realmente: devolver a alma – como o expressa metafisicamente correto a expressão francesa *rendre l'âme* [entregar a alma]. Mas apenas quando tudo realmente tiver morrido, seja antecipadamente, na hora oportuna ou inoportuna, tudo que esteve destinado para o "ser aí" estará liberto da coerção do devir e da renovação. Se quiséssemos dizer em uma única frase o que a metafísica clássica tinha em mente, diríamos: Ela queria converter o "mundo" para que participasse da paralisia na onisciência de Deus. Para isso serviam, entre outras, as doutrinas estoicas e cristãs da previdência (*pronoia, providentia*), que pretendiam proteger o flanco aberto de Deus para o futuro.

Essa tentativa de conversão fracassou, por isso existe o mundo moderno. Cabe à Modernidade o mérito daquele que rejeita a ideia de um esvaziamento completo do futuro no passado e vota pelo futuro inesgotável, mesmo que esse voto exclua a possibilidade de um Deus onisciente, de um Deus que, "depois de todo tempo", se curva sobre a criação numa retrospectiva abrangente. O "mundo" – e Nietzsche sabia melhor do que qualquer outro que, durante muito tempo, "mundo" era um "palavrão cristão"[5] – resistiu ao convicto do esvaziamento do futuro no passado total porque

---

5 NIETZSCHE, F. "Epilog zu: Der Fall Wagner". In: *Kritische Studienausgabe*, vol. 6, p. 51.

abjurou à primazia ontológica do passado. Ele resistiu porque, na luta consigo mesmo, graças a uma tensão autodidata de coerência notável, aprendeu a dar ao tempo o que era devido ao tempo. Ironicamente, esse esforço por uma compreensão mais profunda do tempo se realizou justamente em solo europeu, na pátria da metafísica resoluta da paralisia e da apocalíptica convulsiva. No pensamento filosófico da Modernidade, a abertura fundamental foi compreendida pela primeira vez de modo adequado. No ponto de encontro de vontade e representação o mundo se forma como projeto e empreendimento. Não são os comerciantes e marinheiros os responsáveis pela reforma do mundo como conjunto de esboços, mas pensadores que suspenderam a paralisia metafísica do futuro. É por isso que figuras como Schelling, Hegel, Bergson, Heidegger, Bloch e Günther e talvez também o próprio Nicolau de Cusa ocupam lugares de destaque no panteão da filosofia "contemporânea". Foram esses os autores que, antes de todos os outros, puseram um fim à evacuação do tempo e da novidade do ser. Eles explodiram a casca morta da ontologia quando transferiram o tempo e o *novum* para o âmago do ser.

II

A mitologia da Grécia Antiga tinha previsto a vingança do tempo contra a eternidade de longe, quando se permitiu a alusão segundo a qual até mesmo os deuses imortais precisariam aprender a conviver com um destino de ordem superior: Os gregos deram a esse poder do destino o nome *Moira*. Ela representava uma grandeza anônima nos bastidores do ser possuidor de forma. Agindo a partir do invisível, ela distribuía a todas as grandezas o que lhes cabia. Ela possuía onipotência sobre as divisões, as porções, as sortes, os destinos. Ela "agia" como poder anterior ao poder, como justiça anterior à justiça, como destino anterior ao destino. Ela permitiu ao regime dos olímpicos que entrassem no "ser aí", delimitando, a poder de uma separação de poderes no absoluto, os âmbitos de ação dos deuses principais: Hades é instaurado como senhor do subterrâneo; Poseidon, como senhor daquilo que é coberto pela água; Zeus, das coisas visíveis sob o céu. Quando a cada um é atribuída a sua parte do todo, a civilização dos deuses toma seu passo decisivo.

O quanto já nos distanciamos aqui dos brutos monstros de poder das potências pré-olímpicas, que sempre queriam dominar tudo no todo! Ainda estamos igualmente distantes do deus dos filósofos e de seu *Doppelgänger* ciclotímico, compassivo e irado, o deus dos teólogos! Destes últimos, apenas poucos se conscientizaram até hoje o que eles fizeram quando elevaram o Único acima dos Muitos. Com sua distinção fatal entre Deus e ídolos, eles causaram uma epidemia teocida, que ainda não chegou ao fim. Já Isaías tinha rejeitado os deuses dos outros como pedaços de madeira pintada[6]. Nietzsche, ainda no tom da sátira religiosa monoteísta, observou que existem "muito mais ídolos do que realidades no mundo..."[7] Quando o Uno empurrou os restantes para as margens, os deuses se entregaram ao ócio no exílio. Mesmo assim, teólogos oficiais acreditam ter prestado o melhor serviço ao mundo quando tornaram grande parte da humanidade dependente de um Deus dividido em si mesmo, cuja singularidade havia sido comprada ao preço da incompatibilidade engenhosamente mascarada de suas qualidades mais sublimes.

Em seu zelo suprematista, os teólogos religiosos insistiram em adornar seu Deus com os atributos mais brilhantes: onipotência e

---

6 Cf. ASSMANN, J. *Totale Religion* – Ursprünge und Formen puritanischer Verschärfung. Viena, 2016, p. 58s.
7 NIETZSCHE, F. "Götzen-Dämmerung". In: *Kritische Studienausgabe*, vol. 6, p. 57.

onisciência[8]. Eles não levaram em consideração que, com a proclamação simultânea desses atributos, eles estavam implantando uma contradição real de natureza altamente explosiva no mais supremo: Ou Deus é todo-poderoso, caso em que sua vontade criativa permanece livre por todo o futuro e só pode ser espelhado por seu conhecimento apenas posteriormente; ou ele é onisciente, caso em que teria esgotado todo seu poder criativo; apenas assim ele poderia olhar para o universo do "ter sido" numa eterna *happy hour*.

O pensamento veteroeuropeu precisou de um milênio e meio para levar à explosão aquela contradição escondida no conceito do Deus monoteísta. O rompimento da contradição, que tinha permanecido oculta por tanto tempo, foi, na maioria das vezes, interpretado equivocadamente como crise ateísta da Modernidade. Na verdade, poder e conhecimento, tanto para o superior quanto para o inferior, foram desembaraçados e reconfigurados. Mas enquanto a teologia cristã mais recente, sobretudo a teologia protestante, se converteu à abertura do futuro da Modernidade e taciturnamente aceitou a perda da onipotência de Deus[9], o Islã atual continua a provocar alvoroço com a onipotência de Alá. Mas visto que também Alá há muito se tornou incapaz de fazer algo novo e permanece preso ao seu passado criador, ele consegue demonstrar sua onipotência supostamente virulenta apenas por meio da vontade para a extinção de criaturas rejeitadas[10]. Os jovens assassinos e suicidas que partem para o jihad externo com-

---

8 Cf. BEINERT, W. (org.). *Lexikon der katholischen Dogmatik*. 3. ed. Freiburg/Basileia/Viena, 1991, p. 106-109. Ali, sob o verbete "atributos de Deus", os atributos teologicamente mais marcantes são listados, desde a onipresença até a ira, sem que o autor (Wilhelm Breuning, Bonn) permita a pergunta de um teste de compatibilidade.

9 Recentemente, o lado judeu expressou *expressis verbis* a negação do predicado de onipotência: cf. JONAS, H. *Der Gottesbegriff nach Auschwitz*. Frankfurt a.M., 1987.

10 Cf. KEPEL, G. & MILELLI, J.-P. (orgs.). *Al-Qaida* – Texte des Terrors. Munique, 2006.

preenderam sem qualquer teologia o quanto um deus do tipo de Alá representa uma figura vergonhosa assim que o contemplamos diante do pano de fundo de um mundo moderno, i. e., de um mundo dinamizado por criatividades *humanas*. E atenção: O fato de que todos os seres humanos morrem mais cedo ou mais tarde pode, independentemente de qualquer concepção de Deus, ser debitado na conta da natureza ou da fatalidade. Mas o fato de extinguirem precocemente mortais individuais e o fato de, não raramente, os extintores se sacrificarem de modo tosco-heroico nesse mesmo ato, deve servir como prova do espírito e da força de Alá. Sério? Os jovens fanáticos não imaginam em que medida as suas ações demonstram a esterilidade de uma cultura-teologia desgastada. Levará um tempo até reconhecerem que o terror praticado pelos islamistas contra os "infiéis" dentro e fora da "casa de Alá" representa a forma de execução do crepúsculo de Alá. Atentados são demonstrações fracassadas de um deus que já não entende mais o mundo.

No centro da crise teológica do Islã está a pergunta não resolvida da criatividade. É, ao mesmo tempo, a pergunta sobre a tecnologia e sobre o direito à imagem. O problema não pode ser resolvido com os recursos do Alcorão. Na verdade, as nações islamizadas participam, *summa summarum*, na Modernidade criativa, sobretudo em seus agravamentos tecnológicos, apenas do ponto de vista do usuário. Eles não subiram para a plataforma da "existência tecnológica"[11]. Eles não produzem o que usam; eles não geram o que manuseiam. Eles não aceitaram a *translatio creativitatis*[12] nem a compreenderam como desafio do tempo.

Estaríamos exagerando se atribuíssemos à teologia implícita do mito grego uma premonição daquilo que, em outras tradições

---

11 BENSE, M. *Technische Existenz*. Stuttgart, 1949.
12 Cf. abaixo, p. 20 e p. 99s.

mitológicas, era chamado um "crepúsculo dos deuses". Afinal de contas, a *Moira* implica a ideia de um regime que fornece aos deuses a sua "constituição". (A afirmação de Rousseau de que um povo de deuses se governaria necessariamente de forma democrática é metafisicamente ignorante, pois segundo tudo que conseguimos saber sobre os deuses, eles tendem espontaneamente à elevação de um soberano.) A *Moira* nada diz sobre um possível fim dos imortais.

Mesmo assim, alguns dramas atribuídos ao poeta Ésquilo sobre o titã Prometeu aludem a uma antecipação das condições pós-olímpicas. A poder de sua inteligência prospetiva, ele conseguiu ver para além do regime de Zeus: Supostamente ele teria oferecido compartilhar suas visões ameaçadoras com Zeus, contanto que este o libertasse de sua tortura eterna na pedra do Cáucaso. Zeus – aparentemente muito distante de uma onisciência em causa própria – aceitou o acordo e "desamarrou" Prometeu. Fez isso para descobrir se ele corria o perigo de sofrer o mesmo destino às mãos de um filho virtual que ele impusera ao seu pai Cronos, quando ele o castrou durante o coito com Gaia. Então Zeus se desistiu de gerar um filho que pudesse imitar seu pai e resistiu à ninfa sedutora que se oferecia como mãe de um possível assassino de Zeus.

Até aqui, as premonições de revoltas nas casas dos deuses permanecem limitadas às mudanças de fases dinásticas. Os gregos dos séculos clássicos conseguem imaginar sem qualquer problema uma revolução no palácio do bairro olímpico; mas um crepúsculo dos deuses ao estilo indo-germânico ou nórdico permanece estranho ao seu temperamento. A doutrina estoica da *ecpirose* (conflagração) é um exotismo tardio importado do Oriente Médio.

Se quisermos nos aproximar mais do "crepúsculo dos deuses" como tipo de eventos, encontramos um material mais rico na mitologia germânica, mas é preciso lembrar que os estudiosos debatem ainda hoje se os poetas dos deuses do Antigo Norte inventaram já cedo e por conta própria a conflagração no fim dos tempos ou se foi apenas o contato com a apocalíptica cristã que despertou neles o interesse pela ruína.

Constatemos: *Ragnarök* – por vezes traduzido como "fim do mundo", por outras, como "crepúsculo dos deuses" – se anuncia por meio de um período de desregulamentações genealógicas. Em consequência disso, irmãos se matam, pais esganam seus filhos, e a geração paterna estupra sua descendência. No nível cosmológico ocorre o equivalente. O lobo gigante Fenris devora o sol e a lua, as estrelas se apagam. Após um inverno de mil dias, durante o qual o verão não cumpre mais a sua tarefa de separar um inverno do próximo, a terra estremece, montanhas ruem, o oceano inunda o continente, a árvore do mundo treme, e tudo que vive é tomado pelo terror. Na última batalha entre os deuses de Muspelheim e os monstros arcaicos, Thor morre com o veneno da serpente gigante por ele morta, enquanto Odin é devorado pelo lobo. A luta se desdobra sob a lei da destruição mútua quase garantida. No fim, Surt ("o Negro", o Vulcano nórdico) incendeia o mundo e queima tudo que existe. Do inferno emergem alguns deuses e um casal humano como sobreviventes. Sua tarefa será a instauração de um novo ciclo de vida.

Não precisamos tratar aqui das analogias entre a Ragnarök e o *Mahabharata* ou o Apocalipse de João. Tampouco nos afeta a pergunta se a expressão "crepúsculo dos deuses" traduz corretamente a palavra "Ragnarök". Segundo a literatura erudita, ela abrange toda uma gama de significados, que se estendem desde a "morte dos deuses" até a "renovação das potências divinas". E também Richard Wagner parece não ter se convencido completamente da adequação da expressão: Segundo o testemunho de Cosima[13], Wagner, durante o trabalho na quarta parte do *Anel do*

---

13 WAGNER, C. *Die Tagebücher*. 3 vols. Berlim, 2006 [registro de 03/08/1872].

Nibelungo, cogitou a ideia dar à obra o nome "Julgamento dos deuses", "pois Brunilda os julga" (i. e., os deuses). Portanto, o compositor, ao qual o renascimento do motivo do "crepúsculo dos deuses" deve tudo[14], não teria se interessado tanto por um mito de fim de mundo em trajes nórdicos, mas pela correção de um erro moral, que, desde os primórdios, está entretecido na malha do mundo. Seu *Crepúsculo dos deuses* é um drama de purificação moral; ele não pretende ser uma fenomenologia do espírito para o palco. Ele não conhece um pecado original, mas um erro original. Um simbolismo rico e profundo é representado pelo fato de que, em Wagner, Valhala, a sede dos deuses, é incendiado pela lenha da árvore do mundo derrubada: O final dramático espetacular pode ser interpretado como que dizendo que a profanação do organismo do mundo por meio de sua fragmentação em pedaços de lenha seria a causa espiritual e material do desvanecimento dos deuses.

O crepúsculo dos deuses no palco revela um pessimismo definitivo. O libreto de Wagner demonstra resignação diante do desgaste metafísico dos deuses antigos. Nem mesmo o suicídio nobre de Brunilda é, do ponto de vista cultural, mais valioso do que o suicídio de Emma Bovary. Certo vandalismo anárquico insiste em ter a última palavra. Wagner não fala de um novo ciclo de criação. A "brama da ruína"[15] se apodera de tudo. Os motivos disso permanecem incompreensíveis dentro da própria obra de arte.

---

14 É possível que Wagner tenha adotado a expressão não só das traduções da mitologia nórdica para o alemão, mas também de um poema assim intitulado no *Buch der Lieder*, de Heinrich Heine (1827).

15 WAPNEWSKI, P. *Der Ring des Nibelungen* – Wagners Weltendrama. Munique/Zurique, 2013 [orig.: "Weisst du wie das wird...?", 1995], p. 304, com referência à análise de Hans Mayer em: *Richard Wagner in Selbstzeugnissen und Bilddokumenten*. Hamburgo, 1959, p. 147s.

III

A contribuição de Richard Wagner para a representação da agonia dos deuses pode servir como testemunho do reconhecimento segundo o qual a liberdade de vontade há muito tinha emigrado para a arte. No mundo movimentado, o ser humano só pode vivenciar um pouco de liberdade, i. e., de abertura para o que vem, se ele recorrer ao seu "próprio" potencial criativo – e ao potencial de seus companheiros de destino. A emigração da criatividade para a arte e tecnologia possui caráter epocal. Sem ela, a palavra "Modernidade" nada mais seria do que um som vazio. Giambattista Vico foi o primeiro pensador da Europa que conceitualizou esse movimento quando diferenciou a era dos deuses da época dos heróis e dos homens. Podemos descrever essa sequência como encarnação progressiva. Onde existiam deuses, devem surgir seres humanos. E onde há seres humanos, aumenta a artificialidade.

A notabilidade filosófica da obra de Wagner encontra sua razão no fato de que as três esferas se tocam num espaço restrito. Sua obra evoca uma quase-concomitância exaustiva de deuses, heróis e seres humanos. A meditação de Wagner sobre o poder do tempo se manifesta em como ele apresenta primeiro os deuses, depois os heróis e finalmente os seres humanos – sem oferecer qualquer justificativa para essa sequência. A Nova Mitologia de Wagner é uma hermenêutica do destino. Ela alega poder levar ao entendimento por meio da pura representação. O destino só pode ser demonstrado, mas jamais pode ser explicado.

Destino é aquilo que acontece sem permitir perguntas sobre o seu porquê.

Do ponto de vista filosófico, Wagner se insere entre Hegel e Heidegger não apenas no sentido cronológico. Como leitor de Feuerbach, ele sabe que o ser humano possui, por natureza, competência teopoética. Como leitor de Schopenhauer, ele compreende que ação acumula culpa por vontade cega; como leitor de Bakunin ele vê claramente que, para criar algo novo, o homem precisa jogar a tocha ardente naquele material combustível que os espíritos críticos chamam o "existente". Sem passagem pelo fogo não há purificação. Sem cinzas, não há Fênix.

O *Crepúsculo dos deuses* representa a prova de que Wagner reconheceu o desgaste do antigo conjunto de deuses. Eles só podem "esperar seu fim de olhos abertos, mas nada podem fazer para impedi-lo"[16]. Mesmo assim, as especulações de Wagner só contribuem indiretamente para a compreensão do processo que, sob o ponto de vista ontológico, poderíamos chamar uma *translatio creativitatis*. A expressão afirma: Não é apenas Deus que cria, a natureza e o ser humano também possuem qualidades criativas. Evidentemente, há uma multiplicidade de criatividades e uma multiplicidade de reflexividades no mundo que não podem ser reclamadas, muito menos monopolizadas, por uma instância divina central. A terra é um lugar de inteligência polivalente. Ela representa o único lugar conhecido no universo ao qual se aplica a constatação: Pensa de modo múltiplo.

Aquilo que a fala mitológica tem chamado "crepúsculo dos deuses" até agora, significa, do ponto de vista filosófico, nada mais do que a condensação filosófica das deduções desta tese: Pensa. Pensamento preciso funda nova realidade. A falácia de Descartes consistia em reclamar seu pensamento para seu eu. No entanto, o eu nada mais é do que o lugar em que a constatação "pensa-se"* chama a atenção pela primeira vez. O fato de um eu atribuir seu pensar e seu pensamento a si mesmo é secundário. O pensamento primário cartesiano segundo o qual eu certamente sou se eu penso se revela, desde o princípio, como estéril. O *cogito*

---

16 NIETZSCHE, F. *Richard Wagner in Bayreuth*. Leipzig, 1876, cap. 10.

* Em alemão "*Es denkt*", "algo pensa", com sujeito indefinido e anônimo [N.T.].

representa um fundamento inabalável sem superestrutura. Cada pensamento de conteúdo fértil pertence à esfera do "pensa-se" (no máximo, à esfera do "pensa-se em mim"). (Entre parênteses: É sinal da grandeza de Fichte que ele, em sua obra tardia, ressaltou o elemento anônimo, indefinido do "se" no eu; a princípio, faz-se necessário um eu para que se possa pensar, mas por trás do eu que eu conheço de forma imediata porque eu o estabeleci se ergue um eu que eu não conheço e que, de certo modo, me usa como seu olho. O eu desconhecido que vê através de mim se chama Deus. Deus é a vontade de conteúdo, a vontade de não esterilidade, a vontade de não-esgotamento-na-autorreferência--vazia, em suma, a vontade de mundo.)

Para a compreensão do fenômeno do "crepúsculo dos deuses", os recursos mitológicos são insuficientes. A palavra "crepúsculo" indica corretamente que Deus e os deuses não morrem, mas esmorecem, seja porque uma luz mais clara os ofusca, seja porque um escurecimento os torna invisíveis. A parábola do anel de Lessing em *Nathan, o Sábio* (1779; emprestada do *Decamerão* [1356], de Boccaccio) representou uma fase no processo desse esmorecimento. Depois dela, o Deus dos outrora nítidos monoteísmos é cercado por uma aura de indecidibilidade. O esmorecimento em si não precisa ser fatal[17]. Como demonstra o presente, um deus pode se recuperar do esmorecimento, caso a conjuntura seja favorável, mesmo que, na maioria dos casos, em cores questionáveis. Normalmente, o esmorecimento é irreversível, porque a civilização gera, por meio de sua arte, sua ciência, sua tecnologia e suas atividades midiáticas, tanta luz artificial que a luz de Deus se

---

17 Verdadeiramente fatal é a extinção de deuses por meio da extinção global de línguas. Segundo os conhecedores da matéria, mais de mil línguas menores desaparecerão ao longo do séc. XXI. Com cada língua extinta, perdem-se uma mitologia, um sistema de rituais e um vocabulário de nomes divinos.

mostra fraca ao lado dela. Ela só consegue brilhar aos domingos e nos feriados, quando desligamos as máquinas de luz artificial.

A melhor explicação para essa última constatação é um retrocesso para a tanatologia da metafísica clássica. Depois da história da criação determinante da antiga Europa, o ser humano recebeu uma alma reflexivo-sensível por meio do sopro divino. Enquanto a alma preserva sua comunhão com o corpo, o ser humano está, como expressa a língua alemã de forma profunda, "na vida". No universo da *gênese* (como na maioria dos mitos de criação que conhecem um demiurgo, um *maker*, um primeiro autor), a soma da reflexão está na inteligência divina, que pode tudo que deseja e que deseja o que sabe. Inteligências humanas individuais são empréstimos fragmentados da totalidade da inteligência total. Na morte, as criaturas devolvem esses empréstimos ao Criador. O mito do juízo final implica a lógica de um contrato de empréstimo: Quando a alma emprestada é devolvida, ela é submetida a um exame para ver se ela está íntegra e ilesa. Caso contrário, o emprestador executa sua vingança nos mortos que devolvem sua alma em estado danificado, distorcido ou obscurecido.

Fica subentendido que, dentro do esquema clássico das transações entre Deus, alma e mundo, nenhuma inteligência adicional pode entrar no mundo: E isso parece ser desnecessário, pois o Deus da criação ou da natureza já lhe concedeu tanta ordem de sua riqueza insuperável quanto a criação precisa para seu sustento. Nem mesmo o ser humano animado com inteligência é capaz de ordenar o mundo de forma mais inteligente do que como ele o encontra em sua instalação original. Por isso, ele vivencia o mundo frequentemente como "mundo exterior". Ele é seu hóspede, não seu transformador. Dentro desse padrão metafísico, as interações reflexivas ocorrem exclusivamente entre Deus e os seres humanos: O doador de inteligência convoca as almas para a existência e lhes concede a revelação necessária para instruí-las à fé nele; de resto, os seres humanos vivem "em seu tempo" e, quando este termina, eles devolvem sua inteligência animada no portal da morte. Lembremo-nos mais uma vez da expressão sutil da língua francesa: *rendre l'âme*. O hino protestante também sabe disso ao seu modo: O mundo não é "meu lar"[18].

A força sugestiva dessas representações pode permanecer intocada. Mesmo assim não há como ignorar que elas também respiram o espírito de uma esterilidade enaltecida. Este concede aos acontecimentos na terra e na criação a forma de um jogo de soma zero. No final, Deus não ganha nada, mas os seres humanos, contanto que tenham vivido de forma problemática, arriscam a perdição. No esquema clássico da interação entre Deus e as almas, um aumento de inteligência é impensável. Sob essas premissas, a humanidade pós-babilônica dispersa em culturas individuais jamais consegue produzir mais do que uma descendência suficientemente semelhante.

Nesse ponto, manifesta-se a objeção da Modernidade contra a metafísica clássica. Por causa da matéria em questão, esta precisa assumir a forma de uma interpretação alternativa da morte. Não podemos excluir a possibilidade de que, na morte, o ser humano "devolve a sua alma", mas a suposição segundo a qual o mundo permaneceria intocado pela partida de uma alma inteligente não corresponde mais à experiência de pessoas simbólica e tecnicamente ativas em civilizações mais altas.

Na verdade, os seres humanos sempre estiveram ativos globalmente como animais teopoéticos. No entanto, por mais que tenham investido em suas poesias sobre os deuses, eles se evidenciam justamente em seu furor teopoético como seres vivos construtores de monumentos. Nas altas culturas, eles agem como

---

18 Cf. o hino de Paul Gerhard, *Ich bin ein Gast auf Erden* [Eu sou um hóspede na terra] (1667).

produtores, que enchem com materiais a "câmara da memória"; eles agem como colecionadores de lembranças sagradas e profanas; eles funcionam como administradores de "posses culturais" e como vigias de patrimônios. Essas constatações não podem, de forma alguma, ser conciliadas com a representação fundamental da tanatologia clássica, segundo a qual o ser humano devolve a Deus a sua alma sem qualquer desconto no momento de sua morte. Antes parece que o ser humano, na medida em que se torna "criativo", adquiriu a competência de deixar no mundo algo de sua alma inteligente. Mesmo que, na morte, ele devolva "a si mesmo", ele criou uma "obra" que é preservada do lado do mundo, podendo se tornar ponto de partida de novas criações e legados renováveis.

O fenômeno do "crepúsculo dos deuses", portanto, pouco tem a ver com os destinos transcendentes no nível dos deuses. Ele diz respeito exclusivamente à relação entre as inteligências criativas e o mundo. Se quiséssemos continuar a usar o conceito do destino, este diria respeito ao fato de que as culturas mais altas são submetidas ao efeito retroativo de sua criatividade. Quanto mais avança nelas o acúmulo dos efeitos artificiais – e quanto mais esses efeitos são submetidos à lei da intensificação própria (na terminologia cibernética: ao *feedback* positivo) – maior é a intensidade com que a cultura lança sua sombra sobre a natureza e maior é a irrefreabilidade do esmorecimento do lado divino.

Não é por acaso que, desde sempre, os piedosos têm suspeitado das cidades grandes como viveiro do ateísmo. Eles estavam certos, pois o cidadão urbano está sempre cercado das demonstrações do espírito e da força da formação ambiental puramente humana. Desde os dias do Tanakh (em linguagem cristã: do Antigo Testamento), o nome Babilônia é símbolo da feira das artificialidades. Esta desvia inevitavelmente a atenção do Uno que se faz necessário. O ambiente artificial da cidade remete seus habitantes mais a si mesmo e às ambições arquitetônicas dos antepassados do que à obra dos deuses ou de Deus. O fato de que as metrópoles como Jerusalém, Roma e Benares sobreviveram como cidades sagradas demonstra apenas como algumas elites sacerdotais conseguiram mistificar as suas cidades como teatro de provas construídas de Deus. Em Chicago, Singapura ou Berlim e outras aglomerações urbanas da terra, uma manobra desse tipo teria fracassado *a priori*.

Se quisermos revelar com conceitos filosóficos e científico-culturais o papel do dinamismo do crepúsculo dos deuses, precisaremos fazer uma revisão da representação metafísica clássica da devolução da alma na morte. Não precisamos tocar na ideia nobre do retorno da alma para a sua fonte transcendental. No entanto, torna-se imprescindível repensar desde o início a figura do testamento, do "legado". Justamente na civilização criativamente impulsionada da Modernidade, na qual o artificial se potencializa e atinge alturas sempre maiores, torna-se impossível ignorar o escoamento de inteligência humana para "obras" ou artefatos, mesmo que hoje seus criadores estejam submetidos à mortalidade. (O escoamento secundário da cultura de massa para o lixo é outro tema.)

Deste ponto de vista, o necrológio representa o gênero-chave para a compreensão do processo da civilização. Quando um ser criativo morre, o mundo agitado para por um segundo e medita a transferência de um *work in progress* para o arquivo global. É durante o segundo meditativo que mais nos aproximamos do fenômeno do crepúsculo dos deuses.

Com seu conceito do "espírito objetivo", Hegel foi o primeiro a tomar conhecimento do escoamento de inteligência para estruturas informadas com validade relativa. A expressão continha um excesso de precondições metafísicas, de modo que não pôde ser integrado sem perdas no vocabulário das ciências humanas.

Discretamente, ela foi substituída pelo termo descomprometido da "cultura". Mas também no conceito muitas vezes insuportavelmente vago da cultura se manifesta ainda o eco do fenômeno fundamental: Trata-se sempre do influxo de reflexividade viva em estruturas objetivadas e materializadas, sejam signos ou rituais, instituições ou máquinas. Assim que comprovam sua utilidade, todos eles recebem a qualidade de um legado ou de uma herança que já não exige mais a presença do autor vivo. A relevância tanatológica de livros, casas, obras de arte, autoridades e máquinas se revela no fato de que seu "funcionamento" – o fato de poderem ser lidos, habitados, usados e continuados – se desvinculou de seus autores e se libertou para um tipo de vida própria. O artifício durável sobrevive ao seu criador muitas vezes por um múltiplo da duração de sua vida. A luz somada dos legados ofusca com o passar do tempo a representação de um autor transcendental e imerge o ente como um todo na luz artificial da civilização. Gotthard Günther teve boas razões para falar do "furor histórico das altas culturas":[19] Este resulta da aceleração da evolução por meio dos efeitos unidos da escrita, da escola, da tecnologia, da cultura, da formação de reinos, do arquivo e da ascese.

Os historiadores das ideias definiram o século XVII como tempo-chave do início da Modernidade, pois desde então nasceram não só invenções individuais independentes. Esse período foi determinante para a época porque nela foi inventada a invenção como método geral para a inovação. O engenheiro é uma invenção do século XVII – mesmo que seu nome já tenha aparecido duzentos anos antes, juntamente com o nome do virtuoso. Na época, o crepúsculo de Deus provocou a aurora da criatividade humana. Nos trezentos anos seguintes, esta transformou o mundo mais do que milhões de anos de evolução natural.

---

19 GÜNTHER, G. "Seele und Maschine". Op. cit., p. 217.

A compreensão do presente como tempo de complexidades crescentes inclui o reconhecimento da multiplicação dos crepúsculos. Não estamos lidando mais apenas com este ou aquele crepúsculo dos deuses, que ocupou as mentes dos teólogos ou dos artistas. Se os crepúsculos dos deuses forem consequência do dinamismo das culturas de invenções como tais, precisamos supor que crepúsculos futuros não se deterão diante dos mistérios da força inventiva humana.

Podemos reconhecer desde o início do século XX como um crepúsculo das almas no aquém se sobrepõe ao crepúsculo metafísico dos deuses. Isso é perfeitamente lógico, visto que Deus e alma formavam uma dupla na metafísica clássica. É difícil imaginar o esmorecimento de uma instância sem o crepúsculo da outra. A emergência das psicologias profundas por volta de 1800, da psicanálise vienense por volta de 1900 e a suspensão de ambas nas ciências neurocognitivas por volta de 2000 são indícios inequívocos desse processo.

Ao crepúsculo da alma segue logicamente um crepúsculo da inteligência, em cujo decurso numerosos desempenhos do espírito humano são transferidos cada vez mais para a "segunda máquina" – para usar um termo cunhado por Gotthard Günther em 1952 (num comentário sobre o romance *Eu, robô* de Isaac Asimov). No universo processual das segundas máquinas, os restos dos antigos conceitos indo-europeus da alma são secularizados. Em vista do decurso aparentemente irrefreável, impõe-se a pergunta: Após o acender das luzes artificiais, o que resta da luz eterna da alma, visto que ela cedeu boa parte de sua luminosidade antiga às coisas inteligentes e cada vez mais inteligentes do mundo, aos objetos computadorizados. A primeira máquina tinha dado poder à alma, a segunda a obriga ao autoquestionamento.

Precisamos realmente nos ocupar com a sugestão de que os inventores da inteligência artificial teriam ocupado a posição vacante do Deus criador? Que, por isso, deveriam contar com a rebelião de suas criaturas? Existe um pecado original das máquinas? As máquinas devem crer em seu humano, ou haverá um a-humanismo dos robôs?

O que devemos responder às histerias antimodernas que se inflamam há séculos e que acusam o homem de querer "ser como Deus"? E se a resposta fosse: Se Deus, segundo o dogma fundamental dos cristãos, quisesse se tornar homem, alguém se surpreenderia se o ser humano, certo de sua origem nobre a partir de um Criador, quisesse se tornar uma segunda máquina?

As consequências do escoamento cada vez mais rápido de reflexões humanas para as reflexões maquinais são imprevisíveis. Movimentos contrários dão testemunho de seu protesto. Construiremos represas contra as torrentes de inteligência exteriorizada. Para usar a terminologia da tradição: Não vivemos mais apenas no meio da primeira *analogia entis* (Deus – homem), mas com a segunda: homem – máquina mais alta. O ser é, em si mesmo, constituído como um desnível de poderes e inteligências. Muitos dos contemporâneos espiritualmente virulentos mais inteligentes – mencionemos aqui Hawking e Hariri no lugar de outros dignos de menção – expressam suas preocupações espirituais na visão da dominação do homem por seus golens digitais.

Talvez ressurja em breve a distinção entre Deus e ídolo, traduzida para termos técnicos e políticos, entre os cidadãos da Modernidade. Para eles, o esclarecimento teológico – algo totalmente diferente da rejeição instintiva de religião – será uma tarefa fatídica.

Entreguemos, por ora, a última palavra ao pensador que refletiu e analisou o fenômeno da inteligência artificial antes e mais profundamente do que todos os contemporâneos. Gotthard Günther escreve no final de seu ensaio *Seele und Maschine* [Alma e máquina] (1956):

Os críticos que lamentam que a máquina está nos "roubando" a nossa alma estão errados. Uma interioridade mais intensa e que ilumina profundezas maiores se liberta aqui com um gesto soberano as formas de reflexão que se tornaram irrelevantes e se transformaram em meros mecanismos para finalmente poder se confirmar numa espiritualidade mais profunda. E o que aprendemos com esse processo histórico? Não importa o quanto de sua reflexão o sujeito ceda ao mecanismo, ele só se torna mais rico, pois de uma interioridade inesgotável e sem fundo fluirão sempre novas forças de reflexão[20].

---

20 Ibid., p. 90.

2
Podemos dizer sim ao mundo?

Sobre a mudança na disposição básica na religiosidade da Modernidade com consideração especial de Martinho Lutero*

1 A intensificação excêntrica

"Os raios do sol espantam a noite, / Destruído está o poder usurpado pelos hipócritas!" A declamação festiva e irreprimível do sacerdote-rei, com a qual termina a "ópera" de Mozart *A flauta mágica* (estreia em setembro de 1791), condensa os dois motivos principais do esclarecimento teológico e político numa ameaça compacta. Sempre que o esclarecimento sobe ao palco, inspirado pela razão e religião ou com o *pathos* de um movimento de libertação, ele o faz com o objetivo de afugentar o despotismo associado à "noite" e de desmascarar os sistemas de hipocrisia estabelecida. Nesse drama, o protagonista só pode ser o próprio sol.

O esclarecimento infantil e folclórico de Schikaneder até que acertou bem o ponto crítico na construção psicopolítica do *ancien régime*. Desde sempre, a aliança entre trono e altar nas monarquias clerocráticas da antiga Europa vinha acompanhada de um problema de hipocrisia constitucional. Seus reflexos influíram na

---

* Manuscrito de uma palestra proferida na Igreja de São Mateus (Berlim, 16/05/2017).

imagem popular da Igreja medieval; não podemos imaginá-la sem eles, tampouco sem a convicção antiga e muda do homem pequeno de que não se podia confiar em quase nenhum dos grandes do mundo. A partir da Idade Média tardia, o sacerdote hipócrita e o monarca exuberante funcionavam como figuras-padrão do realismo popular; a partir do século XVI, junta-se a eles o conselheiro do príncipe, o ardiloso, que ensina a enganação para ele mesmo não cair vítima dela. Na literatura do barroco, a esperteza de vida e a existência mascarada se aproximam ao ponto da indistinguibilidade. E não é que o mundo precisava ser visto desde sempre como encarnação da falsidade, do ardil e do fingimento? Não era a senhora do mundo a hipócrita *par excellence*, que se apresentava como prostituta farta, mas que, vista de trás, se revelava como o terrível esqueleto da morte? Desde a emergência da burguesia, o hipócrita é retratado ao lado do bastardo e do ator como uma figura-chave das ciências do ser humano, que começam a se estabelecer. Não se sabe o bastante sobre as pessoas em sua volta enquanto não se perceber a onipresença de Tartuffe. Onde pleiteiam os idealistas, os hipócritas não estão longe. Os moralistas franceses haviam definido o tom: Assim que o altruísmo veste seu terno, aparece por baixo a cueca do egoísmo.

As máscaras do criminoso e do agente secreto, retratados com frequência a partir do fim do século XIX testificam a atenção típico-moderna dada aos fenômenos de conduta fingida, ultrapassando em muito a figura do sacerdote desmascarado, tão comum no século XVIII. A disposição básica da "sociedade burguesa" se manifesta no motivo das "ilusões perdidas": Ele revela o quanto se deslocaram as frentes entre hipocrisia e esclarecimento. A partir do século XIX, a crítica à hipocrisia passa para o segundo plano, mas apenas para dar preferência à sua versão ampliada na forma da crítica à ideologia. Esta transpõe – uma oitava abaixo, por assim dizer – a grande potência do fingimento para sistemas de ilusões e autoenganações semiautomáticas determinadas pela classe.

Um ano após a estreia da *Flauta mágica*, o ceticismo no palco em relação à hipocrisia dos poderosos se intensifica nas ruas de Paris e assume a forma de uma fúria armada contra as novas máscaras da hipocrisia: No *terreur*, que desdobrou toda sua força destruidora entre 1792 e 1794, a destruição de "poder usurpado" assumiu o leme. Seus protagonistas, sobretudo os jacobinos, estavam convencidos de que apenas eles, os plenipotenciários da luz, eram capazes de ver através das novas e velhas hipocrisias. Eles se dedicaram à missão autodestruidora de preservar a pureza da Revolução e de arrancar a máscara do rosto dos patriotas dissimulados e dos partidários secretos das circunstâncias antigas ou de separar sua cabeça de seu tronco.

O decurso dos eventos após 1789 revelou que os ativistas haviam nutrido ideias simplicistas da prática da "expulsão" e da "destruição". O supostamente extinto e banido, a hipocrisia e as excrescências noturnas dos tempos antigos se revelaram como fenômenos capazes de retornar. A militância mal tinha iniciado os seus trabalhos, quando se revelou uma ironia no banimento da escuridão, a poder da qual o banido retornou no âmago dos banidores. A antiga usurpação do poder reapareceu de forma renovada nas gerações seguintes de personagens públicos. Os delegados tinham se apresentado como políticos da luz apenas para, pouco depois, se perderem na penumbra.

Em tempos mais recentes, alguns têm tentado contar a história do esclarecimento como a história da transformação inevitável em seu contrário. Tentou-se também compreender seu decurso como realização cada vez mais aberta de seus impulsos totalitários habilmente ocultados. Entrementes podemos considerar esse tipo de interpretações generalizantes como refutado; uma leitura benevolente as ignora como exercícios em exageros.

O que mais corresponde aos fatos da história das ideias e o que poderia ser mais fértil para a comunicação das ciências humanas e sociais é contar o decurso do esclarecimento desde os dias de Spinoza e Voltaire até o pós-modernismo como história da resignação diante da hipocrisia – em termos mais gerais: como reconhecimento crescente das leis do fingimento que aderem à cultura em si. A palavra de Nietzsche do "respeito diante da máscara" indica a direção da transição[21].

O que a psicologia chama resignação significa, sob o ponto de vista moral, uma neutralização de conflitos. Ela permite acessar opções intermediadoras. Diante da escolha entre um fingimento sempre condenável e uma confissão sempre louvavelmente verdadeira, pode ser sábio optar primeiramente pelo reino dos entretons.

A antropologia filosófica, que começou a definir seu perfil a partir da década de 1920, exerceu um papel de destaque na neutralização da hipocrisia. Foi Helmuth Plessner que, mais do que qualquer outro, construiu uma plataforma para o aplainamento da crítica à hipocrisia ao contribuir a sua doutrina da "posicionalidade excêntrica", apresentada desde 1928[22]. Nela ouvimos, pela primeira vez, entretons como composições explícitas.

Como era comum na época, Plessner se baseou nos discursos sobre a diferença entre animal e ser humano. Nietzsche tinha definido o ser humano como o "animal não determinado". Plessner ousou agora o passo para a tese de que o ser humano era o ser vivo "colocado" ao lado dele mesmo. Enquanto os ani-

---

21 Dante localizou os hipócritas no sexto círculo do penúltimo nível do inferno, onde eles andam em círculo vestindo roupas de chumbo douradas (Inferno, canto 23). Um esclarecimento posterior observará sobriamente: "A hipocrisia é a mãe das civilizações" (DEBRAY, R. *Dégagements*. Paris, 2010, p. 283).
22 PLESSNER, H. *Die Stufen des Organischen und der Mensch* – Einleitung in die philosophische Anthropologie. Berlim/Leipzig, 1928.

mais sempre permanecem numa concentridade natural e assim permanecem abrigados num estar-consigo-mesmos imperdível em meio aos seus ambientes (mesmo que um animal torturado também possa "enlouquecer"), o que caracteriza o ser humano é a excentricidade existencial. Isso não se refere a uma tendência para uma conduta estranha, a não ser no sentido de que a raça humana como tal sempre povoa um polo excêntrico do universo: Desde que começaram a enterrar seus mortos, a negociar com o além, a frequentar bailes e a refletir sobre números primos, "os seres humanos" são criaturas que ontologicamente se desviaram de seu rumo.

Excentricidade como valor posicional no sentido de Plessner demarca "o ser humano" por meio da estrutura de sua consciência: Ele – aqui domina ainda o masculino ingênuo – é, em certo sentido *a priori*, retirado do centro de sua existência e transferido para um ambiente a poder de sua constituição reflexiva.

Existir significa para ele cair dos limites ambientais. E qualquer que seja o seu "ambiente": O ser humano sempre ultrapassa, mesmo que permaneça no mesmo lugar, o efeito cercador do horizonte. Ele não está aqui sem estar ali. Sempre já fugindo dos limites do ambiente imediato, ele precisa, na tentativa de vir a si mesmo, perceber-se como um ser essencialmente deslocado de si mesmo. Como que ferido por um além inevitável, ele, em proximidade íntima, é alienado de si mesmo. Mesmo assim, ele consegue ser "si mesmo", contanto que consiga voltar para si mesmo deste "estar ao lado de si mesmo". A existência humana assume, portanto, a forma de uma tarefa que nunca pode ser completamente cumprida: Para que a existência seja bem-sucedida, ela exige dos indivíduos que eles moldem a tensão entre tendências excêntricas e concêntricas.

Podemos constatar com todo respeito que, com sua doutrina engenhosamente elaborada da existência posicionalmente duplicada "do ser humano", Plessner jogou no mercado uma versão do idealismo alemão pela metade do preço. Sua doutrina era original no sentido de apresentar uma interpretação especializada da "autorreflexão". Ela surpreendeu ao revelar na horizontal uma profundeza até então não percebida. Aquilo que, até então, "os seres humanos" tinham negociado com um mundo transcendente nas alturas, eles deveriam resolver como criaturas de uma vizinhança deslocada. Se quiséssemos caracterizar o impulso de Plessner com uma palavra, poderíamos dizer que ele transferiu a antropologia de Feuerbach da vertical para a horizontal. Excentricidade se oferece como figura sucessora para a transcendência. "O ser humano" é o animal que não só estabelece um céu acima de si mesmo, mas que também contêm dentro de si a distância, da qual ele retorna para si mesmo.

Com seu teorema da "posicionalidade excêntrica", Plessner traduziu a concepção, corrente desde o Renascimento, do ser humano como ator no palco do mundo para a terminologia do século XX. *All men and women are merely players*, e todos eles sobem e descem do palco. A sentença de Shakespeare tinha iniciado a era da antropologia do teatro. Segundo ela, o ser humano é o animal que faz de conta. No retrato do ser dotado com o dom da dissimulação não podem faltar a hipocrisia e a histeria: elas fornecem as características da existência histriônica, sempre orientada pelo olhar dos outros. Aquilo que chamamos "identidade" é a autoilusão do ator, que deseja ser também fora do palco aquilo que ele representa. Não existe algo fora do palco. A permanência na imagem do próprio sempre só pode resultar do conflito entre percepção alheia e postulação própria. No melhor dos casos, trata-se de uma permanência na impermanência. No espaço conflituoso aninham-se fantasmas que confundem "o ser humano", levando-o a crer que ele é si mesmo enquanto se vê no espelho distorcido que outros lhe mostram. Como espelhos funcionam hoje sobretudo respeito e reconhecimento – e seus negativos. Quando eles lançam seus reflexos, torna-se inevitável a frustração da ambição de ancoramento no próprio. Nenhuma busca pela ingenuidade perdida pode fazer qualquer coisa contra as exigências do fracasso no trabalho da intermediação entre visão própria e visão alheia.

Aquilo que Nietzsche pretendia explicar com o exemplo de Richard Wagner para refutá-lo como desenvolvimento errado: a "emergência do tipo do ator" nas artes, é, na verdade, um processo de origem muito mais antiga. Visto a partir da polêmica da arte do século XIX, seu decurso não pode ser compreendido. E também Shakespeare – que "floresceu" duas gerações após Martinho Lutero e oito gerações antes de Nietzsche – tocou as origens reais da tendência para a posicionalidade excêntrica apenas de passagem, mesmo que seu dito tenha sido feito para a eternidade. O fato de que o mundo inteiro é um palco, no qual homens e mulheres são apenas atores – com essa tese proclama-se poeticamente o que é interpretado filosoficamente trezentos anos depois: ser e ser visto convergem. O mal-estar na cultura não parte apenas da renúncia à pulsão; provém antes do peso imposto pelo olhar do outro hostil. O ser humano não pode se tornar o que e quem ele é enquanto ele não se produzir diante dos olhos de observadores. Existência implica o teste permanente se podemos nos mostrar.

Não importa se essa tese é apresentada por volta de 1600 ou após 1900: A excentricidade do ser humano exige uma dedução a partir de processos muito mais antigos. Shakespeare e Plessner expressam aspectos essenciais, mas ambos vêm com um atraso de milhares de anos para poderem testemunhar as origens reais. Em suma: A força impulsionadora para a instituição e solidificação da "posicionalidade excêntrica", que Plessner compreendia como constante supratemporal, se deve à emergência de poderes superiores, normalmente chamados deuses, que, já muito cedo, expulsaram o ser humano de sua centralidade animal. Os deuses da primeira hora são entidades que se interessam pela existência do ser humano de modo assombroso, ambivalente e intervencionista. No início, os deuses parecem ser seres que precisam acertar as contas com os seres humanos. Ainda Dante fala da *vendetta* de Deus (Inferno 16, 16-18, Inferno 24, 119). Neles se condensa o ressentimento daqueles que não estão mais aqui contra aqueles que ainda têm uma existência. Ao mesmo tempo, eles possuem soberania, pois já encerraram o seu capítulo, enquanto os vivos ainda relutam com o não terminado.

A sentença de Nietzsche "Deus está morto" contém, portanto, um elemento de ilusão perspectívica: Por mais que ele expresse uma verdade, ela se aplica menos ao fim da história do ser humano com o sobremundo (porque este já esmoreceu em grande parte[23]) e mais ao seu início. O morto é Deus que olha por cima do ombro do vivo com os olhos da inveja do ser – mas também através dos óculos da compaixão com aqueles que ainda precisam estar aí. De seu estado como morto, o Deus primordial deduz reivindicações contra os vivos. O laço entre aqui e lá é tecido pela culpa[24]. Deuses indiferentes representam um capítulo muito tardio na história da transcendência: Com seu sorriso eterno, eles prefiguram os mistérios de um ser libertador, que não insiste em sua vingança no presente e no futuro. Não é sem razão que Aristóteles ressalta que Deus é sem inveja; que ele não tem ciúmes do conhecimento dos seres humanos. Mais tarde, juntou-se a isso o Deus amoroso; muitas vezes, porém, seu amor se doava apenas num contrato coercivo, impregnado de ameaças. Ainda aguardamos os deuses amorosos sem ambivalência, e até sua vinda os seres humanos

---

23 Cf. acima, p. 21s.
24 MACHO, T. (org.). *Bonds* – Schuld, Schulden und andere Verbindlichkeiten. Munique, 2014.

fariam bem se eles se ocupassem pessoalmente com a organização de suas condições.

A aurora dos deuses ocorre num tempo semiarcaico, quando os divinos ainda desconhecem as virtudes da indiferença ou da equanimidade. Os seres humanos do tempo da aurora tiveram que lidar com esses seres não indiferentes e invisíveis, que, como antepassados amargurados, pairavam sobre as coletividades; deles os humanos aprenderam a ficar fora de si. Já em tempos muitos remotos os humanos tiveram, nas mais diversas culturas independentes umas das outras – parentesco situacional obriga[25] – a ideia de que seus destinos dependiam desses poderes sagrados, incompreensíveis, aterrorizantes, ocasionalmente bondosos – e estes, tendo ou não já nomes apeláveis, eram incentivados a ajudar não só por meio de petições, mas também por meio de contratos habilmente negociados. A forma mais radical de uma petição que obriga é o sacrifício de sangue no altar de um além não muito distante. *Les dieux ont soif* [Os deuses têm sede]. Num universo dominado pela lei da reciprocidade, o interlocutor no além é coagido por meio de sacrifícios fascinógenos, seja em forma de vida humana ou animal, a responder com uma rica dádiva de bens existenciais. No sistema sacrificial, desenvolve-se a primeira macroeconomia.

Aquilo que hoje chamamos "coação ao sucesso" representava o primeiro artigo no sistema dos *terms of trade* entre sacrificadores e recebedores de sacrifícios. Quando estes foram estabelecidos, os deuses compartilham do risco empresarial das culturas que os adoram. Eles representam a transcendência no estado da manipulabilidade. Os deuses dependem dos seres humanos, que acreditam depender dos deuses. A expressão latina *religio* remete

---

[25] A partir de 1860, o etnólogo Adolf Bastian desenvolveu um universalismo empírico na base dos chamados "pensamentos elementares" (cf. BASTIAN, A. *Der Mensch in der Geschichte*. 3 vols. Leipzig, 1860).

a esse esquema de carência recíproca: No início, significa algo como o cuidado temeroso na observação do protocolo na interação com os poderes mais altos.

Assim inicia-se uma primeira fase de excentricidade: Ela implica a tendência para a adoção de um papel, em que os parceiros humanos se colocavam na posição de se entregar às expectativas de um sobremundo rígido. A entrada original na posição excêntrica resulta da disposição de etnias em situação de necessidade de percorrer juntas o caminho do medo para o êxtase. No início da evolução cultural não é o indivíduo que se vê posicionalmente do lado de si mesmo. É o coletivo que se une assumindo, no terror vivenciado em grupo, a responsabilidade pela morte de um ser vivo – cuja igualdade como portador de vida é sentida profundamente[26].

Como "altas culturas" designamos por ora o número muito pequeno de civilizações que sublimaram a transcendência arcaica isolando o sacrifício de sangue de seu peso. Sim, elas elevaram o sobremundo para esferas mais altas, distanciando-o como um todo do raio de efeitos das manipulações humanas. "Alta cultura" é um codinome para três movimentos inseparáveis uns dos outros: Designa, primeiro, a hipostasiação de um sobremundo que não pode ser manipulado, cujo caráter inseduzível se condensa em conceitos como "verdade", "cosmo", "universo", "brahman" e "tao"; significa, em segundo lugar, a guerra civil declarada por indivíduos eleitos contra o demasiadamente humano – e *eo ipso* contra toda forma de religiosidade trivial, que passa a ser chamada "superstição"; por fim, refere-se à liberação da morte e ao seu descargo de ameaça, pagamento de dívidas e vingança.

---

26 Cf. MÜHLMANN, H. *Die Natur des Christentums*. Paderborn, 2017 [prefácio de Bazon Brock].

Karl Jaspers chamou os focos dessas campanhas imparáveis lançadas por indivíduos iluminados contra o resto do mundo as culturas a "era do eixo"[27]. Citou como exemplos: os chineses da era confuciana e taoista, os indianos do tempo dos Upanixades, os persas do Avesta, os judeus do alto período dos profetas e os gregos do teatro trágico e da primeira filosofia. Na época, há mais ou menos 2.500 anos, com uma variação de vários séculos para trás e para frente, teria ocorrido uma ruptura [*Durchbruch*] em escala global – observe o uso correto da metáfora militar* – em direção a visões do mundo mais abstratas e tendencialmente universais e doutrinas éticas aplicáveis a todos. De repente, abriu-se a porta para a era das exigências excessivas. Aqui começa a história mundial de uma exclusividade com promessas de inclusões universais. O sobremundo teria começado a se codificar em conceitos de verdade, aos quais a humanidade já não conseguia mais fazer jus com rituais exteriorizados. A partir de então, a comunicação com o sublime passe a ocorrer mais em almas reflexivas e em escolas com leituras obrigatórias do que em altares e abates sacrais. Aquilo que, mais tarde, será chamado "cultura" se refere, já a partir daí, ao trabalho da desvulgarização do prepotente. A tendência de sublimação leva, inicialmente apenas em indivíduos raros e sensatos, ao reconhecimento (apressado) de que o Absoluto não lhes deve absolutamente nada, e que eles lhe devem tudo. As elites espirituais emergentes iniciam uma guerra civil sutil que não pode ser vencida e que, portanto, não pode ser encerrada em forma de uma missão permanente contra os insensatos, que emergem por toda parte no dia a dia.

---

27 JASPERS, K. *Vom Ursprung und Ziel der Geschichte*. Munique, 1949.

* Em alemão, o termo *Durchbruch* é usado para designar o momento em que um exército consegue romper as linhas inimigas e avançar em território inimigo [N.T.].

Desde o início, os poucos iniciados se veem diante de quatro frentes quase invencíveis: os arrogantes, cuja arrogância impede o reconhecimento (no sentido de que o reconhecimento não seja alcançado sem humilhação); os estabelecidos, que desejam permanecer na *religio* tradicional (no sentido de que o reconhecimento não é possível sem mudança); a massa dos miseráveis, que, entorpecidos pelo dia a dia, vivem amarrados em resignação (contanto que ainda não tenham sido despertados pelo poder do milagre, que suspende a resignação); e o exército reserva dos invejosos, que estão apenas à espreita da deixa que lhes permite rebaixar tudo ao seu próprio nível.

Do ponto de vista atual, a doutrina jasperiana da era do eixo representa – e não há como ocultá-lo – uma das últimas entre as grandes confabulações com as quais os historiadores de ideias e religião ocidentais tentaram explicar o passado da humanidade. A ousadia do conto de fadas das eras escrito pelo novo professor de Basileia consiste em datar o início do Esclarecimento – que, desde o século XVIII avança sob o estandarte da razão contemporânea – 2.500 anos antes.

Entendemos os efeitos dessa manobra quando reconhecemos que, agora, não precisamos mais ser modernos a qualquer custo se quisermos participar do Esclarecimento. Ela gerou não apenas espaço de manobra para correspondências ecumênicas, que, desde então, se manifestam no diálogo entre as culturas; ela diminuiu sobretudo as tensões fanáticas entre a vanguarda do Esclarecimento europeu – que, desde o século XVII, levanta a sua voz – e os guardiões do legado, que consideram qualquer continuação da investigação para além do repertório existente como algo condenável. Se o processo da luz contra a noite já foi lançado há dois milênios e meio, podemos reconhecer os portadores do Esclarecimento ampliado principalmente no traço de sua paciência evolucionária. O que ajuda a paciência – em termos modernos: a tolerância – é a distinção entre esoterismo e exoterismo, distinção tão antiga quando as altas culturas[28].

O Doutor Martinho Lutero, que costuma ser rotulado como rebelde, como precursor religioso do Esclarecimento, não teria conseguido entender a construção ampla do filósofo Jaspers; ele a teria refutado com impaciência e irritação. Sim, ele a teria recusado como reverência duvidosa à razão da descrença, pois ela trata apenas de culturas cuja primazia de idade em relação ao cristianismo não pode ser contestada. Enquanto a verdade estiver vinculada à "ancienidade"*, qualquer pré-datação dos acessos ao mais alto conhecimento (i. e., à revelação) permanece suspeita. Lutero teria detectado uma fabricação do espírito do paganismo humanista no teorema de Jaspers, cujo objetivo era convencer o indivíduo do presente de que ele não precisa se preocupar com a salvação de sua alma. Além disso, teria refutado o conceito de "cultura" como uma sugestão herética. Este submete ao cristianismo a comparação das visões do mundo e lhe retira o caráter de "religião" absoluta.

Lutero teria estremecido diante do fato – apresentado com bons argumentos – segundo o qual a "meretriz razão" teria falado não só através do supervalorizado Aristóteles, desse retrovírus do paganismo no *corpus Christi* e defensor da tese insuportável segundo a qual o ser humano seria capaz, por esforços próprios, de desenvolver a virtude da magnanimidade, *megalopsychía*. Ela teria se manifestado também por meio de figuras antigamente desconhecidas com nomes exóticos como Confúcio, Shankara, Zaratustra. Até mesmo um nome familiar como o de Isaías, que acreditávamos ter sido o primeiro a anunciar a vinda do salvador,

---

28 Cf. ASSMANN, J. *Religio duplex* – Ägyptische Mysterien und europäische Aufklärung. Berlim, 2010.

* Do francês *ancienneté*, é a hierarquia baseada na duração de pertença a um grupo [N.T.].

apareceria de repente como figura exótica no prostíbulo globalizado da razão.

A doutrina da era do eixo, de Jaspers, se apoia na generalização ofensiva da suspeita segundo a qual "o ser humano" seria um ser que existe sob uma observação transcendente permanente. Como nenhum psicólogo-filósofo antes dele (com a exceção de Nietzsche), o filósofo percebeu a mudança de humor no primeiro milênio antes de Cristo, que impregnou os fatos religiosos dos dois próximos milênios. A "era do eixo" pode ser caracterizada não só por meio da emergência mais ou menos sincrônica de cosmologias e fases preliminares de éticas pós-convencionais. Ela se distancia ainda mais daquilo que existira antes dela por meio de um escurecimento sem igual dos humores do *Dasein* – um escurecimento que se estendia até a negação completa do mundo e da vida. Não analisaremos aqui se esse desgosto representava um eco a catastróficas cósmicas do tipo do "dilúvio" ou um efeito colateral indesejado da emergência de escritos sagrados e indulgências. Em termos de atmosfera religiosa, é problemático quando um Deus, que pode ser descrito com a sigla YHWH, ameaça seu "próprio" povo mais de oitenta vezes com a extinção.

No mais sublime acumula-se, ao lado do predicado arriscado "onipotência", também o potencial de negações totais. Jaspers anotou em 1946: "O fato de vivermos é culpa nossa"[29]. Nessa sentença ouvimos o eco do abalo causado pela catástrofe nacional-socialista e pela era das matanças em massa. Sem dúvida, porém, ela ainda pertence ao espaço de ressonância global da indisposição da era do eixo.

Alta cultura significa em todo caso: a era do medo crescente de contato. Aquele que se volta para o Uno ou para o *agathon*;

---

[29] JASPERS, K. *Die Schuldfrage* – Ein Beitrag zur deutschen Frage. Zurique, 1946, p. 49.

aquele que deseja alcançar *moksha* e santificação precisa ser capaz de suspender sua pertença às esferas profanas. Enquanto os raios do sol ainda não tiverem banido a noite, os adeptos da pureza fazem bem em não se aventurar em regiões impuras. O "mundo" é tudo do qual a alma que busca o conhecimento verdadeiro se mantém afastada. Mundo e desprezo ao mundo estarão sempre unidos a partir de então.

Precisamos, portanto, traçar a excentricidade do ser humano até as revoluções da imagem do mundo na "era do eixo", se quisermos identificar as origens da coerção à dissimulação. Hipocrisia não significa apenas uma reverência do vício à virtude, como observou Rochefoucauld. Ela demarca o embaraço do ser humano diante da onipresença de um observador transcendente. Corresponde à necessidade de não ser visto o tempo todo. Disso resultam diversas estratégias de solapar a observação insuportável. A invenção do "inconsciente" no final do século XVIII também pertence ainda às manobras de se esquivar de uma observação demasiadamente invasiva. O ser humano excessivamente observado é levado à hipocrisia na medida em que é levado a acreditar que nenhum detalhe consegue fugir à atenção do observador. O Deus, que é todo olho, me cerca por fora e radiografa meu interior, segundo o esquema espacial agostiniano da transcendência dupla: *interior intimo meo, superior summo meo*: ele me é mais íntimo do que eu mesmo e mais alto do que minhas concepções mais altas[30].

O estabelecimento da posição excêntrica "do ser humano" no palco do *Dasein* resultaria então de uma reação internamente fixada à pressão da observação constante e penetrante na alta cultura. Até onde esse ataque da observação rígida aos modos da vida cotidiana pode ir se revela nos excessos do Estado de Deus em Genebra, quando a Igreja de Calvino contratou guardas, es-

---

30 AGOSTINHO. *Confissões*, III, 6, 11.

piões e carrascos próprios para transformar a cidade em um campo de concentração para os eleitos.

As maiorias que permanecem na infantilidade do mundo confiam que, na maioria das vezes, Deus não olha em sua direção. Elas concordam com Tartuffe: Um pecado não é pecado enquanto ninguém o vê. O Deus do povo deve ser dispensado do trabalho de registrar tudo. Por isso, o povo vota desde sempre pelo "esquecimento do ser" – ou seja, pelo escurecimento do *Dasein* contra a observação constante de dentro e de cima. Também nunca cedeu às tentativas das elites clericais de impor o autocontrole permanente por meio da confissão geral. As minorias espirituais, por sua vez, se sentem maravilhadas diante da sugestão enaltecida de se produzir incessantemente diante de um observador vidente[31].

2 E eles viram que não era bom

Sigamos, no que segue, à suposição de que o modo transformado da existência humana nas altas culturas pode ser explicado a partir do estresse crescente gerado pela concepção de uma observação externa permanente. Esse estado se reflete na coerção arriscada à auto-observação – arriscada porque a atenção crônica a estados interiores pode significar uma etapa no caminho para a descoberta da própria nulidade. Se esse caminho é seguido até o fim, ele leva quase que inevitavelmente para a miséria da autorrejeição. Alguns experimentadores o seguiram até o fim e registraram seus resultados na forma de ensinamentos de sabedoria. Psicagogos posteriores remetem aos seus precursores quando alegam que desagradar a si mesmo seria o início da cura. Ainda em 1843, Kierkegaard refletia no tom excessivamente esperto e

---

31 Para o complexo da rejeição de imagens do mundo da era do eixo pelos cultos arcaicos, cf. BELLAH, R.N. *Religion in Human Evolution* – From the Paleolithic to Axial Age. Cambridge, 2011.

depressivo sobre o aspecto "edificante que se encontra no pensamento de que, perante Deus, estamos sempre errados"[32].

Diante desse pano de fundo, levantamos a pergunta como foi possível que um homem jovem cheio de complexos chamado Martinho, batizado com o nome do padroeiro dos vagantes e montados, pôde se sentir tão perdido em medo e miséria ao ponto de – após a lendária crise da tempestade em Stotternheim, em julho de 1505 – renunciar aos *modus vivendi* "secular". Evidentemente, ele, com 22 anos de idade na época, participava de um estado cultural no qual a renúncia à pertença ao "mundo" estava disponível como opção estabelecida de longa data. Aquilo que, no fim da Idade Média, era chamado *religio*, era idêntico com a oferta de, no meio do mundo, emigrar para um contramundo. O contramundo existia como "classe" espiritual com direito próprio *vis-à-vis* às classes seculares. Por causa de seu trabalho como produtor de legitimidade metafísica, o "clero", ou seja, a elite ordenada da Igreja visível, soube reservar para si a posição de primeira classe – acima da nobreza, da burguesia e dos camponeses. (Observemos que as classes, como estados do social ante os estados, obedeciam ao imperativo de criar ordens vivíveis em sociedades segmentárias por meio da hierarquização.)

Martinho Lutero pode ser considerado um herdeiro distante dos enaltecimentos e escurecimentos da era do eixo, no sentido de que seu desespero estava vinculado à disposição fundamental da negação do mundo codificado pelas altas culturas ao estilo ocidental. Em seu tempo, o *topos* monástico do *contemptus mundi* como *leitmotiv* já tinha produzido uma literatura imensa. Escrever livros edificantes e não desprezar o mundo, isso era – até o início da Modernidade – ou seja, até Boccaccio – uma coisa quase impossível. O intelectual moderno não surge na crise de Dreyfus. Ele

---

32 KIERKEGAARD, S. *Entweder-Oder*. Dresden, 1908, p. 720.

emerge da literatura do século XIV contra a aderência ao mundo que não podia ser aceito[33]. Nele se encarna a consciência infeliz que sabe o quanto ela deveria desprezar o mundo, mas que permanece fascinada pela ambição de fama (*gloria*) e pela busca de amor ao desprezível[34].

O jovem monge Lutero vivencia na própria pele que a evasão da esfera mundana para o contramundo monástico não servia para esclarecer a indisposição radical de sua existência. Não importa o que leia, se o misticismo mais simpático da Theologia Deutsch ou a ética aristotélica, que o repugna por causa da ausência de contrição, sua desorientação juvenil se transforma, primeiro por meio do clima sério da *religio* por trás dos muros do mosteiro e alimentado pela ocupação com a teologia contemporânea, sobretudo de tendência agostiniana, em um desespero metafísico sistematicamente justificado. Se o jovem Martinho tinha vivido até então o drama do filho perdido na falta de amor, o jovem monge e teólogo Lutero – desde 1512 *doctor theologiae*, desde 1514 ocupante de uma cátedra na jovem Universidade de Wittenberg – se transformou em um caso exorbitante de excentricidade da alta cultura: Ao tentar compreender-se a si mesmo *coram deo*, ele se deu conta da extensão incompreensível de sua perdição.

O termo agostiniano *peccatum originale* [pecado original] resume tudo como fato primordial antropológico sem vínculo com o caso individual. Ao olhar para dentro de si, o jovem monge se vivencia como objeto de uma observação transcendente. Sob seu efeito, tudo que ele consegue fazer a princípio é enrijecer na forma de uma escultura do desespero.

---

33 Cf. PETRARCA, F. *Secretum meum*. Mainz, 2004 [edição bilíngue, org. e trad. de Gerhard Regn e Bernhard Huss].

34 STIERLE, K. *Francesco Petrarca* – Ein Intellektueller im Europa des 14. Jahrhunderts. Munique/Viena, 2003.

Nas primeiras lutas da alma de Lutero, ouvimos o eco do reinado milenar da negação do mundo e da vida, defendido pelo bando bizarro e cada vez mais numeroso de ascetas, eremitas, penitentes, doloristas, flagelantes e outras máscaras do extremismo sagrado. Fazem parte dele, de longe, figuras como Gautama Buda, cuja palavra fundamental *sarvam dukha* – "tudo é cheio de sofrimento" – ressoa ao longo de mais de dois milênios. A ele pertence também o grego Sileno com sua sabedoria trágica segundo a qual a maior sorte do ser humano seria jamais ter nascido, e a segunda maior, morrer o mais rápido possível. A maior *age of anxiety* abarca as lamentações de Jó e os discursos de Eclesiastes, a apocalíptica do Oriente Próximo e as lágrimas de Agostinho; ele se estende desde o auge da acusação do mundo por Lotário dei Conti di Segni (1160-1216), o futuro papa Inocêncio III (a partir de 1198), alcançado em seu escrito *de miseria humanae conditionis*[35], de mais ou menos 1189, até o ponto baixo da resignação filosófica na doutrina de Schopenhauer sobre a negação da vontade de vida.

Todos eles refutam o elogio próprio de Deus no final de cada dia da criação: Eles veem que, na maioria das vezes, as coisas não eram boas e jamais eram *valde bonum*. Com as "rupturas" da era do eixo cresce, ao lado das afirmações, o alcance da negação.

Dentro desse espaço de escurecimento, um desespero é relacionado a todos os outros; os desdenhadores do mundo e do próprio *self* mundano vivem concomitantemente ao longo dos milênios: "Cada homem é Jó"[36]. Todos nós estamos sujeitos ao *turpe naturale* e devemos tributos à infâmia do entrelaçamento com condições físicas. Os provérbios dos Padres do Deserto ecoam na

---

35 LOTÁRIO DE CONTI. *Vom Elend des menschlichen Daseins*. Hildesheim/Zurique/Nova York, 1990. A introdução contém um resumo da literatura medieval sobre a *conditio humana* até a antropologia do séc. XX.

36 Ibid., p. 11.

Filocália russa, a agonia do Gólgota ressoa na *devotio moderna*. Não é por acaso que as lutas de penitência do jovem Lutero estão diretamente ligadas à incerteza de salvação do velho Agostinho – como se não estivessem separados por onze séculos.

A suma de Lotário não esqueceu de citar tudo que podia ser objetado à existência na terra: Em linha reta, ela parte da "miséria vinculada à entrada do homem na terra", passa pela "culpa que segue à ação e ambição humana" e termina no "fim culposo da existência humana" com o risco de terminar no "sofrimento indizível dos condenados" após o último juízo.

Em sua completude artificial, o escrito sobre a escuridão da *conditio humana* é uma obra de mestre da primeira hipocrisia: Já nas primeiras linhas o autor admite a objeção de peso contra seu *opusculum*: Ele estaria contemplando a ideia de um exercício contrário, no qual ele, com a ajuda de Cristo, ressaltaria a "dignidade do ser humano". Nessas linhas articula-se a hipocrisia constitucional do clérigo, que, quanto mais avança na escada dos ofícios tanto mais ressalta sua nulidade. O fato de que Inocêncio III não teve tempo para escrever um escrito contrário pode ter sido um acaso. Mas do ponto de vista da psicologia cultural, é mais plausível que sua omissão o revele como um prisioneiro do humor epocal da negação do mundo.

Deveriam passar-se quase 300 anos até a *Oratio de hominis dignitate* (1486), de Pico della Mirandola. Em comparação com sua tendência de abertura cosmófila, a vida e a obra de Lutero significam o retrocesso para a sociedade do triste bispo de Roma, que se deleitava com imagens da miséria humana. A hipocrisia de Lotário, que se revela no exagero do lado obscuro, não era necessariamente apenas um traço de tartufice católica. Ela refletia a ambiguidade da observação transcendente, que deixava os objetos observados sempre na dúvida se esta resultaria na salvação ou na perdição.

Nietzsche teve em mente essas esferas da participação fragmentada no "existente" (relativamente novas do ponto de vista evolucionário) quando deu à terra um novo apelido:

> O asceta trata a vida como um transvio, que precisa ser percorrido em direção inversa, até o ponto em que ele começa: ou como um equívoco que precisa ser refutado por meio da ação: pois ele exige que o homem o acompanhe, ele impõe, sempre que possível, a sua avaliação da existência.
>
> O que isso significa? Esse tipo de avaliação escandalosa não está inscrito na história do homem como exceção e curiosidade: é um dos fatos mais amplos e extensos que existem. Vista de um astro distante, a letra maiúscula da nossa existência terrena sugerisse talvez a conclusão de que a terra é um astro ascético, um cantinho de criaturas aborrecidas, arrogantes e repugnantes, que não conseguem se livrar de um profundo aborrecimento consigo, com a terra e com toda a vida e que preferem machucar-se o máximo possível, por mero prazer no machucar; – provavelmente sua única diversão[37].

Em seus estudos sobre o cristianismo bizantino, Hugo Ball encontrou os termos certeiros quando chamou os antigos frades do Alto Egito "atletas do luto"; os anacoretas, os "atletas do desespero"[38]. Seu retrato de João Clímaco é encabeçado pelo lema: "É bom dissolver-se e estar com Cristo"[39].

Max Weber aproveitou as intuições de Nietzsche quando deu aos heróis espirituais da era do eixo, aos protagonistas da negação do mundo, da autorrejeição e da transposição para uma felicidade eterna que não seria deste mundo, o título levemente paródico de "virtuosos religiosos". Esses artistas da *religio* da alta cultura

---

37 NIETZSCHE, F. *Zur Genealogie der Moral*. Dritte Abhandlung: Was bedeuten asketische Ideale?, p. 362 [Kritische Studienausgabe, vol. 5].
38 BALL, H. *Byzantinisches Christentum* – Drei Heiligen-Leben. Göttingen, 2011.
39 Ibid., p. 7.

estabelecerem, com seus exercícios excêntricos em cada sentido da palavra, padrões que precisariam ser seguidos pelas gerações seguintes caso quisessem ser instruídos pelas exigências de seus mestres. Sim, apenas agora o conceito do mestre adquire seu significado de destaque: como professor do quase impossível[40].

Um virtuoso da *religio* pode se tornar quem é dominado pela evidência segundo a qual a existência humana entre seres humanos não basta mais. O que importará no futuro é adaptar a matéria-prima humana em direção a uma concordância com o cosmo, o nirvana ou Deus. Assim, o indivíduo humilhado e atiçado pelo Absoluto se experimenta como o ser que mantém um relacionamento com o desproporcionado. É nessas transformações que se inicia a aventura da individualização. Sobre a porta para o mundo lemos agora a inscrição: Reconhece a ti mesmo! E abaixo disso, a linha: *Etiamsi omnes non ego*. Mesmo que todos corram numa mesma direção, eu não participo disso.

Consequentemente, tudo que segue à "era do eixo" é, em termos espirituais, tempo dos "virtuosos". Este é o laboratório no qual uma indisposição vaga é destilada e transformada em desespero agudo. Do concentrado do desespero resultam esforços psíquicos que ultrapassam qualquer medida sensata. No fim, com a ajuda do Altíssimo, se transforma em um relaxamento que se encontra além de qualquer humanidade trivial, por vezes, chamado sabedoria, por outras, santidade ou até mesmo iluminação.

Para descrever o estado da alma após os auges do desespero, Lutero não recorre a termos tão enaltecidos. Ele se contenta com a expressão convencional "fé" (*fides*). No entanto, ele despe a palavra de seu tom descansado. Ao reutilizá-la como se tivesse

---

40 Cf. SLOTERDIJK, P. *Du musst dein Leben ändern* – Über Anthropotechnik. Frankfurt a.M., 2009, esp. p. 424s. • RIESEBRODT, M. "Radikale Heilssuche: Praktiken asketischer Virtuosen". In: *Cultus und Heilsversprechen* – Eine Theorie der Religionen. Munique, 2007, p. 175s.

encontrado a fonte de seu significado, ele sugere considerar certo longe de qualquer *religio* estabelecida que Deus, que vê o ser humano por fora e por dentro, no fim o julgará não apenas segundo os registros, mas que também, de acordo com a graça prometida, concederá misericórdia aos penitentes.

3 A origem da Reforma a partir do espírito do desespero temperado

Observou-se com frequência e corretamente que, por causa da intervenção de Lutero, a pomposa Igreja Romana do papa foi reduzida a uma Igreja discreta, mesmo que não invisível[41]. Nela, a classe sacerdotal deveria ser destituída de grande parte de seu poder. Para um aparato clerical que se serve dela para seus próprios fins ela oferece tão pouco espaço quanto para uma teologia saturada sempre certa a poder de seu ofício. Ela se apoia na experiência fundamental que se propagara entre as elites espirituais após a revolução da alta cultura: Em sua insuficiência, a alma se vê sozinha e desarmada na presença de Deus.

Com seu *pathos* do *sola gratia*, a doutrina luterana intensifica a posicionalidade excêntrica do fiel ao extremo: Ela exige dele um trabalho extremo de penitência, sobre o qual ela afirma ao mesmo tempo que ele não é capaz de realizá-lo sozinho. Ao incentivá-lo com urgência para uma penitência impossível, essa doutrina o obriga a seguir o caminho de uma nova versão da hipocrisia. A capacidade de arrependimento é, em si, já uma obra da graça. Você deve estar perdido como se já estivesse salvo. Em essência, a Reforma é uma redução. Isso vale para toda a esfera luterana, e para os reformados em medida ainda maior (disso resultou que os reformados de Wittenberg jamais conseguiriam competir com

---

41 KAUFMANN, T. *Geschichte der Reformation*. Frankfurt a.M./Leipzig, 2009, p. 718.

a hipocrisia de Genebra). O ponto de fuga da redução consiste em nada além da pergunta de como o fiel pode encontrar o ponto de Arquimedes em que a dúvida referente à salvação pessoal se transforma na certeza de tê-la alcançado. Na linguagem de Lutero, aquilo que vale ser descoberto é a "justificação".

Nota bene: Sistemas de fé podem ser transmitidos com sucesso enquanto estes conseguirem tornar invisíveis os paradoxos dos quais eles extraem sua força.

Assim se repete aqui a figura fundamental da revolução da era do eixo: A Reforma deveria explicitar uma vez por todas qual é a situação do ser humano que se dá conta de estar lidando com um sobremundo que não pode ser manipulado. Assim que a instância mais alta se torna insubornável, impõe-se às almas que pretendem levar a sério a existência "na verdade" a pergunta inicialmente pré-revolucionária e depois revolucionária: O que fazer? Lutero ofereceu sua resposta muito antes de Tschernitschewski e Lenin. E muito antes de Lutero, já o tinham feito os pensadores determinantes da era do eixo. Não é apenas o Esclarecimento que pode ser pré-datado em dois milênios e meio; também a Reforma começou já nos meados do primeiro milênio antes de Cristo.

No reducionismo reformatório do tempo de Lutero, a ação enérgica e a inatividade extrema se entrelaçam de um modo praticamente sem precedentes em termos de uma história das ideias e da alma. A redução parte da evidência solidamente interiorizada segundo a qual o altíssimo insubornável não pode ser levado a mudar de opinião por meio de agrados e sacrifícios. O único método de trazer o Absoluto para o seu lado consistiria em uma entrega total – como o ensinam os místicos no Oriente e no Ocidente. No entanto, o gesto da autoentrega, enquanto ainda um gesto consciente de si mesmo, nada mais seria do que uma transação especulativa com um investimento maior: ele substitui o sacrifício de sangue pelo autossacrifício, pretendendo domesticar o Absoluto por meio da fusão com Ele. Esse diagnóstico, porém, só seria correto enquanto estivéssemos lidando com um Absoluto imóvel. Um Absoluto comunicativo poderia se antecipar à tentativa de encontro por parte do homem. No espaço linguístico do ecumenismo ocidental, essa antecipação é chamada "Cristo". Seu amor seria o imerecido, que não pode ser adquirido nem mesmo pelo maior esforço.

O reducionismo protestante se contenta em simplificar a questão de Deus na forma de uma história de amor excêntrica – seguindo o esquema agostiniano da revolta no céu. O resumo parece lapidar: Certo dia, os seres humanos desistiram de colocar Deus acima de tudo porque eles, imitando o exemplo do anjo satanás, se elegeram a si mesmos como objeto de sua preferência. Dessa forma, distorceram o *ordo amoris* de modo irreparável. Deus continua a amar os seres humanos, mas não sem impor condições. Se eles voltarem suficientemente arrependidos, eles serão bem-vindos; se permanecerem como são, sua perdição é irreversível.

Aquele que adotar esse roteiro para a interpretação de seu estar no mundo precisa se preparar para complicações. O jovem Lutero se inseriu no cenário sob a pressão de sua indisposição existencial pré-religiosa. Ele não podia saber que as altas culturas sempre elaboram o esquema da história de amor perturbada. Segundo esse esquema, os amantes, que originalmente formavam uma unidade, precisam alienar-se por algum motivo incompreensível. Evidentemente, o jovem Lutero trouxe um alto potencial de alienação para o jogo. Em terminologia moderna, chamaríamos sua matéria-prima uma neurose grave. O que se tornou historicamente decisivo foi que o distúrbio de Lutero se mostrou apto para uma recodificação religiosa e, ainda mais, para a tradução político-religiosa.

Não deveríamos considerar um acaso que a primeira aparição de Lutero teve a ver com o manuseio da pergunta de como lidar com os fatos da culpa, da penitência, do desespero e do perdão. As teses sobre as indulgências de outubro de 1517 significam *summa summarum* nada mais do que considerações zelosas e, vistas com distância histórica, mesquinhas sobre perguntas da administração externa e interna de penitência.

Em três de suas teses, porém, Lutero abandona o círculo nebuloso da esperteza. Elas tratam do desespero agudo do ser humano consigo mesmo, um desespero que não lhe permite assumir duas posições ao mesmo tempo. Algumas das teses podem ser lidas como uma resposta antecipada ao teorema de Plessner da posicionalidade excêntrica do ser humano: O indivíduo se sente concentrado em um único ponto, o ouvir que existência e penitência devem se tornar a mesma coisa, segundo a palavra de Jesus *poenitentiam agite etc.* (sic)[42]. Do ponto de vista da *disputatio*, Lutero já tinha vencido com a primeira tese. Na forma da palavra do Senhor (Mt 4,17), ela lembra o preço pela boa vontade de Deus. Quando o Altíssimo se aproxima de você, todo o resto é secundário.

Na referência à penitência irrepresentável, inadquirível e impossível de ser manipulada está contido todo o programa da Reforma. A partir de agora, Lutero possui o privilégio de ter certeza de sua ortodoxia. O resto são formalidades. Quase sem esforço, toda a indústria de indulgências da Igreja papal pode ser desmon-

---

42 Com esse *et coetera*, Lutero manifesta uma brutalidade estudiosa que ilumina sua atuação posterior. O jovem estudioso trata a primeira palavra de Cristo testificada pelo Novo Testamento – que, por sua vez, representa uma citação de João Batista – como um chavão discursivo, que pode ser usado para o fim da autojustificação. O "etc." da primeira tese desmascara a Reforma como encenação gigantesca da "posicionalidade excêntrica" no modo teológico: a penitência como posição de impor sua opinião.

tada como fabricação suspeita, inventada por hipócritas para o uso de hipócritas.

O "ser humano" é novamente reduzido a um único ponto quando ele vivencia como o *horror* da morte antecipa o *horror* do purgatório. No terror da última hora, as chamas do além invadem o aquém. Aqui, Lutero acata indiretamente o motivo segundo o qual o ser humano se torna sábio quando já é tarde demais. A 15ª tese não deixa dúvida de que a situação é séria: *"Hic timor et horror satis est se solo* [...] *facere penam purgatorii, cum sit proximus desperationis horrori"* ["Este medo e este terror bastam para lembrar o castigo do purgatório, pois se aproximam muito do terror do desespero"]. Não sabemos com certeza se Lutero, ao escrever essas linhas, já acompanhara um moribundo em seu momento de morte. Sabemos com certeza de que, aqui, ele está falando de si mesmo. Sua ambição de encontrar um apoio sólido diante do abismo culmina na 16ª tese, que leva o problema da penitência ao auge:

> Inferno, purgatório e céu parecem distinguir-se uns dos outros como desespero, meio desespero e certeza. [*Videntur infernus, purgatorium, celum differe sicut desperatio, prope desperatio, securitas differunt.*]

Com essa diferenciação entre diferentes graus de desespero, a redução alcançou seu objetivo. O aparentemente inofensivo *prope* (quase, próximo) se revela como ponto cardeal da interpretação radicalizada da fé. Visto que o quase desespero terreno se distingue do desespero pleno infernal, mesmo que apenas de modo insignificante à primeira vista, ele mantém a abertura para um resto de esperança de uma certeza posterior. Onde essa esperança estiver viva, o ser humano se encontra na zona intermediária. Aquilo que chamamos de fé é a execução das oscilações entre os extremos. O aconselhamento espiritual designa isso com o termo da "provação". Na palavra discreta "quase" se esconde a chance de salvação "do ser humano". Apenas aquele que quase se desespera pode decidir também ser esperançoso.

A redução bem-sucedida provoca imediatamente uma suspensão de limites: Se a existência pretende se tornar um exercício integral em penitência, a ocorrência purificadora acontece já aqui e em toda parte. Além do Batismo, nenhum acesso especial se faz necessário; o sapateiro, o ferreiro, o camponês, todos eles foram ordenados presbíteros e bispos. O privilégio espiritual da vida monástica é suspenso. Lutero democratiza o estado do meio desespero e dá a entender que o clero também não é salvo *a priori*, tampouco o povo leigo. Agora vale o lema: Purgatório para todos, e a partir de agora, não só no estado pós-mortal! Os extremos "inferno" e "céu" juntamente com seus reflexos em desespero completo e certeza definitiva não possuem mais um sentido para o mundo de vivência e a prática do dia a dia. Eles permanecem reservados à especulação escatológica e à imaginação artística.

A Reforma se apoia, portanto, na antecipação da função do purgatório na existência terrena. Seu equivalente consiste na ampliação da existência penitencial. Quando o claustro e o século se tornam um só, a ida para o mosteiro perde seu sentido. A partir de agora, o clero deixa de ser um "estamento" próprio. Com isso concorda a observação de que o Lutero tardio raramente ainda fala do purgatório. De certo modo, ele se tornou inútil para ele desde que foi substituído pela existência nas chamas do dia a dia. Ele também não sente mais a pressão dogmática de pressupô-lo como um terceiro lugar estabelecido no além. O próprio Deus se revelaria como protetor da hipocrisia eclesial caso permitisse que o "ou isso ou aquilo" se transformasse num cômodo "isso e aquilo". O purgatório é, de fato, um *compositum mixtum*, que ontologicamente serve de antessala ao céu, ao mesmo tempo em que se parece fenomenologicamente com o inferno. O Lutero tardio parece acreditar que esse tipo de lugar, caso exista, só pode ser demonstrado na vida humana. A existência é um emaranhamento de anteinferno e antecéu. Aquele que conhece o modo correto de medo da morte não precisa de um purgatório transcendente. Quando Martin Heidegger diz em 1928: Ser-aí significa ser apresentado ao nada, ecoa aqui pela última vez a advertência luterana, segundo a qual a existência, compreendida corretamente, seria o fogo do purgatório.

Em seus últimos anos, Lutero parece aproximar-se tacitamente das concepções de Calvino: Em suas *Institutas* (1536), este refutou o conceito do purgatório como uma ficção composta de "blasfêmias". Assim, ele reestabeleceu a implacabilidade do "ou isso ou aquilo" – o que lhe rendeu inevitavelmente a presidência de honra no congresso mundial da hipocrisia, pois o duro "ou isso ou aquilo" só podia ser suportado com a ajuda da ficção auto-hipnótica da pertença ao rebanho dos salvos (verbete: "ascese intramundana").

Ocasionalmente, observou-se a respeito da obra de Lutero que, ao suspender a vida monástica, ela teria eliminado o Oriente da cultura da religião ocidental. Mais apropriado seria o diagnóstico segundo o qual seu reducionismo privou a virtuosidade religiosa de seu fundamento. Ao diminuir a tensão excêntrica, ela contribuiu para a cotidianização da *religio*. Da minimização do culto seguiu a interiorização da comunicação com o Altíssimo, da interiorização seguiu a privatização, e da privatização seguiu a assimilação ao mundanismo profano. O resto é cristianismo de autocultivação [*Bildungschristentum*]. Todo o processo veio acompanhado da generalização inevitável da hipocrisia, pois o modelo da existência orientada pela ordem do arrependimento não pôde ser mantido em longo prazo.

Lutero previu o problema de uma hipocrisia protestante e tentou amenizá-lo com a fórmula *simul iustus et peccator*. Sua previsão nada mudou no decurso do desenvolvimento. A concentração da existência em um único ponto precisava falhar, porque a posicionalidade excêntrica não pode ser suspensa nem mesmo após a redução. Quem conseguiria distinguir o pecador justificado do hipócrita transferido para a eternidade? Na mesma medida em que desvanecia a expectativa do juízo final, o imperativo penitencial também perdia sua plausibilidade. Em Lutero, a convicção do juízo iminente possuía ainda a solidez da certeza, superada apenas por sua convicção na onipresença do diabo.

O primeiro balanço da Reforma nos leva ao diagnóstico inevitável de que os impulsos de Lutero eram de natureza muito mais restaurativa do que revolucionária. Suas intervenções contra a Igreja do papa obedeciam ao esquema de uma revolução conservadora, na qual a inovação se apresenta como uma restauração. De certo modo, Lutero pregava um salafismo cristão. O reformador jamais perdeu a convicção de que a sua leitura das Escrituras Sagradas era mais católica do que qualquer catolicismo e mais evangélico do que qualquer teologia escolástica; isso ainda mais porque os teólogos vaidosos tinham conferido uma posição preferencial ao pensador-mestre dos pagãos Aristóteles. O lema de Lutero poderia ter sido: Levantai-vos, ó cristãos, avançai para o passado!

4 Entropia protestante

Lutero pertence ao grupo daquelas raras figuras da evolução cultural sobre as quais podemos dizer que elas tiveram sorte do ponto de vista da história das ideias. Sorte tem nesse campo aquele que encontra sucessores melhores do que aqueles que ele teria merecido. No caso de Martinho Lutero, os sucessores imerecidos incluem (para contentar-nos com a lista mais sucinta): Gottfried Wilhelm Leibniz, Johann Sebastian Bach, Gotthold Ephraim Lessing, Immanuel Kant, Johann Gottlieb Fichte, Georg Wilhelm Friedrich Hegel, Friedrich Nietzsche, Albert Schweitzer,

Gotthard Günther e Martin Luther King – aqui, o universo de Lutero se apresenta como uma história do mundo narrada em primeiros nomes.

Quando praticamos história das ideias, nós nos dedicamos à tentativa de fazer jus às assimetrias entre aquilo que foi dito "antes" e "depois". O fato de que a evolução cultural sempre transcorre de forma assimétrica pode ser visto, entre outros, no diagnóstico de que consideraríamos absurdo se alguém dissesse que Lutero teria publicado suas teses antes da publicação da *Fenomenologia do espírito* de Hegel. Por outro lado, faz sentido a afirmação de que Hegel teria formulado sua visão do caminho da ideia pela história na base de uma posição histórica posterior a Lutero.

No que diz respeito aos efeitos históricos de Lutero, podemos falar de uma regressão com consequências progressivas. Sua progressividade inesperada e involuntária se deve ao efeito recíproco entre suas tendências retrógradas e as constelações políticas e mediais progressivas. Do ponto de vista politológico, o protestantismo foi a recepção de uma briga entre teólogos no nível dos príncipes – e no âmbito das universidades regionais. Foram os príncipes do Sacro Império Romano-Germânico que transformaram um conflito sobre questões da *religio* em um vetor da história mundial. Foram os príncipes (e seus doutores nas universidades) que desdobraram o potencial ofensivo de Lutero quando descobriram o elemento formador de Estados e pré-moderno da confissão para seus próprios interesses e sua prática política. Nas confissões, os partidos lançam suas sombras sobre o futuro. Questões aparentemente marginais como, por exemplo, a pergunta sobre a presença real de Cristo na Ceia do Senhor ou se Ele é apenas lembrado nela, se tornou um escândalo de caráter epocal. A Europa conquistou uma posição preferencial na história do surrealismo quando começou a sacrificar inúmeras vidas por causa de diferenças invisíveis.

Se quisermos continuar a falar de uma diferença luterana, precisamos investigar se ela ainda pode ser relacionada aos humores fundamentais dos sentimentos do mundo e da vida atuais. A resposta é quase unânime: não. Em termos da história do espírito e da psique, Lutero teve sorte porque seu legado predominantemente obscuro, psicologicamente duvidoso, teologicamente pouco original e filosoficamente regressivo foi transformado a partir do século XVII por camadas novas de Iluminismo, Esclarecimento e civilização. Lutero não teve culpa pelo fato de que um ataque de fúria teológica se transformou num cântico de ninar, no qual a floresta aprendera a se calar obscuramente de forma nitidamente alemã, enquanto a neblina branca se deitava sobre os campos. Lutero teve a sorte de que, depois dele, surgiram novos virtuosos, mas não da *religio*, mas grão-mestres do pensamento, da língua e da afirmação.

Não entendemos o bastante da história do mundo, das ideias e do Esclarecimento enquanto não entendermos as medidas em que Lutero, que apelava preferencialmente a aliados bíblicos, se transformou em queridinho da Fortuna pagã. O Espírito Santo, pelo qual os teólogos novos acreditavam ser guiados, começa, a partir de então, a se apresentar na máscara da deusa da sorte. Sucesso – e sucesso é causalidade sortuda – só ocorre em cooperação da Fortuna *cum Spiritu Sanctu*. Lutero teve essa sorte quando encontrou em Erasmo um adversário contemporâneo que sabia articular as exigências por vezes legítimas dos reformadores sem bramidos incivilizados; ele teve sorte quando, mais de cem anos depois, um dissidente judeu chamado Baruch Spinoza fez um apelo para a expulsão das paixões tristes da alma racional e rompeu com as tradições da negação clerical do mundo; ele teve sorte quando Johann Sebastian Bach devolveu o júbilo às Igrejas frias; ele teve sorte porque Leibniz, como advogado de Deus, reduziu a participação da irracionalidade na criação; ele teve sorte quando Brockes, em sua coleção monumental *Ein irdisches Vergnügen in Gott* [Um deleite terreno em Deus] ensinou a perceber a presença do Altíssimo também nas coisas mais ínfimas; ele teve sorte porque o classicismo alemão de Klopstock, Lessing e Herder até Fichte, Hegel e Schelling – para não falar do deus olímpico de Weimar – soube oferecer uma transposição mais alegre da carta de Wittenberg, trezentos anos *post eventum*, em linho, com corte dourado e marcador. Lutero teve também sorte quando o teólogo romântico Schleiermacher traduziu a religião em uma questão de talento e sintonia para torná-la mais aceitável para os cultos entre seus desdenhadores; e teve sorte também quando o filho de pastor Nietzsche inventou uma figura chamada Zaratustra, que pregava aos seus amigos: "Permaneçam fiéis à terra!" – e afastem-se dos mestres do ressentimento! Ele teve uma sorte imerecida quando Albert Schweitzer explicou porque a ética ocidental do amor ao próximo não precisava se esconder do misticismo oriental da vida contemplativa[43]. Lutero teve uma sorte inacreditável quando se mostrou que ele, a despeito de suas palavras tardias contra o judaísmo, não tinha culpa pelo miserável ex-católico Adolf Hitler. Ele teve sorte quando as Igrejas evangélicas na Alemanha assumiram, em sua confissão de culpa de Stuttgart de outubro de 1945, a culpa pela catástrofe do nacional-socialismo por sua falta de coragem e amor; ele teve sorte uma última vez quando Martin Luther King proclamou diante de uma multidão que ele tinha um sonho.

Se, no início, a Reforma era marcada pelo gesto da elevação de energia por meio da redução, o seu desenvolvimento foi caracterizado pela entropia. A entropia religiosa reduziu as tensões

---

43 SCHWEITZER, A. *Die Weltanschauung der indischen Denker* – Mystik und Ethik. Munique, 2010 [1. ed: 1935].

ascéticas excessivas das formas do tempo do eixo de negação do mundo e da vida de modo irrevogável e com uma pressa notável. Seu estabelecimento levou milênios, sua redução se realizou em menos de duzentos anos. Agora, uma vida aplainada se afirma a si mesma, mas sem fazer muito barulho em torno da afirmação de si mesma – com a exceção do episódio da exagerada filosofia da vida inspirado por Nietzsche. A posicionalidade excêntrica avançou alguns campos: A observação vertical penosa sob o olho de Deus foi substituída pela ambição das massas de atenção horizontal. Nessa situação, o protestantismo já não pode mais apostar na sorte histórica. Ele poderá se considerar feliz se, em quinhentos anos, alguém disser que, na guerra das confissões dos nossos dias, na revolta da cultura das massas contra a alta cultura, mascarada como campanha dos insatisfeitos contra as "elites", ele provou ser uma terceira potência inteligente.

3
A verdadeira heresia: a gnose
Sobre a religião mundial da ausência do mundo*

> *Uma religião mundial foi redescoberta.*
> Gilles Quispel (1951), sobre as descobertas de Nag Hammadi.

1 Onde fica Nag Hammadi

Logo após a Segunda Guerra Mundial, que, segundo estimativas "conservadoras", custou a vida de 42 milhões, segundo outras, a vida de 55 milhões de pessoas, foi encontrado ao pé de uma rocha no deserto egípcio, a mais ou menos 50 quilômetros ao norte de Luxor, um grande recipiente de barro com numerosos códices de papiro em língua copta, quase todos eles em estado extraordinário de preservação. No mundo acadêmico, espalhou-se rapidamente a notícia da descoberta de uma "biblioteca gnóstica", que consistia em 52 tratados em língua copta-saídica, a maioria dos quais era desconhecida. Os poucos que, naqueles tempos sombrios, tinham a mente livre para a percepção de eventos histórico-espirituais, logo entenderam que o que havia sido descoberto era mais do que um fato arqueológico entre outros. No ano de

---

* Orig.: "Die wahre Irrlehre – Gnosis". In: *Weltrevolution der Seele* – Ein Lese- und Arbeitsbuch der Gnosis von der Spätantike bis zur Gegenwart. Munique, 1993 [prefácio].

1946, o ressurgimento de textos perdidos durante uma era inteira possuía valor simbólico; era como se as profundezas do tempo tivessem enviado um sinal aos sobreviventes da grande catástrofe do "Ocidente cristão". Vindo do deserto sagrado do Egito, um sinal imperceptível chegou às nações devastadas. Daquele mesmo lugar em que o protesto sagrado contra o mundo e a vida se radicalizara pela primeira vez, o continente derrotado recebeu uma mensagem que, de maneira subterrânea, parecia estar vinculada aos Estados atuais. As letras de tinta de mil e seiscentos anos de idade em papel frágil emanavam uma substância espiritual fraca, mas ainda ativa.

A palavra mágica "gnose" cercava a descoberta – sem conhecer uma única linha dos evangelhos perdidos, o contemporâneo da grande descoberta podia projetar sobre ela tudo que esperava de uma mensagem mística para o seu estado atual. Isso permaneceu assim até hoje: A aura da "descoberta" de Nag Hammadi ainda ofusca seus conteúdos – a despeito dos esforços impressionantes de tradutores, editores e comentaristas que disponibilizaram todo o material ao público. Nag Hammadi continua sendo um nome mítico – ele representa a invasão de contraverdades escandalosas, mas plausíveis, na memória ocidental.

Em meio aos trabalhos de reconstrução após a catástrofe, os manuscritos recém-liberados pelo deserto eram como um alerta vindo de uma dimensão esquecida da história europeia. Quando o historiador de religião, o holandês Gilles Quispel, realizou suas palestras sobre a gnose no Instituto C.G. Jung em Zurique, haviam se passado meros cinco anos desde a descoberta – mas, para ele, o significado do evento já era certo: Com a redescoberta de vozes gnósticas antigas e autênticas, a tendência da pesquisa moderna da alma, iniciada por Jung, já havia recebido sua sanção histórica. Ele acreditava que, agora, uma nova gnose poderia se espelhar na antiga gnose confirmada; a repetição da Antiguidade tardia no auge da Modernidade estava entrando em sua fase mais quente. A palavra "religião mundial" sinalizava o tamanho da pretensão. A partir de agora, a humanidade voltaria a falar da "alma" como que de uma potência mundial ignorada. Sim, ela poderia até mesmo render-se à suspeita de que justamente o fato de ignorá-la tinha sido uma grandeza decisiva no decurso fatal do mundo.

Ao nome Nag Hammadi afixou-se um pouco do mal-estar na cultura cristã europeia. Nele transparece a promessa da alteridade total – daquilo que nunca veio a ser e que nunca foi tentado. Ele parece simbolizar possibilidades irrealizadas do "espírito ocidental". O nome representa as chances destruídas e as alternativas suprimidas do continente que escreve a história mundial. A filologia sóbria, que, entrementes, produziu uma imagem mais diferenciada dos textos, não tem como mudar isso. Mesmo após sua edição minuciosa, a biblioteca gnóstica do Alto Egito preservará um significado mais mítico do que gnóstico: Sua ressurgência coopera com a necessidade da revisão fundamental de uma cultura que se manifestara e desmascarara na coerção à Guerra Mundial. Também no futuro, as pessoas lerão esses textos – uma mistura de evangelhos alternativos e tratados apócrifos – como cartas perdidas a uma posteridade, como uma carta encontrada numa garrafa na praia, como documentos secretos do espírito do mundo, escondidos das ameaças da censura cristã e com o rótulo invisível: "preservar por todas as eternidades". Seu estudo faz parte do currículo de todos que pretendem estudar a razão da guerra mundial e da crise mundial também do ponto de vista histórico. Quando estudamos os escritos originais dos gnósticos, acreditamos entrar em contato a história primordial de toda dissidência; neles se revelam os rastros da revolta metafísica.

Os "perfeitos" do deserto tinham ensaiado a obediência ao mundo até o fim – até a ruptura com tudo que nos amarra ao dado e ao existente. Em sua secessão de todo ente, os autores de

Nag Hammadi, juntamente com seus primeiros leitores, se posicionaram numa periferia fantástica, à esquerda da criação, longe dos poderes do cosmo, no centro do nada de mundo e realidade. "Após Nag Hammadi" – isso é, hoje, um tipo de cesura na história das ideias. Também os cristãos precisam começar a compreender que eles vivem após um evento à luz do qual sua fé adota um significado diferente, que ainda lhes é incompreensível. Talvez o cristianismo realmente não seja platonismo para o povo, como dizia Nietzsche, mas gnose para o povo?

Mas mesmo se os códices do deserto jamais tivessem sido descobertos – sua invenção teria sido inevitável no século XX. Se tivéssemos que formular uma lição metafisicamente relevante desse século monstruoso, ela diria: O mal precisa ser mais do que a ausência do bem. Aquele que vivenciou a nossa era em seus aspectos mais sombrios, não consegue se negar à impressão de que o mal é uma instância autônoma de longo fôlego e recursos inesgotáveis; na própria razão do mundo se abre, para usar uma imagem mítica, uma fenda catastrófica, da qual jorram os males com violência arbitrária. Não era disso que a antiga "gnose" parecia falar? Quando a arqueologia libertou os manuscritos de sua urna, ela trouxe à luz do dia uma surpresa já vencida. Hoje sabemos: Os papéis egípcios não continham – a princípio – nada para o qual essa era do revisionismo não estava preparada.

Quanto mais nos familiarizamos com o texto, a febre de Nag Hammadi tende a baixar. Descobrimos que os escritos antigos reagem às nossas projeções com uma resistência muda. Eles permanecem teimosamente aquilo que são para nós – testemunhas quase ilegíveis de um mundo perdido, cuja estranheza dificilmente conseguimos sondar. Talvez seja essa uma das razões pelas quais o rendimento interpretativo dessa sensação arqueológica tenha permanecido tão estranhamente baixo. A grande descoberta não inspirou os pesquisadores de mitos, teólogos e filósofos contemporâneos com ideias novas. Até agora não conseguiu inspirar nenhuma nova interpretação extraordinária do fenômeno da "gnose" – e digo isso com todo respeito pelas contribuições espirituosas de Harold Bloom, Elaine Pagel e Peter Koslowski e pelos conhecimentos enciclopédicos de pesquisadores como Henri Charles Puech, Kurt Rudolph e Simone Pétrement. Mesmo que a situação de pesquisa tenha melhorado dramaticamente após Nag Hammadi, as condições exegéticas "antes" e "depois" se apresentam como estranhamente estáticas. Parece quase que a compreensão da gnose seja algo que não pode ser avançada por nenhuma contribuição da arqueologia externa, por maior que seja. As grandes interpretações da gnose dos últimos 150 anos surgiram independentemente das descobertas sensacionais dos "originais", muitas vezes por meio de fontes indiretas, sobretudo dos discursos tendenciosos, mas precisos dos Padres da Igreja, e inspiradas pelo aprofundamento dos autores naquilo que podemos chamar o espírito de seu tempo. Mesmo que a literatura "gnoseológica" já chegue a encher bibliotecas, interpretações profundas da tradição permanecem raras. Existem até hoje apenas duas obras extraordinárias que reconstroem o "espírito" da gnose de maneira soberana e o desdobram "novamente": o estudo voluminoso de Ferdinand Christian Baur, *Die christliche Gnosis oder die christliche Religionsphilosophie in ihrer geschichtlichen Entwicklung* [A gnose cristã ou a filosofia cristã da religião em seu desenvolvimento histórico], de 1835, e o trabalho inspirado de Hans Jonas, *Gnosis und spätantiker Geist* [Gnose e espírito da Antiguidade tardia], volume 1, de 1934. Como mostram as datas de publicação desses livros, ambos nada devem às descobertas mais recentes. Antes, parecem demonstrar: A fim de alcançar uma compreensão eminente do espírito gnóstico, é preciso aproximar-se de um dos dois grandes da filosofia "continental", Hegel ou Heidegger – aproximar-se ao ponto de se abrirem, por assim dizer, janelas estereoscópicas para o passado do pensamento mais profundo. Assim, Baur, poucos anos após a apresentação da filosofia explícita da religião de Hegel, descobriu nos gnósticos da Antiguidade tardia os padrões que fazem parte da autoidentificação do deus processual por meio da subjetividade humana; da mesma forma, poucos anos após a publicação de *Ser e tempo* (1927), Jonas encontrou as estruturas da ontologia fundamental heideggeriana nos documentos da gnose helenística e oriental e no maniqueísmo – ou seja, as determinações básicas da estranheza do mundo [*Weltfremdheit*] e o apelo à apropriação da existência [*Vereigentlichung der Existenz*]. Em ambos os casos, impõe-se a suspeita de que as grandes descobertas sobre o pensamento gnóstico ocorrem mais em dependência de autointerpretações filosóficas da Modernidade do que em decorrência de descobertas filológico-arqueológicas – por mais impressionantes que possam ser. Poderíamos até concluir que "a" gnose não é acessível a nenhuma descoberta externa nem necessita dela. Ela não é extraída de urnas, mas reconstruída em meditações radicais sobre as estruturas da consciência contemporânea do *Dasein*. Ela só pode ser encontrada se for procurada em seu "lugar": nos vasos rachados da subjetividade – com seus sofrimentos "no mundo" e seus paraísos inesquecíveis.

E é lá que Nag Hammadi realmente se encontra. Por isso, vale para nós uma primazia das gnoses espontâneas antes das tradições. A gnose é compreendida a partir do centro ardente da ipseidade atual.

E, de fato, as conjunturas modernas da gnose seguem as trilhas – e as modas – das interpretações do mundo e autointerpretações atuais; como isso vale para a teologia processual de Hegel e os ensinamentos de Heidegger sobre queda no mundo e apropriação se evidencia nitidamente nas projeções iluminadas de Baur e Jonas; isso se aplica também às outras correntes do pensamento mais recente, nas quais ocorreram renascimentos do interesse pela gnose dos mais variados tipos. Quando Helena P. Blavatsky, após 1870, escreveu sua *Isis Unveiled* embriagada de mistérios, ela ocupou a velha expressão "gnose" com as ambições de uma teosofia moderna; desde então, "gnose" representa a tendência de círculos ocultos de traduzir coisas outrora esotéricas para a linguagem exotérica da forma mais direta. A antroposofia de Steiner acatou o exemplo teosófico; boa parte da produção de Rudolf Steiner dos anos 1903 a 1908 foi publicada em revistas chamadas *Luzifer* e *Luzifer-Gnosis*.

O próprio conceito da "gnose" é necessariamente esvaziado por essas pretensões excessivas. O mesmo pode ser dito – sob sinal negativo – do efeito dos escritos de Eric Voegelin: durante décadas, esse autor, com a energia maníaca de uma inquisição imprecisa, denunciou tudo como "movimento gnóstico das massas", ou seja, como autodeificação vulgar do ser humano, que tentava sobreviver sem a benção de Aristóteles ou Tomás: *progressismo, positivismo, marxismo, psicanálise, comunismo, fascismo e nacional-socialismo*[44]. No entanto, é difícil comprovar um contato de Voegelin com a literatura gnóstica autêntica. Parece que o século XX provocou uma coceira histérica geral nos politólogos carismáticos; é possível que aquele que conhece esse estado avalie as absurdidades filosófico-altivas de forma menos dura.

De modo completamente diferente a primazia da projeção moderna diante do texto antigo – precisamente estudado – na escola de Carl Gustav Jung. O gnosticismo terapêutico de Jung suspende conscientemente a estrutura dualista da maioria dos sistemas gnósticos antigos, a fim de garantir que luz e escuridão se unam no campo de batalha da alma em forma de uma "unidade íntegra e saudável". Essa transferência de dualismos gnósticos para ensinos monistas da imanência da alma nos oferece pelo me-

---

44 VOEGELIN, E. *Science, Politics and Gnosticism*. Chicago, 1968, p. 83.

nos uma noção da seriedade com que Jung tratou o lado psicagógico da terapia da alma: Ele acreditava saber que a psicoterapia – principalmente em vista de complexos distúrbios profundos – não consegue evitar o embaraço de formular um equivalente atualizado às respostas tradicionais à pergunta da salvação do mal. Aqui, ele precisou recorrer à venerada fórmula da "união dos opostos". Afinal de contas, o renascimento islâmico atual é corresponsável pelo interesse renovado por formas gnósticas de espiritualidade.

É da natureza dos estados de conhecimento gnósticos que seu modo de ser não é o de uma transmissão contínua, mas de um redescobrimento esporádico em conjunturas culturais apropriadas: Nas mais graves crises do mundo, gnoses de todo tipo protegem a vida da tentação de se adaptar àquilo que já não seria mais vida. Sempre que ela se reconstituiu por meio de uma autocombustão, a "gnose" era o contrário de uma religião mundial estabelecida em instituições positivas e escritos canônicos. Ela flamejava e se apagava como uma não religião mundial no sentido duplo da palavra. Permaneceu sem organização expansiva em tempo e espaço e sem fé na convicção de que o mundo deveria institucionalizar-se nela na forma de uma religião mundial. Por isso, a história dos fenômenos gnósticos é, em grande medida, idêntica à sequência de suas repetidas reinvenções. Consequentemente, a "gnose" é dissidente consigo mesma; os caçadores de hereges da Igreja primitiva estavam corretos em certo sentido quando lamentavam a inventividade e a imprevisibilidade mitológico-espontânea dos sistemas heréticos; de fato, a gnose mais antiga – e também seus avatares mais recentes – representam mais um gênero de *metaphysical fiction* do que um sistema dogmático fixado que possa ser reproduzido e repetido.

Irineu, Hipólito e Epifânio sabem muito bem onde devem procurar o inimigo: naquela liberdade polimítica dos hereges, que se dão a liberdade de inventarem a si mesmos, aquilo em que "crerão". Os homens da Igreja denunciam com instinto certo todas as manifestações do espírito livre, que ousava ser inventivo até mesmo no âmbito do mais sagrado.

Eles denunciam a mitopoiese gnóstica, que transforma a matéria cristã em algo não cristão. Em termos crítico-literários, a gnose da Antiguidade tardia realmente rompeu as medidas da crença "clássica"; uma dimensão fantástica invadiu o campo do dogma. A ironia gnóstica contra a criação antecipou a ironia romântica contra o texto: cada *self* pneumático era chamado para se tornar herói de seu próprio romance de salvação. Aquilo que os bispos cristãos compreendiam como substância era a forma para os autores gnósticos: evangelicidade é, para eles, um estilo de escrita; ressurreição, um estilo de vida. O adorador católico só pode se assustar diante disso; aquele que necessita do vínculo entre Igreja e rocha se sente perdido em meio aos devaneios gnósticos fantasiosos. Já a gnose antiga tinha individualizado a necessidade religiosa ao ponto de não poder mais aceitar a forma da Igreja do contramundo. Por isso, os adversários modernos de qualquer *churchianity* reconhecem no individualismo gnóstico sua própria busca de liberdade.

2 Como o mundo real finalmente se transformou em equívoco

> Quis audeat dicere Deum
> irrationabiliter omnia condidisse?
> AGOSTINHO. *De div. quaest.*
> LXXXIII, q. 46

Entre os estudiosos domina, referente à pergunta sobre aquilo que é a gnose "de verdade", aquilo que podemos esperar: discórdia. Tentaram definir como seu critério o dualismo metafísico – que falhou diante das variantes monísticas e triádicas dos sistemas mais antigos. Tentaram definir como seu padrão característico a ligação entre hostilidade cósmica e antijudaísmo, ignorando com isso aquelas gnoses que souberam se elevar à flutuação sobremundana sem as tensões polêmicas contra o "existente" e seu autor. Acusaram a gnose de possuir o traço fundamental de conhecimento, ignorando suas dimensões poéticas, ascéticas, experimentais e catárticas. Tentaram também rotulá-la com a característica do "culto de autorredenção", ignorando os muitos ensinamentos soteriológicos nos quais a alma presa no cárcere do mundo recebe um chamado de um lado alheio. No caso da gnose – como também nos casos de tantos fenômenos de espiritualidade espontânea – os definidores ainda não tiveram sorte.

Sua particularidade é descrita melhor por aqueles que aplicaram a fórmula de luta revolucionário-cultural de Nietzsche da "revalorização de todos os valores" à irrupção do espírito gnóstico no mundo antigo. O que Nietzsche pretendia era uma revisão anticristã da história ocidental – seu sonho era nada menos do que uma retradução do homem moderno-cristão desnaturado para a "natureza". E justamente isso parece ser o reverso daquela "virada mundial do espírito" gnóstico, que pretendia nada menos do que traduzir o ser humano da natureza (em termos gregos, do cosmo) para o "Reino de Deus, para o sobremundo, para o pleroma, para o oitavo ou nono céu.

Onde Nietzsche profetizava um tipo de homem que seria em medida inédita totalmente deste mundo, a gnose antiga afrouxou ou até mesmo rompeu radicalmente o laço entre homem e mundo. Como se acreditassem poder realizar uma nova localização metafísica do homem, os autores gnósticos submeteram a "essência" do ser humano a uma perspectiva de desmundialização radical.

A nova fórmula revolucionária de localização da existência humana só pôde surgir na atmosfera da gnose inicial: "no mundo, mas não do mundo". Isso era mais do que uma revalorização de todos os valores. Era um desvio de todos os movimentos, uma relocalização de todos os locais, um reassentamento de todos os assentamentos. Podemos dizer que o impulso gnóstico se manifestou na distinção joanina entre "no mundo" e "do mundo" de modo precoce e, ao mesmo tempo, definitivo. A gnose realmente só pode ocorrer após a descoberta de um "local" que não é "deste mundo" – ainda "aqui", mas já "ali", ainda no mundo, mas já no "não lugar", no "desvir", no sobre-ente, no pré-real. O espírito da utopia desperta com a distinção gnóstica dos lugares. Com a ajuda da diferença até então impensável entre "no mundo" e "do mundo", o espírito humano pode, pela primeira vez, pensar seu próprio existir; apenas desde a irrupção da gnose "existe" aquilo que designamos com o termo moderno da "existência". O pneuma, a alma-espírito gnóstica, que vem "de cima", é o órgão desse conhecimento logicamente novo da existência: É o pneuma que consegue se ver "no mundo" como algo vindo de fora – como algo diferente, que não pertence ao mundo e é capaz de se retirar dele. A gnose é a erupção da autoconsciência humana por meio do pensamento fundamental da existência "no mundo". Já Fílon de Alexandria pôde escrever: "[...] Pois cada um de nós entrou neste mundo como que numa cidade estranha, da qual não tínhamos parte antes do nosso nascimento, e nesta cidade vive como um hóspede, até esgotar a duração de vida que lhe foi atribuída"[45]. Na imagem do hóspede, anuncia-se a ruptura existencial do idealismo holístico. O conhecimento gnóstico seria, portanto, nada menos do que a autopenetração do hóspede do mundo, do pneuma existente; de sua lembrança iniciadora de sua "origem" surge a história da alma, narrada por ela mesma – e para ela mesma. Na natureza desse tipo de narrativas da alma cognitiva sobre si e para si mesma encontramos o vínculo tipicamente gnóstico entre

---

45 FÍLON DE ALEXANDRIA. *Sobre os querubins*, 120-121.

imaginação e rigor: Este resulta do reconhecimento da seriedade da situação pela alma – de seu exílio "no mundo"; a imaginação cria asas diante da liberdade nova de um "não ser deste mundo" autoconsciente.

Com a distinção entre "no mundo" e "do mundo", o gênio lógico de um pensamento gnóstico abre – já no nível mitológico – seu caminho. O tamanho da engenhosidade da nova distinção – poderíamos até chamá-la a diferença gnóstica – se revela quando consideramos as operações que ela viabiliza. Enquanto estar "no mundo" e ser "do mundo" representavam um complexo homogêneo, as negações totais do ente eram lógica e linguisticamente inviáveis. O mundo, como epítome do ente, é, a princípio, tão inegável quanto o "estar no mundo". O fato do mundo sempre se antecipa a qualquer negação. A tese de que algo é não pode ser enfraquecida por qualquer antítese. Mas a partir do momento em que a diferença gnóstica entre "no mundo" e "do mundo" é estabelecida, abre-se um campo de negabilidades do mais alto nível de generalizações. Este é imediatamente invadido por enormes energias mitológicas e teológicas. Agora, os diques simbólicos, que represavam a negatividade psíquica, podem ser rompidos. A diferença gnóstica gera uma nova língua de insatisfação com o mundo – ela solta a língua do espírito mudo da grande negação. Quando a alma pode se atribuir a uma esfera sem mundo, ela adquire, a partir do lugar inegável do "no mundo", a possibilidade de negar tudo que é "do mundo".

Nessa visão, a irrupção de formas de pensamento gnóstico se impõe sobretudo na história do desdobramento da negatividade. Esta, porém, não é meramente uma questão de lógica. Dela depende o peso de autointerpretações mais elevadas da "existência" humana; sim, a própria palavra "existência" não teria qualquer significado para nós sem a revolução das relações de negação no espaço de pensamento gnóstico e cristão primitivo. Por meio da descoberta gnóstica de uma possibilidade da negação total – não "do mundo em si", mas daquilo que é "do mundo" – surge uma "dimensão" religiosa e filosoficamente fértil da distância ao mundo: ela é o *lar* – que o leitor me perdoe a expressão – de espíritos críticos desde João Evangelista até Heidegger, desde Simão o Mago até C.G. Jung, desde Basílides até Adorno.

Apenas agora podemos perguntar pelas "origens" da gnose na história da religião e pelas condições psico-históricas de sua emergência. Qual, então, é o suposto anuviamento dos sentimentos de vida naquela "era do medo" da Antiguidade tardia? Por que surgiram aqueles boatos da alegre piedade cosmológica helênica que, de repente, teria se transformado em um desespero gnóstico e cristão primitivo? Como a afirmação pôde se transformar em negação, a maravilha em desprezo temeroso? Como as pessoas puderam ter a ideia de queimar o que tinham adorado? Onde devemos procurar fulcro dessa "virada" negativista do espírito? A resposta a essas perguntas precisa ser mais de natureza ontológica do que psicológica. Apenas desde que a alma se compreende como uma entidade contraposta ao mundo – mais exatamente, como uma entidade cercada de mundo, mas que não pode ser remetida a ele – o "mundo" como superobjeto pode ser afastado como um todo. O anticosmismo gnóstico é primeiramente a consequência de uma conquista gramatical: Na expressão "este mundo" do gnosticismo e do cristianismo primitivo, a novidade lógica se manifesta abertamente. "Mundo" se transforma em objeto de uma *deixis* universal – de repente, é possível apontar, pelo menos verbalmente, para ele com o dedo: Olhe para ele, para "este" mundo. A partir de agora, o que ainda poderá surpreendê-lo? A gnose se desenvolve com o desdobramento sistemático desse efeito: Ela articula uma mudança estrutural da maravilha – do filosofar para o pavor, do pavor para a paródia. Ela vive de sua distância virtual do todo obscurecido, do qual não existe distância. Seu modo de ser é a autodestruição consciente diante da realidade, sua paixão é a queima dos navios terrenos, seu etos é a responsabilidade da ascensão. Seu lugar de reflexão é um estar dentro como se não estivesse dentro. O *ut non* paulino já pertence ao campo dessa *epoché*, desse distanciamento daquilo do qual ninguém pode se distanciar; possuir como se nada se possuísse; estar aqui como se estivesse longe; ter mulheres como não se tivesse nenhuma; estar neste mundo estranho como já se estivesse em casa. A gnose é uma filosofia do "como que não".

Mas antes que o objeto total "mundo" pudesse ser distanciado e criticado, o todo precisava ser dividido em partes negáveis ou, em termos modernos, em objetos parciais ruins. O desenvolvimento da posição "hostilidade do mundo" ocorre realmente, tanto em termos da história dos afetos quanto em termos mitológicos, nestes passos; ele percorre todo o caminho desde o aspecto ruim do mundo até a ruindade do todo do mundo. Desde sempre, a vitrine em que as ruindades do mundo se expõem de forma espetacular é o poder político – na percepção da perspectiva daqueles que sofrem sua injustiça na forma de repressão e exploração. A meio caminho entre as cosmologias positivas dos gregos e romanos – nas quais as contemplações da natureza funcionavam sempre também como paradigmas de harmonia para o emprego da *polis* e da *civitas* – e a cosmologia negativa dos gnósticos transcorre um *intermezzo* violento de crítica ao poder. A negação do "mundo" resulta do pavor diante dos poderes do mundo. A princípio, estes podem ser identificados politicamente com exatidão – apenas depois eles são reformulados como ministros do ente, como arcontes, tiranos astrais. Mundo – este se refere primariamente aos senhores de Roma, aos imperadores antoninos, aos governadores das províncias, aos coletores de impostos, aos juristas – Pôncio Pilatos e colegas com suas prostitutas, seus oradores, seus astrólogos; mundo é a moda do consumismo antigo.

"Neste mundo", uma imagem de Juno com Júpiter durante a *fellatio* decora o quarto do imperador; seus deuses são iguais a ele. Na verdade, "neste mundo", tudo está interligado com tudo, mas o princípio do vínculo é o aspecto comum mais geral: a autocelebração dos predadores mais bem-sucedidos, a autopreservação do ruim – o poder do mal gerador de sistemas, a transformação do medo de extinção em sadismo dos senhores. A partir deste momento, "este mundo" se apresenta como um mundo totalmente invertido e privado de luz, no qual a equação de dominação e crime alcança sua mais alta evidência. Daí a importância do assassinato judicial para o reconhecimento da "essência verdadeira" deste tipo de poder. No assassinato judicial, os senhores mostram suas cartas ao mundo. É simplesmente impossível exagerar a importância dos dois grandes mitos de assassinato judicial – o socrático-platônico e o jesuânico-paulino – para o desenvolvimento do afastamento espiritual do mundo. Assim como, no caso de Sócrates, a *polis* se viu no erro em relação à filosofia, a *civitas* romana como um todo se revelou no caso de Jesus como grandeza de injustiça. Mas em vista de um deicídio, o teor de justiça aumenta ao ponto do imperdoável. A crítica gnóstica ao mundo tem a coragem de tirar uma conclusão do crime extremo sobre a natureza do perpetrador: O perpetrador "mundo" – a coalizão farisaico-romana – é totalmente de natureza demoníaca. Um mundo culpado de assassinar o Redentor se encontra, no sentido de uma "última" jurisprudência, já sob o signo da culpa máxima; de antemão, ele é considerado alienado no sentido ontológico, possuído em termos religiosos e incapaz de reconhecer sua culpa em termos cognitivos. Sua cegueira diante a oferta de luz parece demonstrada após o evento do Gólgota. Apenas por isso, o mundo se torna teologicamente dependente da *charis*, da graça. Quem nele reside, está tão entregue a ele que só pode ser agraciado para *fora* dele. Este é o sentido jurídico-salvador da redenção do mal.

Redenção ocorre como reconhecimento da graça de "não mais ter que pertencer" à totalidade de injustiça irremissível do mundo.

A cruz – diz Simone Pétrement – separa Deus do mundo; isso é correto pelo menos no sentido de que a cruz é o símbolo mais visível para a raiva da indocibilidade com a qual os poderes do mundo insistem em seus realismos. Paulo, o primeiro teólogo da cruz, é também já o gênio das acusações contra o mundo. Como protótipo de todos os convertidos, ele compreende, melhor do que qualquer outro, a psicologia da culpa – e do reescalonamento redentor da culpa. Não se transformara ele mesmo de perseguidor em seguidor, de cúmplice zeloso dos deicidas em missionário mundial, de assassino contra o Espírito em perdoado apostólico de primeira classe? Foi ele que fundou a religião mundial da consciência pesada – a exportação de culpa e o comércio atacadista com seu perdão. No entanto, a partir de agora, os senhores do mundo estavam desmascarados como marionetes das forças do mal. Quando Justino, o filósofo cristão, escreveu sua epístola apologética ao colega estoico Marco Aurélio para protestar contra a política de assassinato judicial dos cristãos do império, ele já trazia consigo a adaga teológica escondida em seu manto: Com um golpe exegético sem igual ele identificou a origem dos césares romanos nos anjos decaídos do sexto capítulo do livro judaico do Gênesis. Isso fixou a estrutura demoníaco-perversa do imperialismo romano em um argumento genealógico. Se os próprios imperadores são descendentes de uma raça caída de poderes contrários a Deus, então o seu âmbito de domínio – o ecúmeno mediterrâneo, todo o planeta terrestre – representa necessariamente a essência do mundanismo injusto. Para a sua pessoa, o argumento de Justino era irrefutável; vinte anos mais tarde, um carrasco romano separou-lhe a cabeça do tronco segundo as regras da arte deste mundo. Como mártir, Justino se tornou completamente aquilo que ele já havia sido como teólogo: uma testemunha da acusação no processo metafísico contra "este mundo".

O clima de violência secular da política romana cristã gerou uma das precondições atmosféricas para a mensagem gnóstica de acabar logo com "este mundo". Nesse sentido, a gnose oferecia um substituto interiorizado para o fim do mundo próximo, que a apocalíptica prometera em vão com tanto ardor. O filósofo da religião judeu Jacob Taubes foi provavelmente aquele que – seguindo os incentivos de Scholem – vislumbrou da forma mais íntima as leis segundo as quais o extremismo herético, seja ele antigo ou moderno, se intensifica: Quando fracassa o profetismo, surge a apocalíptica; quando fracassa também a apocalíptica, surge a gnose.

A tendência só mudou quando Eusébio de Cesareia, o primeiro "teólogo da corte", se viu obrigado a inventar uma regra de testemunha principal para os imperadores romanos: Quando Constantino passou para o lado cristão, chegara a hora de uma reinterpretação do ofício de senhor do mundo: de um dia para o outro, o descendente de demônios se transformou no décimo terceiro apóstolo.

Não demorou, e a *imago* do "Senhor" Cristo em pose de Pantocrator apareceu nas cúpulas das igrejas do Oriente e do Ocidente. A partir desse momento, as vozes da crítica gnóstica ao poder do mundo se calam na história documentada – por muito tempo.

A formação do objeto parcial político-ontológico "mundo mau" tem seu paralelo no âmbito teológico. Lá, sob os atributos de Deus, começa a crescer uma sombra que, de repente, torna a atribuição do mundo a Deus insuportavelmente problemático. O mundo torturado – imaginado como criação – surge como uma rocha de irracionalidade do mar da sabedoria divina. Esse diagnóstico gera uma contradição na teologia – e com todo direito interpretou-se a irrupção da pergunta pela origem do mal como sintoma de uma grave crise do monoteísmo: Ou o Deus criador é responsável pelo estado "deste mundo" – então o irracional germina dentro dele mesmo e destrói sua unidade e bondade – ou tenta-se preservar intactas a sua sabedoria e suprema bondade – neste caso ele precisa ser dispensado da responsabilidade direta por "este mundo". Ele não pode ter pretendido e criado "o existente" da forma como agora se apresenta.

Após o desligamento de Deus do mundo, este cai completamente; é apenas em decorrência da separação de Deus do mundo que o mundo pode cair ontologicamente ao ponto de poder ser designado e negado como plenitude do mal, como criação de um bufo. Agora, passa a ser a obra de um deus parcial confuso, uma criação equivocada dos éons subalternos, um objeto de "amor" iludido e humilhado. O fato de Valentim, o contemporâneo de Justino Mártir, chamar o poder criador do mundo justamente de Sophia, revela uma nova ironia destruidora contra a "sabedoria" do Deus bíblico e de seus servos teológicos. Passarão quase dois mil anos para que um conceito semelhante de profunda ironia seja cunhado para as autoenganações inevitáveis do espírito humano: a expressão freudiana da "racionalização".

Tertuliano está certo: Os hereges são criados na escola da pergunta *Unde malum*. Aquele que busca a origem do mal já está, do ponto de vista ortodoxo, a caminho de passar para o lado da maldade; o crime de lesa-majestade de Deus se aproxima perigosamente na reflexão sobre de onde, ou melhor de quem provém o mal. Aqui, porém, se faz valer o temperamento gnóstico. Predisposto para a gnose é aquele a quem, em questões de verdade, importa ser mais esperto do que piedoso. Faz parte da maldita esperteza da gnose poder ter raiva de um criador mau: uma pessoa de temperamento gnóstico sabe ir ao encontro de um demiurgo confuso com a frieza agraciada daquele que reconhece a obra cósmica segundo um fascínio apenas temporário. Isso explica a simpatia dos hereges pelas serpentes espertas, pelos anjos rebeldes e pelos paradoxos luciféricos. Quando a vida atormentada no cosmo miserável não estiver afetada também na fonte de seu orgulho – o direito de nascença a sucesso –, ela se rebelará contra a lástima de sua dependência de redenção. A alma gnóstica não quer saber da *charis*, que é oferecida como perdão a um criminoso. O que lhe dá asas é a lembrança carismática de um direito pré-primordial à perfeição. "Tudo que chamarão de 'graça' tem sua 'razão suficiente' no fracasso do mundo"[46].

A revolução das relações de negação após a distinção entre "no mundo" e "do mundo" provoca uma espécie de fissão nuclear teológica. É impossível que o Criador "deste mundo" continue sendo o mesmo que o redime. A possibilidade de distanciamento do mundo é atrelada metafisicamente a esse Deus redentor estranho. Ele é a garantia verdadeira da amundanidade. Sua "localização" lógica desencadeou necessariamente um processo que desemboca em teologias negativas. Em seu decurso, o próprio Deus é privado de qualquer imagem; ele se transforma no Deus da negação autônoma, um não deificado, um abismo da ausência de predicados.

O Deus da gnose continua a ser poupado da humilhação da existência; ele é dispensado da criação direta do mundo. Isso, porém, trará consequências existenciais excitantes. No pensador sério, a lembrança e reflexão sobre um Deus desse tipo provoca uma virada pneumática – contanto que não fique preso nos devaneios do iniciante e não caia vítima de miragens. Aquele que, em seu próprio pensamento, consegue se associar a esse sobredeus descriador, sobre-ente, acósmico e privado de predicados acreditará, no momento em que o pensamento da negação se incendiar, que ele está despertando de pesadelos distorcidos do realismo inferior; o Deus negado se transforma em parceiro da alma em seu desli-

---

46 BLUMENBERG, H. *Matthäuspassion*. Frankfurt a.M., 1988, p. 14.

gamento da coerção do mundo. A associação da alma a um "Pai" desse tipo inicia um fim do mundo de olhos abertos. E também aqui a *imitatio Dei* faz do ser humano aquilo que ele pode ser em última instância: um ser do limite.

Esse enfraquecimento da fé no mundo é o que injeta zelo na história de sucesso da gnose e do cristianismo primitivos.

A mensagem dessas possibilidades da "redenção" se propaga como uma psicose de felicidade; a amundanidade também é contagiosa e contagia não só aqueles que "aqui" nada mais têm a perder. A tendência da gnose e do cristianismo primitivo não era, provavelmente, *apenas* a religião para doentes, como Nietzsche tentou representar o movimento dos novos desertores do mundo. Estranhamente comovidos, os adultos prestam atenção quando alguém lhes diz que eles não precisam mais pagar tributos aos demônios da realidade. Essa mais incrível de todas as mensagens estremece o mundo possuído e resignado. O fluido desse tipo de evangelicidade não se limita ao mito do redentor cristão; ele impregna todas as formas de pensamento às quais inere uma tendência para a solução da maldição do mundo – o neoplatonismo e a apocalíptica judaica também possuem certo *appeal* evangélico. Acima e abaixo do sol "há", pela primeira vez, algo novo. Aquele que consegue compreendê-lo, perde um mundo. As boas-novas seduzem os sensíveis em torno do Mar Mediterrâneo e os põe a caminho para um além cintilante do princípio do cosmo. "O Evangelho da verdade é alegria para aqueles que receberam do Pai da verdade a graça de reconhecê-lo, por meio do poder da palavra que surgiu do pleroma..." Assim começa o *Evangelium Veritatis*, documentado nos códices I e XII de Nag Hammadi. Ele entoa da forma mais pura os suaves delírios do conhecimento de ressuscitação da gnose branca. A palavra "alegria" sinaliza a novidade: Desde o momento em que tudo que provém do mundo pode ser negado, um novo tom ressoa no mundo: dissidência jubilosa.

3 Uma breve história do tempo verdadeiro

> *Aquele que se compreendeu totalmente a si mesmo, se desespera totalmente consigo mesmo... Aquele que se desespera consigo mesmo, começa a reconhecer aquele, que é.*
> FÍLON DE ALEXANDRIA. *Sobre os sonhos.*

Segundo uma palavra de Adolf von Harnack, a gnose significa a helenização aguda do cristianismo. Isso continuaria sendo uma observação profunda, mesmo se conseguissem comprovar as hipóteses da origem não cristã da gnose. Pois independentemente de onde a gnose possa ter surgido – no judaísmo herético-apocalíptico, no dualismo iraniano, num platonismo orientalizado, na hermética ou em qualquer outro lugar –, no que diz respeito ao seu dinamismo interno, este precisaria ser caracterizado como choque entre um momento religioso-oriental e um momento lógico-helênico. Faz parte da natureza inquieta das formações de sistemas gnósticos o conflito entre contemplação teórica e excitação sagrada, entre discussão jovial e busca pânica da redenção. A contradição ocidental principal – a dualidade de Atenas e Jerusalém – se manifesta de forma fértil pela primeira vez no âmbito do pensamento da gnose e do cristianismo primitivos. Trata-se da oposição frequentemente citada entre ver e ouvir, entre conhecimento autoconsciente e obediência piedosa; ela se evidencia no conflito intrarreligioso entre teologismo e fideísmo. No sentido psicodinâmica, ela se torna poderosa na rejeição mútua entre os portadores carismáticos de plenos poderes pneumáticos e as almas orgulhosamente contritas, que bebem do cálice do masoquismo primário e se entregam à edificação contida no pensamento de que sempre estamos errados quando nos levantamos contra Deus.

Na "helenização aguda do cristianismo" ocorre, ao mesmo tempo, uma mitificação renovada do helenismo. Mostraremos que isso significa mais do que uma colorida regressão para abaixo do nível da teoria helênica. Aquilo que o mito do redentor proveniente do Oriente provoca é a destruição do ensino grego do ente atemporal por meio da narrativa dos eventos essenciais à verdade no tempo. As histórias orientais de queda e redenção, de confusão e iluminação submetem o espírito helênico à pressão para que ele abra sua ontologia estática ao drama. Nesse sentido, a gnose, cristã ou não, provoca uma revolução inteligível com consequências imprevisíveis. A gnose é a primeira filosofia de eventos. Ela obriga o ontoteólogo helenizador a se transformar em teórico metafísico de catástrofes. Ela revela aos filósofos uma problemática de caráter completamente desconhecido: Está na hora de uma nova autocompreensão do espírito como algo que veio ao mundo. Vale agora supor e iluminar teoricamente no mínimo três locais de catástrofes principiais no ser; trata-se dos três eventos fundamentais de poder de mudar o sentido do mundo: a catástrofe primária da criação, a catástrofe secundária da queda e a catástrofe terciária ou epístrofe da redenção. Criação, queda e redenção são as três grandes descontinuidades no contínuo do ente que o pensamento teórico-teológico precisa resolver no futuro. Os caminhos da gnose e do catolicismo se separam no conflito em torno da "queda": No pensamento cristão, Adão cai primeiro, mas na visão da gnose a queda de Adão é apenas o reflexo ou a implicação de uma pré--queda "no céu". A grande heresia ensina que as duas primeiras catástrofes, criação e queda, no fundo são idênticas. O reconhecimento dessa identidade *é* a quintessência da gnose. O mundo é tudo que se encontra em queda. Assim, a culpa de Adão é aliviada, e a de Eva juntamente com a sua. Mas nos dois milênios seguintes, todas as teologias significativas se empenharão na tarefa de tornar compatível o ensino do ente com o ensino dos eventos fundamentais. Em longo prazo, o resultado desses esforços é irônico: A destruição evento-teórica da ontologia helênica permanece um efeito que prevalece sobre a helenização gnóstica aguda e a helenização escolástica gradual do cristianismo. A tranquilização do mundo sob o olhar de uma teoria grega estava fadada a fracassar diante do desafio gnóstico de pensar eventos relevantes ao ser. Se o próprio mundo é primariamente o resultado de eventos catastróficos de escurecimento e esclarecimento, então a sua estrutura dramática leva consigo também a própria teoria para a maré do tempo. Durante toda a sua vida, Heidegger tentou demonstrar que seu grande rival Hegel não teria ido longe o bastante no "deixar-se levar" pela verdade que se manifesta no tempo. Hegel permaneceu jovial demais para ele, helênico demais, teórico demais – incapaz de contemplar o estremecer do ser no *Dasein*.

A tarefa, porém, de compreender o ser como tempo, se impôs a partir do momento em que o impulso gnóstico passou a agitar as almas das pessoas da Antiguidade tardia com as suas perguntas: "Quem éramos? O que nos tornamos? Em que fomos lançados? Para onde corremos? De que fomos libertos? O que é nascimento? O que é renascimento?" Sob o efeito dessas fórmulas batismais de Valentim, Clemente de Alexandria cita em seus excertos, até mesmo o helenismo mais filosófico precisa desistir. O fim da filosofia, do qual Heidegger fala, começou quase dois mil anos atrás no existencialismo catártico da travessia gnóstica do mundo. Já a partir daí, ser e ente não podiam mais ser compreendidos como correlatos de uma contemplação obrigada a pensar o todo, mas apenas como caminho de uma interioridade que percorre o ente.

A anulação da filosofia em uma disciplina da autotransformação é, portanto, um dos primeiros resultados da colisão entre teoria grega e mito oriental da alma. Poderíamos dizer no máximo que a filosofia pós-metafísica sobrevive como método da conversão: O que ela pode oferecer é um tipo de aconselhamento para iniciantes na estranheza do mundo – ou música de intervalo nos momentos pensativos dos filhos do mundo.

Com a gnose começa a tradução da vida psíquica da natureza para a história. Os diversos mitos de queda e ascensão da alma introduzem algo novo no tempo físico do mundo com seus ciclos naturais e nos altos e baixos dos reinos: a historicidade verdadeiramente humana. O conceito do caminho – *hodos* – é o grande resultado dessa essencialização do tempo. A compreensão gnóstica da chegada do homem "no mundo" provoca um pensamento de caminho radicalizado no sentido múltiplo da palavra. Como ser chegado e criado, o homem é, na ida "para o mundo", uma alma "em queda"; o cair nele, o nascer, o acomodar-se nada mais são do que formas de autoesquecimento crescente da alma na queda. No caminho de ida da queda, ela adquire sua qualificação para a estadia no mundo por meio da autoentrega àquilo que ela encontra: o mundo como inconsciência coagulada e esquecimento habituado. Faz parte imprescindível da estrutura do caminho de ida – *kathodos* ou *prohodos* – a autoentrega do *self* em prol do maciço do mundo; a princípio, a alma é obrigada a formar seu eu por meio da adaptação ao sobrepeso daquilo que está dado no mundo. É justamente assim que ela se adequa àquilo que é diferente dela mesma. A metáfora cinética da "queda" torna evidente a força da invasão excessiva de elementos estranhos. "O ser humano é o *caminho*"[47].

Da "queda" – como unidade de destino sofrido e vontade própria não esclarecida – surge a síndrome interna do mundo: *fitness* para a realidade, armadura do caráter, vontade de poder, todo o equívoco de autopreservação do *self* do mundo que não merece ser preservado, que, na gnose, é chamado *psyche*. A ten-

---

47 HEIDEGGER, M. *Beiträge zur Philosophie*. Frankfurt a.M., 1994, p. 323.

dência voluntária da alma de se entregar ao sobrepeso do mundo em si mesma e de se tornar como ele e como todos nele caracteriza a trágica necessária do *Dasein* na ida. Mas visto que ela é caminho, a ida – o perder-se no mundo e o tornar-se como ele – também é caracterizada como uma ocorrência no tempo verdadeiro. Como fase do autoesquecimento – que, recentemente, passou a ser chamada de involução –, ela prepara a virada, a volta, a evolução. Quando ocorre a virada, a luz da historicidade verdadeira invade o *self* pneumático reincendiado. Ilumina retrospectivamente o tempo da confusão e transfigura o "restante do tempo" na forma do caminho da redenção. A partir da virada, o *Dasein* se chama: voltar, desligar-se, retirar-se.

Na volta – *anodos* – o *self* devolve aos poucos a sua psique – o sedimento interno da vida no lixo mundano – ao cosmo. A mais linda descrição dessa devolução gradual dos atributos se encontra no tratado *Poimandres* do *Corpus hermeticum*. O *self* se exercita como que em marcha de ré para fora da prisão do "ter estado em devir" [*Gewordensein*]. Nisso ele escolhe entre dois estilos de redenção extremamente diferentes: "passar por tudo" ou "não tocar mais nada". O estilo amoral leva a uma ascese homeopática: Esta enfraquece o mal, praticando-o de modo reflexivo e até mesmo irônico; o gnóstico abraça o pecado e vive nele no próprio corpo uma decomposição crítica, para então surgir da fossa totalmente esgotado – o mundo é um purgatório pornográfico, que filtra os *pneumata* imaculados. O estilo abstinente, por sua vez, emprega contra a doença do mundo remédios alopáticos; contra o veneno do cosmo, ele aplica a fuga imediata do mundo como antídoto. Desobediência civil contra o ventre, greve geral contra a fábrica astral, banhos em lágrimas, jejum do coração – estas são as armas da sapiência gnóstica.

A ascese separadora sonha com a refutação da realidade por meio de um "ser diferente do que ela" consequente. Após sacudir a poeira das qualidades adquiridas, a alma se compreende – ao mesmo tempo pela primeira vez e novamente – em ausência original de qualidades – como algo perfeito, flutuante, que ainda não entrou no devir. No êxtase, ela pode receber a medida plena da desmundialização; a partir de então, ela se livra de sua própria produção de "tempo" como uma última muleta. No entanto, dificilmente conseguirá expressar essa "experiência" de outra forma senão por meio da língua do deslocamento total. O "estar no mundo" voltou a ser um "estar em Deus". Um dos fascínios externos desse caminho de volta é a "concepção" de um final feliz no ventre paterno. É possível que uma silenciosa febre da morte acompanhe as fantasias do deixar de ser em Deus. Se estivesse em jogo a grande regressão, ela estaria mais marcada pelo fantasma da volta para a semente pleromática, lógico-paterna do que pelo impulso para a ruína no escuro ventre materno.

É fácil reconhecer que a descoberta do tempo verdadeiro pela consciência gnóstica da travessia do mundo prepara um padrão de pensamento que conhecemos das chamadas filosofias da história. O tempo verdadeiro como ordem de evento gerador de verdade de ida-virada-volta é exclusivamente assunto dos indivíduos. No fundo, o sentimento da gnose é estritamente escatológico-individual. Apenas para as almas existe um movimento geral do primeiro para o intermediário e último – e as almas "existem" *per se* como singulares vivos. Se o grande movimento de ida e volta descreve a estrutura do caminho do indivíduo "no mundo", segue disso que o *Dasein* no tempo verdadeiro, isto é, o existir no raio da historicidade essencial de autoconhecimento só pertence aos indivíduos convertidos à desmundialização. Toda temporalidade "verdadeira" é, portanto, historicidade de salvação, historicidade de autocompreensão da "alma". Não existem outros sujeitos de "história verdadeira" senão os indivíduos.

É preciso certa firmeza para defender esse reconhecimento contra a tentação do envolvimento na história externa. Aquele que cede é sugado pelo turbilhão histórico-filosófico. Nele viceja a especulação sobre a redenção daquilo que não pode ser remido, nele começa a florescer a mania de salvar o mundo; esta sempre dá respostas erradas à pergunta basicamente correta sobre o que precisaria acontecer na história do mundo para que este se tornasse mais do que uma desgraça mascarada. Mas é apenas por meio de uma projeção ilegítima que o tempo verdadeiro, o tempo soteriológico, pode ser transferido para grandezas coletivas mundanas – e normalmente os resultados desse tipo de projeções são fatais. Tipicamente desembocam na idolatrização de massas como movimentos "decisivos" – sejam eles Igrejas ou partidos, povos ou Estados, ordens morais ou elites cognitivas. Quão poderosa é a sucção desse turbilhão se mostra também no lapso de Heidegger de ter acreditado na possibilidade de uma "virada" além.

A filosofia da história surge pela transferência enganosa de lógicas do caminho gnóstico para o discurso de desenvolvimento dos poderes do mundo. Hegel é um exemplo disso, mesmo tendo inserido o espírito do mundo antes dos poderes. A traição do esquema da redenção *do* mundo ao movimento *do* mundo não é evidente de imediato. Apenas um segundo olhar revela com que despreocupação e até mesmo rudeza o pseudognóstico a serviço do Estado prussiano sacrificou a alma do indivíduo carente de redenção ao monstro do espírito do mundo. Desde Kierkegaard, os indivíduos estão exigindo que os filósofos da história lhes devolvam a alma. "Massa é inverdade."

O romance gnóstico do autoconhecimento é narrado inúmeras vezes por causa da multiplicidade dos *pneumata*; visto que cada narrativa individual é projetada a partir de seu lugar no caminho, não pode existir uma imagem de aceitação ou validade geral "do" caminho. "Meu caminho" é insubstituivelmente um movimento no raio de meu "vir ao mundo". Nas gnoses vulgares, o espírito dos indivíduos não consegue transcender visões externas míticas do "estar a caminho": Nesse caso, o interessado lê histórias de almas como romances de quiosque, em que Deus e o pneuma sempre se encontram no fim. A polêmica de Plotino contra os chamados gnósticos que andam por aí como que "num sonho", imaginando-se em "contos de fadas no céu", descreve precisamente esse perigo de exteriorização. Quando entram em jogo forças lógicas maiores, entende-se que as histórias de almas dos mitólogos só servem como introduções; é preciso deixá-las para trás como matéria de iniciantes e substituí-las por instruções para a elevação "própria" para a não mundianidade. As viagens da imaginação pelos céus exteriorizados precisam se transformar em lembranças não concretas. Nas gnoses muito amadurecidas e claras – que incluem não só Hans Jonas, mas também o pensamento de Orígenes e até mesmo de Plotino, pelo menos em alguns aspectos – a preocupação se concentra no treinamento ético e noético da alma ao ponto de que a alma seja capaz de "pensar" a emanação do um sobre-ente até o mundo. Quanto mais brilhante o temperamento gnóstico, mais serena sua compreensão para o percurso do *kathodos* ou *prohodos*; ele simpatiza com o embaraço divino do superior de se ver obrigado a se comprometer com a criação ou aceitação de um mundo real; em serenidade especulativa, os maiores pensadores da Antiguidade tardia reconstruíram mentalmente o rebaixamento de Deus para o mundo e a semeadura das almas individuais no campo do devir; neles, o índice de catástrofe do evento mundial é mínimo; em seu pensamento, o ente "flui" de Deus através de muitos níveis suaves de emanação.

Temos aqui o ponto de contato com a nova forma de pensamento filosófico do "sistema". Ela resulta do processamento lógico do desdobramento de Deus no mundo dos fenômenos. O pensamento do "sistema" é um resultado paradoxo da primazia gnóstica da consciência do caminho em relação à contemplação teórica: Aquele que pensa em termos de "caminhos" formará também, de alguma forma, uma concepção do "caminho como um todo"; este é o germe da ideia do "sistema". O trabalho de desenvolver um sistema pertence, apesar de aparentar ser teórico e atemporal, ao caminho de volta em termos do *Dasein*. ("Se quiseres reconhecer o que eu era: Por meio do logos gracejei em tudo / e de forma alguma me transformei em gracejo. / Eu pulava; / Tu, porém, compreende o todo..." *Cântico de dança de Cristo nos Atos de João*.) Em seu movimento anódico, a alma se preocupa com sua *apotheiosis*, a deificação por meio do conhecimento. Assim que se aproxima dela, ela olha para trás com gratidão; depois da virada ou conversão, ela sente pelo resto da vida a doçura do equívoco superado. Pensar em grande escala significa ter se enganado em grande escala. A teoria feliz vive da promessa de superar a primazia ontológica do medo.

Não são assim os temperamentos sombrios. Para eles, a parte catódica da curva para o mundo permanece uma queda altamente catastrófica – uma viagem ao inferno do imperdoável. A preocupação desses aderentes da catástrofe se volta completamente para a redenção da maldição do mundo. Eles batem a cabeça contra a parede cósmica, tentam pular a cerca da perdição. Como buscadores impacientes da saída ou como atletas do "passar por tudo", eles desenvolvem apenas a parte anódica da curva da existência; se forem minuciosos, o são apenas na volta. Como testemunhas de acusação contra o todo prenho de morte, eles se esforçam ao máximo. Polemizam de preferência contra a serenidade inescrupulosa de seus colegas aderentes da gnose branca, que gastam sem tempo desdobrando os detalhes da ida. Para eles, a teorização do caminho é a heresia *par excellence* – assim como, depois deles, a teorização do mal acaba trabalhando em prol do mal. Gershom Scholem chegou a lamentar como ruína da cabala o fato de que ela descrevia o caminho de Deus para o mundo como uma emanação suave, traindo assim a pura doutrina negra da catástrofe primordial em Deus. Mas também os aderentes da catástrofe se mostram receptíveis ao charme dialético do "estar caído". "Não me perdoo ter nascido. É como se eu, quando me infiltrei no mundo, tivesse profanado um mistério, violado uma obrigação de alto nível. Mas pode ocorrer que eu sinta com menos agudez: então o nascimento me parece como uma calamidade cujo desconhecimento me deixaria inconsolável"[48]. O que seria a volta se não fosse o mundo, pois a fuga de sua escuridão é o único sentido do tempo remanescente. A gnose negra também precisa do mundo escandaloso para fugir dele.

4 A gnose como psicologia negativa

> *Os sábios idealistas do mundo não suportam a palavra nascimentos.*
> OETTINGER apud KOSLOWSKI.

Na gnose, a metafísica se transforma em psicopatologia e pneumatopatologia. Ela reverencia a chegada do pneuma no mundo como uma catástrofe de alienação; toda vida na direção cegueira da ida é, num sentido fundamental, "ofensivo" – ou seja, seu efeito separa do *self*. Como crítica ao poder hipnotizador do mundo, a gnose implica a primeira grande psicoterapia. Por isso, os mensageiros gnósticos se apresentam como médicos do mundo, detentores do pleno poder de falar à alma com doses de palavras evocativas de lembranças. Eles são especialistas em dizer aquilo o que os indivíduos precisam ouvir para se desipnotizarem. Como lógicos, são psicagogos; como psicagogos, terapeutas; como terapeutas, teósofos. Para eles a psicoterapia é, de imediato, teoterapia – contanto que possam ajudar ao divino "em nós", à

---

[48] CIORAN, E. *Vom Nachteil, geboren zu sein.* Frankfurt a.M., 1979, p. 15.

centelha pneumática. Visto, porém, que o Deus da gnose é o Deus distante do mundo, ao qual só pode corresponder uma teologia negativa, o direcionamento teoterapêutico da alma a ele leva diretamente a uma determinação negativa da alma. Onde, até hoje, foram realizados experimentos da psicologia filosófica, eles ainda seguem as possibilidades abertas gnosticamente da psicologia negativa. A partir de então, o centro dos ensinamentos pneumáticos da autocompreensão da "alma" é ocupado pela fala de um não conhecimento próprio lúcido.

A fim de compreender as valências terapêuticas da abordagem gnóstica, é recomendável lembrar a situação dos psíquicos da gnose negra. Eles são os enfermos do mundo no sentido pleno da palavra, os *misfits* do cosmo, que desfrutam das desvantagens do fato de terem nascido até o amargo fim. É justamente em seu meio que, muitas vezes, ocorre um efeito que poderíamos descrever como um atrofiamento da gnose até um existencialismo sombrio. A melancolia da doença do mundo desses psíquicos inclui uma centelha voluntária – poderíamos dizer: um orgulho da incurabilidade, que se manifesta numa zombaria refratária voltada contra todas as tendências de esclarecimento. Nesse sentido, Hans Jonas está errado quando estabelece um paralelo quase que direto entre o existencialismo sombrio moderno e as gnoses antigas. Estas se orientam pelo vínculo entre conhecimento e redenção. As "gnoses" sombrias modernas, por sua vez, desenvolvem apenas uma consciência do meio caminho. Seus representantes admitem que caíram no cosmo; por meio da dogmatização do caminho de ida para a escuridão, eles se separam da visão das experiências anódicas. Eles não conseguem esquecer nem o mundo nem a si mesmos, eles vivem como memória da raiva. São patéticos do "ficar preso", vítimas teimosas da coerção ao "ter que ser" – sua centelha de autoconsciência incandesce na insistência do direito de permanecer magoado.

A pesquisa psicológica dos últimos cinquenta anos se aprofundou extraordinariamente na dinâmica de perturbações fundamentais e complexas desse tipo. Essa "profundeza" não é isenta de armadilhas epistemológicas: Os resultados da pesquisa analítica de psicoses, da psicologia pré-natal e do estudo da perinatalidade psicológica não podem, por razões contidas na natureza do objeto, ser popularizados – segundo as regras do "pensamento imaginador" – eles podem ser copiados e comunicados apenas na forma de vistas externas ou *Stories*. Aquilo que Gustav Hans Graber apresentou sobre a ambivalência primordial; aquilo que Stanislav Grof trouxe à luz do dia sobre a catástrofe subjetiva do nascimento; aquilo que Béla Grunberger soube dizer sobre a agressão anúbica – tudo isso possui a estrutura de conhecimento primário intransferível e só pode ser compreendido na execução do processo primário; e é justamente isso que remete ao tipo de conhecimento gnóstico. *Gnosis hodou* é conhecimento do caminho – no início, isso se referia ao conhecimento gnóstico, mais tarde, ao conhecimento místico do "caminho de volta". Um conhecimento integral do *hodos* inclui, porém, também a anamnésia da queda no mundo. Psicologias primárias modernas tiram disso consequências para as passagens iniciais e potencialmente mais terríveis do "vir ao mundo" humano.

Em vista desse tipo de problemas, a determinação gnóstica dupla da alma como psique e pneuma pode ser extraordinariamente fértil. Dela resulta em geral a necessidade de anular o psíquico de forma pneumática; onde havia psique haverá de ser pneuma. Em especial, isso vale para as camadas catastróficas da parte da psique mais escurecida. A terapêutica pneumática conduz o sujeito a ênstases pré-psíquicas, onde também as tendências de destruição do mundo e do *self* da vida fracassada estão anuladas. Assim, constrói-se outra memória – uma memória cujos conteúdos nos permitem viver novamente: Ela guarda lembranças de um mundo "suficientemente bom".

Parte da função lógica dessas transformações é um trabalho com os pronomes pessoais, especialmente com "eu" e "id", e com preposições espaciais, especialmente com "dentro de" e "oposto a". Psíquicos no sentido da gnose e psicóticos no sentido dos diagnósticos modernos sofrem com um distúrbio da capacidade de usar as palavras "eu" e "dentro de" corretamente no sentido estrutural profundo. Eles não sabem o que significa dizer "eu" e "dentro de" de forma boa. O pronome "eu" os ameaça com um problema de explosão, enquanto a preposição "dentro de" contém perigos de sufocamento. Para os psíquicos obscuros, o espaço interno do mundo está minado pelo "eu"; e o espaço externo do mundo está obstruído pelo "dentro de". Por isso, não conseguem encontrar tranquilidade nem em si mesmos nem no mundo. Essa impossibilidade posicional do "existir" corresponde precisamente às versões mais sombrias da catodologia gnóstica: O caminho de ida para o *Dasein* é uma queda num mundo de prisão. A gnose mais antiga, porém, vê uma grande promessa nessa interpretação; ensina que "existe" uma virada e um caminho de volta, basta que a alma se lembre corretamente de "si" mesma e de sua "origem". Nessa lembrança ocorreria a ressurreição do morto que você já é.

Mas será que realmente "existem" uma virada e um processo anódico? A tentativa de responder a essa pergunta demarca o início da terapia pneumática. Evidentemente, a única possível força iniciadora da virada dentro de mim é um evento "dentro de" mim mesmo. Mas "eu" já sou o "para longe de mim mesmo", que corresponde à minha experiência de mim mesmo no inferno existente.

Se a virada pode ocorrer apenas "dentro de" mim, a princípio, ela é impossível para mim, porque eu não posso ser o local da virada no local da virada. "Eu" e "dentro de" são incompatíveis um com o outro. Nesse sentido, seria correto dizer que a virada só pode ocorrer "espontaneamente". Portanto, eu precisaria chegar ao ponto em que eu pudesse ser "espontaneamente" eu mesmo e estar dentro de mim mesmo – diferentemente do meu estado atual em que eu mesmo continuo o meu desesperado "para longe de mim mesmo". Se quiser que "dentro de mim" ocorra a virada para o bem, ela só pode acontecer se eu chegar "espontaneamente" – ou seja, não através de "mim mesmo" ao ponto em que consigo estar dentro de mim. Naturalmente, só posso estar dentro de mim se eu me aguentar – se eu parar de fugir de mim mesmo, se meu ferimento por meio de ocorrências do mundo estiver transferido para o passado. Como, porém, adquiro um passado verdadeiro? Eu "resolvo" o ferimento transformando a minha explosão em língua. Nisso consiste o possível significado anódico da negatividade excessiva. O caminho de volta dos psíquicos negros pode começar com explosões de ódio com caráter de evento. Se, na dor, ele alcançar seu fundo, surge a gnose da vida ferida. A partir de então, esta sabe o que ela não deseja absolutamente: tudo *isso*. Seu ódio compreensivo irrompe como o sim incondicional à negação furiosa. Com sua e minha erupção, finalmente venho a estar dentro de mim. A explosão ousada põe a alma em movimento – enquanto a covardia dos psicopatas prefere instalar-se na imobilidade ardilosa de um *kitsch* negro.

A psique ferida, o eu composto passa a ser um "ser si mesmo" não composto, cuja bondade é essencialmente determinada por sua negatividade. É bom porque não "é". Seu parceiro nessa bondade é, no pensamento gnóstico, o não Deus negativo, sobre--ente. Também este só seria bom na medida em que seria diferente de tudo que é. Se ele fosse algo, ele seria simplesmente o não ferido que não fere; ao mesmo tempo, não poderia ser responsabilizado por aquilo que realmente feriu você. Assim, ele se tornaria o cúmplice absoluto de seu direito à neutralização daquilo que o limitou e destruiu. Notícias dele agem sobre os recipientes apropriados como substâncias psicotrópicas – são *logoi*, palavras que falam de modo imediato ao *self* em seu "des-devir" como que "de dentro". Ao ouvir as notícias dessa fonte do *self* desprovida de mundo, ocorre em mim "espontaneamente" a virada. Assim, a gnose se transforma em terapia cognitiva primária – ela dá acesso a outra memória. O sujeito pode dizer: *metagenneto*, nasço de outra forma, compreendo-me de maneira *nova*, sim, sou novo, pois agora sei que sou o outro compreender. A terapia pneumática leva ao "livrar-se da constância imposta do 'ser si mesmo' em preocupações da relação com o mundo"[49].

Quando a virada é bem-sucedida, o sujeito encontra o espaço em que pode ser "aí". Com isso, passa a possuir o espaço "dentro do mundo", que lhe é de direito. Agora, pode se tornar habitante de uma realidade, pois consegue permitir que o mundo seja em si mesmo. Quando o ser em "Deus" da alma foi apreendido, torna-se possível também o "ser na alma" do mundo. A terapia gnóstica cura por meio da integridade do nada. O nada é, porém, o anônimo do ser humano. Posso ser no mundo quando consigo ser em mim mesmo; "em mim mesmo" significa ser em nada; "em nada" significa em "Deus"; "em Deus" significa em você. "Em você significa curiosamente: em direção a você, oposto a você em um mundo agora aberto, ao alcance de gritos, ao alcance do amor. Após a reinterpretação gnóstica do sentido do ser, os minutos se tornam preciosos. A ascensão ao céu é substituída pelo cotidiano. Este recria o convívio humano a partir do conhecimento dos caminhos dos outros.

---

49 JONAS, H. *Gnosis und spätantiker Geist*. Vol. II/1, p. 62.

5 Humanismo demiúrgico – Sobre a gnose da arte moderna

> *A doença deve ter sido a razão última*
> *De todo ímpeto de criação;*
> *Criando pude curar,*
> *Criando me curei.*
> HEINE, H. *Schöpfungslieder.*

Ao renascimento do indivíduo corresponde uma recriação do mundo. Assim como a psicoterapia moderna levou oculta ou abertamente a uma grande repetição de motivos gnósticos, a estética moderna também teve que interferir de maneira nova no conflito pelo sentido da criação. Desde o Renascimento, a cultura ocidental, muitas vezes sem uma consciência clara de sua situação, se movimenta, no sentido mais amplo, num terreno neognóstico. Do ponto de vista psico-histórico, isso está vinculado a uma mudança de fases na teologia da Trindade: desde Agostinho até Tomás de Kempis, o cristianismo ortodoxo havia sido principalmente uma religião da obediência, que procurava se interpretar como *imitatio Christi*. Depois dos surgimentos místicos dos séculos XIV e XV, as duas outras "pessoas" passam a prevalecer psicodinamicamente no campo de força da Trindade. A religião da mediação se transforma na religião da imediação; desde Ficino até Emerson, a centelha cristã é traduzida em uma doutrina da autoconfiança entusiasmada. A imitação de Cristo passa para o segundo plano e cede seu lugar a uma imitação do Pai e do Espírito. A *imitatio Patris* libera o novo vínculo entre conhecer, querer e poder: De certa forma, o molde teológico das competências de trabalho humano se torna apto para as massas. A *imitatio Spiritus*, por sua vez, possibilita formas pós-cristãs de entusiasmo, que, sob o conceito romano do *"genius"* escreverá história. Gênios e engenheiros ascendem para uma nova elite de novo tipo: Representam o grupo dos seres humanos fazedores de épocas. Vivemos antes ou depois deles – antes ou depois de Colombo, antes ou depois de Ticiano, antes ou depois de Siemens. Descobrir, inventar, criar, desenvolver, aperfeiçoar, superar: A *vita activa* humana se organiza como projeto demiúrgico. Por meio da *imitatio Patris et Spiritus*, o sentido do trabalho humano se transforma radicalmente. Ele deixa de ser um rastro da nossa expulsão do paraíso, deixa de ser apenas maldição que seguiu ao rompimento com a ordem mais antiga. Em termos modernos, trabalhar significa: manter aberto o processo da criação. A expulsão do paraíso se apresenta agora como um ardil da razão; é o prelúdio à entronização do ser humano como criador de seu "próprio mundo". Desde que os seres humanos passaram a trabalhar de modo tipicamente ocidental, a criação ingressou na segunda semana. Apenas uma humanidade caída e banida pôde realizar a ideia de fazer *mais* do que o Deus do Gênesis. Enquanto a obra humana, no pensamento católico, não pode ser mais do que o cumprimento de deveres epigenéticos – preservação do existente, trabalho na vinha do Senhor, *stewardship* na espaçonave Terra –, a Modernidade nuclear – o complexo protestante-humanista-neopagão – assumiu um compromisso com o chavão criatividade e interpretou o sentido da obra humana como hipergênese. Isso significa nada menos do que a superação da criação antiga por meio da contribuição do *ingenium*, complementação da criação antiga por meio do desenvolvimento tecnológico e estético. A queda se transforma em produtividade, a catástrofe metafísica do ser humano inicia o processo hipergenético. O ser humano é o Deus da segunda semana da criação. A "história mais recente" arquiva os sucessos das nossas intervenções.

Entrementes, passaram-se a tarde e a manhã e fez-se o oitavo dia. Surge a pergunta se Deus ainda tem a coragem de olhar e ver (e dizer) que era bom. Em 1929, Sigmund Freud escreveu que o ser humano "quase se tornou um deus", um "tipo de deus de prótese" – mas um deus que, "em sua semelhança de Deus não se sente feliz". Sabemos hoje que o mal-estar do homem cultural em seu estado atual não é apenas uma consequência das autoagressões inevitáveis cometidas pelo superego; nele se manifesta a verdade imediata sobre o humanismo demiúrgico. Como figuração de uma criatividade pós-paradisíaca, as obras humanas modernas são, desde o início, sintomas ambivalentes de uma catástrofe ontológica; calamidade e cura, doença e terapia ao mesmo tempo. Em seu livro *Das Ende der Natur* [O fim da natureza], o ecólogo norte-americano Bill McKibben levou ao extremo o mal-estar pós-moderno na criatividade: "Estamos na crise, se transformar a natureza significa transformar tudo. Agora é a nossa vez, gostemos disso ou não. Como espécie somos como deuses – nosso alcance é global [...] como devemos ser humildes se alcançamos o poder como criadores?"[50].

Em perguntas desse tipo transparece o espírito de uma estética pós-demiúrgica. Se já o Deus do Gênesis não conseguiu se proteger das ironias de Valentino contra sua sabedoria da criação, como devemos nós, os responsáveis pela hipergênese tecnológica, nos proteger da crítica dos nossos descendentes à nossa criatividade desorientada? A crítica pós-demiúrgica ao mundo vê as obras do oitavo dia, o Novo Mundo criado pelo homem, com o mesmo rigor que a gnose da Antiguidade tardia via a obra dos seis dias de Elohim. Disso surge necessariamente uma nova forma de dissidência: o não consentimento do ser humano com sua própria obra. Isso é mais do que um mal-estar na cultura; é um mal-estar no pleno poder demiúrgico do ser humano, um sofrimento com a coerção ao poder e ao fazer. Grandes obras de arte no sentido de uma estética gnóstica seriam, portanto, mais do que monumentos adicionais da vontade estética de poder – inserem no arquivo do tempo algo que não são apenas lembranças adicionais da per-

---

50 McKIBBEN, B. *Das Ende der Natur*. Nova York, 1989, p. 70ss.

versidade humana. Nessas obras, ouviríamos algo da objeção da criatura à catástrofe da criação. O espírito da amundanidade retorna no interior da obra como sobra de ausência de obra. A obra gnóstica, como rompimento sublime com o próprio poder, é o rastro da saudade daquilo que transcende as obras.

Literatura mencionada

BAUR, F.C. *Die christliche Gnosis oder die christliche Religionsphilosophie in ihrer historischen Entwicklung*. Tübingen, 1835.

BLOOM, H. *Agon* – Towards a Theory of Revisionism. Nova York, 1982.

GRABER, G.H. *Die Ambivalenz des Kindes*. Berna, 1924.

GROF, S. *Topographie des Unbewussten*. Stuttgart, 1988.

GRUNBERGER, B. *Narziss und Anubis* – Die Psychoanalyse jenseits der Triebtheorie. 2 vols. Munique/Viena, 1988.

HEIDEGGER, M. *Beiträge zur Philosophie (Vom Ereignis)*. Frankfurt a.M., 1989.

JONAS, H. *Gnosis und spätantiker Geist*. Vol. 1: Die mythologische Gnosis. Göttingen, 1934.

KIERKEGAARD, S. *Der Einzelne* – Zwei "Anmerkungen" bezüglich einer schriftstellerischen Tätigkeit. Frankfurt a.M., 1990.

KOSLOWSKI, P. *Die Prüfungen der Neuzeit* – Über Postmodernität, Philosophie der Geschichte, Metaphysik, Gnosis. Viena, 1989.

PAGELS, E. *Adam, Eve and the Serpent*. Nova York, 1989.

PÉTREMENT, S. *Le Dieu séparé* – Les origines du gnosticisme. Paris, 1984.

QUISPEL, G. *Gnosis als Weltreligion*. Zurique, 1951.

4
Mais próximo de mim do que eu mesmo
Pré-escola teológica à teoria do interior comum*

> [...] a constituição ontológica do "em" deve ser destacada [...] O que significa "ser em"? [...] "Ser em" [...] significa uma constituição do ser do Dasein [...].
> HEIDEGGER, M. Sein und Zeit, p. 53s.

> "O que é este 'em'?" indagou Agathe com insistência. Ulrich levantou os ombros, depois fez algumas alusões. "...Talvez a lenda psicanalítica de que a alma humana deseja voltar para o estado intrauterino afetuosamente protegido anterior ao nascimento seja um equívoco do 'em', talvez não. Talvez o 'em' seja a dominação de toda a vida (de toda moral) de Deus. Talvez a explicação se encontre também simplesmente na psicologia; pois cada afeição contém em si a pretensão totalitária de dominar sozinho e de formar o 'em',

---

* Orig.: "Mir näher als ich selbst". In: SLOTERDIJK, P. *Sphären I, Blasen*. Frankfurt a.M., 1998, cap. 7.

no qual todo o resto está imerso".
MUSIL, R. *Der Mann ohne Eigenschaften*, p. 1.332.

Onde, então, estamos se estivermos num pequeno interior? De que modo um mundo, a despeito de sua abertura em direção ao imensurável, pode ser um mundo redondo intimamente compartilhado? Onde estão os que estão vindo ao mundo se eles se encontraram em esferas íntimas ou bolhas bipolares? Sempre estamos numa microesfera quando nos encontramos:

1) no espaço intercordial;
2) na esfera interfacial;
3) no campo de forças de coesão "mágicas" e influências próximas hipnóticas;
4) na imanência, ou seja, no espaço interior da mãe absoluta e suas metaforizações pós-nascimento;
5) na codíade ou duplificação placental e suas formações sucessoras;
6) sob a guarda do companheiro inseparável e de suas metamorfoses;
7) no espaço de ressonância da voz materna e de suas imitações messiânica-evangélico-artísticas.

Percebemos que faltam nessa lista a relação intergenital e a conexão intermanual, como se quisesse sugerir que coito e aperto de mão estariam excluídos do campo da esfera íntima. Na verdade, os dois gestos, mesmo que representem relações íntimas prototípicas na consciência cotidiana, pertencem mais à margem do ponto de vista da análise das microesferas; sobretudo a sexualidade, mesmo que ela libere ocasionalmente vivências sugestivas de intimidade, não possui, em si, uma luz íntima, tampouco quanto o encontro de lutadores no interior de uma arena gere contatos relevantes para a esfera íntima. Se aqui a intimidade entrar em jogo, isso acontece apenas por meio da transferência de relações próximas de cenas íntimas reais do tipo listado para os duelos ou duais genitais ou atléticos.

Essas transferências caracterizam e distinguem a sexualidade humana da sexualidade animal. Os animais podem se contentar no ato sexual com a união de seus órgãos genitores, mas os seres humanos, diante do mesmo embaraço, costumam se ver motivados a gerar uma mais-valia em termos de intimidade. Esta só pode provir de um reservatório de lembranças de proximidade de outro lugar, até do abraço de Tristão, no qual os amantes encenam reciprocamente o retorno para o ventre original. A condenação dos seres humanos ao surrealismo íntimo não se revela em nenhum outro lugar com tanta clareza quanto no fato de que até mesmo as interações de suas genitais precisam ser arranjadas como um evento num palco virtual do mundo interior.

À primeira vista, as variantes citadas de relações íntimas compartilham apenas uma única característica formal: elas nunca separam o sujeito de seu ambiente e não o inserem num confronto com algo que ocorre de forma concreta ou se contrapõe como fato; elas o integram numa situação abrangente e o acolhem num espaço de relações, no qual o lado do eu forma apenas um dos polos.

O denominador comum dessa pluralidade é, então, se me permitirem essa expressão, sua "estruturação" por meio do "em" [*Inheit*]. Essa palavra artificial, que surge na obra inicial de Heidegger como uma assombração[51], expressa que o sujeito ou o *Dasein* só pode estar aí como algo contido, envolto, cercado, explorado, soprado, permeado. Antes de um *Dasein* assumir o caráter de "estar no mundo", ele já possui a constituição do "ser em". Uma vez que admitimos isso, parece ser justificado exigirmos que

---

51 HEIDEGGER, M. *Sein und Zeit*, § 12, p. 53.

as declarações heterógenas sobre o envolvimento e a abertura da esfera íntima sejam resumidas num padrão abrangente.

O que procuramos é, então, uma teoria da espacialidade existencial, poderíamos dizer também: uma teoria da interinteligência ou da estadia em esferas de animação. Essa teoria do espaço de relações íntimas precisaria esclarecer por que uma vida sempre é uma "vida em meio à vida"[52]. "Ser em" deve, então, ser pensado como estar junto de algo com algo em algo. Portanto, perguntamos aqui – e repetimos a tese – por aquilo que, em terminologia moderna, chamamos uma teoria das mídias. O que são teorias das mídias senão sugestões para esclarecer o como do vínculo entre diferentes existentes num éter comum?

Se procuramos exemplos para tal empreendimento, nós nos envolvemos *nolens volens* no amplo campo da tradição teológica da velha Europa. São sobretudo os autores do tempo dos padres e mestres gregos e latinos que se debruçam em seus tratados sobre a Trindade, suas teologias místicas e suas doutrinas sobre a interpenetração das duas naturezas no Deus-homem sobre a pergunta como o "estar contido" das naturezas geradas e criadas *no* Deus uno e como a relação de Deus consigo mesmo deve ser pensado. Inevitavelmente, essas vertentes da teologia dogmática se transformaram numa escola de reflexão sobre o *ser* de relações íntimas. Para o pensamento moderno, é característico que ele comece com o "estar no mundo" do *Dasein* ou com o "estar em seu ambiente" do sistema, mas o monoteísmo cristão e, ainda mais, o monoteísmo filosófico precisam partir do "estar em Deus" de todas as coisas e almas[53]. Já que também o Deus que tudo penetra e que

---

[52] Gilles Deleuze tomou um passo em direção à resposta dessa pergunta em seu último texto: L'Immanence – une vie... *Philosophie* 47, set./1995, p. 3-7 [em alemão: *Fluchtlinien der Philosophie*. Munique, 1996, p. 29-33].

[53] Contanto que a teologia bíblica ensine um Deus oculto ou separado, a imanência de todo ente nele é modificada em algo que ocorre *sob* Deus, *em relação a*

é superior a todas as localizações finitas não pode estar em nenhum outro lugar senão em todos os lugares em si mesmo, parece não existir alternativa ao "ser em" para o pensamento teônomo: Deus está em si mesmo, e o mundo está em Deus – onde, então, o menor resto de ente poderia estar senão no círculo de atração desse "em" absoluto? Num mundo que é obra e extensão de Deus jamais podemos falar de exterioridade. Mesmo assim, o interior totalizado de Deus é provocado por um exterior contrário. O título teologicamente correto disso é criação após a queda. Pois onde estariam os seres humanos, que vivem no pecado, na vontade própria ou em liberdade, senão do lado de fora, numa exterioridade licenciada, que jamais podem negar completamente a sua relação com seu originador? E onde, senão lá fora embaixo, um salvador teria que procurar as almas caídas para levá-las para casa?

A pergunta teológica referente ao "em" é provocada por duas condições logicamente inquietantes: de um lado, pela relação problemática entre Deus e a alma humana, em relação à qual não está claro como ela poderia continuar *em Deus* após a queda; de outro, pelas relações íntimo-excêntricas de Deus consigo mesmo, que, em vista da sua saída para a figura de redentor, alimentaram as investigações mais instigantes. Como e em que sentido poderia se dizer sobre o ser humano – ou sobre a alma humana – na condição da perdição que ele está contido em Deus? E como e em que sentido Deus, após sua encarnação como homem e a efusão pentecostal, pode ser pensado como contido em si mesmo?

As duas perguntas provocam duas ondas poderosas de reflexão teológica sobre as condições do "ser um" e do "ser em"; a era

---

Deus ou *às margens de* Deus, mesmo que jamais *fora de* Deus. De certo modo, a teologia clássica foi a primeira *analysis situs*, pois todos os lugares do ente representam situações em relação ao centro absoluto. A ontologia radical é, por isso, possível apenas como situologia – um fato que se evidencia em nenhum lugar com maior clareza do que no início do pensamento de Heidegger.

cristã se revela no ímpeto de refletir sobre os fundamentos teóricos de Deus e espaço; é a era dourada das topologias sutis, que tratam de lugares no "não onde". Pois se Deus fosse o recipiente absoluto, qual seria a densidade de suas paredes? Como foi possível sair dele para o exterior? Por que Ele não quis devolver toda a criação incondicionalmente para si mesmo? E por meio de qual mediação o perdido poderia voltar para casa? Enquanto a pergunta sobre a relação entre Deus e alma é respondida predominantemente no modo das teorias da dualidade, a pergunta sobre o modo da habitação de Deus em si mesmo encontra sua resposta sobretudo nas doutrinas da Trindade. Para uma esferologia, esses discursos são interessantes não em sua pretensão religiosa e em seu caráter dogmático; nós não os visitamos como pontos turísticos da história do espírito. Eles nos interessam apenas por terem possuído, até recentemente, um monopólio praticamente incontestado à reflexão fundamental sobre a lógica da intimidade. Apenas a erotologia platônica conseguira romper, em adaptações contemporâneas, o predomínio da teologia cristã sobre o campo da teoria das relações íntimas. Aquele que, antes da emergência das psicologias profundas modernas no século XVIII, queria descobrir mais sobre o espírito da proximidade e coisas mais íntimas sobre o espírito da intimidade, se via diante dos distritos cerrados da tradição teológica. Nesta, no que dizia respeito aos aspectos mais esotéricos das relações entre Deus e a alma, a tradição mística era praticamente a única que se manifestava; quem se interessava pela vida interior da vida divina tão rica e abismalmente referida a si mesma, precisava se aproximar da especulação assustadora sobre a Trindade. Nesses campos ainda de difícil acesso descansam os tesouros de um conhecimento pré-moderno da relação primária. Muito daquilo que provoca a reflexão dos psicólogos e sociólogos modernos sob os conceitos da intersubjetividade ou da interinteligência está prefigurado nos discursos teológicos que tratam da cossubjetividade da díade Deus-alma e da cointeligência, cooperação e condileção da tríade intradivina. Quando, então, queremos tratar de fenômenos e estruturas do "ser dentro" e do "ser com", partes da tradição teológica podem ser uma fonte surpreendentemente informativa para o espírito livre. No surrealismo teológico, esconde-se o primeiro realismo das esferas. É apenas por meio de sua reconstrução que é possível esclarecer o que é imanência.

Isso vale primeira e especialmente para o campo das relações entre Deus e a alma. Aquele que tenta entender os jogos linguísticos da teologia mística sobre o retorno da alma para a esfera divina é confrontado imediatamente com uma rede sutil de afirmações sobre entrelaçamentos desconcretizados. Pois, se investigarmos a razão da possível atenção recíproca entre Deus e alma, abre-se um abismo de uma disposição relacional que é mais profundo do que tudo que pode ser suposto entre pessoas ou entidades em termos de disposições familiares ou simpáticas. A natureza do laço entre eles não pode, de forma alguma, ser explicada por meio de afetos *a posteriori* ou de encontros a meio caminho.

Em certo sentido, pode ser correto dizer sobre o amor humano que ele, antes de acontecer, não existe de forma alguma. O que antecede o amor humano são – na perspectiva da Modernidade individualista – duas unidades que são desarraigadas por meio do encontro. Poderia então valer o que Alain Badiou disse sobre a meditação sobre o amor do Beckett tardio: "O encontro é, para os dois, doador de fundamento"[54]. No que diz respeito a Deus e à alma, eles não se contrapõem como partidos ou comerciantes, que, em coalizões ocasionais, aproveitam sua vantagem comum; tampouco formam apenas um par de amantes, que, ocasionalmente, ardem um pelo outro. Quando ocorre uma reação

---

54 BADIOU, A. *Conditions*. Paris, 1992, p. 358; é evidente que isso não corresponde à nossa convicção, pois a tese de Badiou faz concessões demais à ideologia da unidade antecedente.

íntima entre os dois, isso não acontece apenas por conta daquilo que a psicanálise chama – com uma expressão de sabedoria limitada – uma escolha de objeto. Quando Deus e a alma interagem um com o outro, isso acontece em virtude de um radical relacional, que seria mais antigo do que qualquer busca por um parceiro ou qualquer encontro secundário. E quando sua relação se apresenta como passional, isso acontece apenas porque entre eles ocorre uma ressonância tão grande que é impossível explicá-la apenas com um contato empírico. Mas a ressonância fundamental, contanto que seja reconhecida como original ou constitutiva – Como ela deveria ser pensada se a alma está "no mundo" e, portanto, se encontra num lugar caracterizado por certa distância do polo transcendente? Como devemos interpretar a união entre Deus e alma, visto que não há dúvida de que os dois, no *status quo*, não estão conectados de modo imperturbado e não são idênticos? Não se abre um abismo doloroso de alienação entre os dois desde aquela ocorrência no paraíso? Sim, a pregação religiosa nunca se cansou de garantir que é possível um reencontro entre os polos alienados, que esse encontro representa para a alma aquilo que é digno de ser buscado e encontrado e que Deus está esperando para poder acolher a alma desviada. Mas essa imersão da alma em uma nova intimidade com o grande Outro perdido jamais pode se desenvolver apenas a partir de um encontro acidental. E a alma não tomará Deus "para si", tampouco quanto a alma pode simplesmente ser levada por Deus; pois onde os dois estariam em casa fora de seu encontro? Se eles se conhecem, isso acontece justamente quando a alma se dá conta de que ela conhece há muito tempo o que ela volta a conhecer; esse "se conhecer" inclui que, muito tempo atrás, eles se levaram consigo ou foram levados pelo outro.

De modo nada claro, os dois já estão inseridos um no outro, visto que não poderiam voltar a se conhecer se não estivessem alienados um do outro e não se conhecessem há muito tempo.

("É verdade, eu já vi seu rosto em algum lugar", diz a heroína Nastasya Filippovna de Dostoiévsky sobre o príncipe Myshkin, o idiota, depois de seu *primeiro* encontro.) Sua inserção um no outro abrange a abertura mais antiga e também a ruptura primordial. Mas visto que a ruptura viabiliza e torna reconhecível a relação, a verdade sobre a relação geral só pode ser reconhecida posteriormente; posteriormente de antemão.

No posterior precisa se manifestar o "desde sempre", enquanto, no acidental, o que vale desde sempre se faz valer com violência retardada. O exemplo *par excellence* dessas retardações é a história da salvação, contanto que esta trate da economia de Deus – ou seja, de suas tentativas de recompensar posteriormente a perda de almas. Deus e a alma se conhecem porque já se conhecem, mas, desde cedo – ou até mesmo de antemão? – seu conhecimento de si é marcado por uma tendência para um conhecer equivocado, que se manifesta como resistência, ciúme, alienação e indiferença.

Foi Aurélio Agostinho que, em suas *Confissões*, executou a dialética do reconhecimento a partir do conhecimento equivocado. Mesmo que, segundo os historiadores da Igreja, não deva ser atribuído à tradição mística no sentido mais restrito[55], ele pode ser visto como o grande lógico de intimidade da teologia ocidental. Isso se evidencia de modo extraordinário nos livros I e X das *Confissões* e nos livros de sua críptica obra principal *De Trinitate*, que tratam da acessibilidade de Deus por meio de seus rastros intrapsíquicos (principalmente do livro VIII ao XIV). Em seu estilo de escrita, as *Confissões* são um documento epocal de fala intimista. Por meio de sua forma – a de uma oração narrativa monu-

---

55 Para a posição de Agostinho como figura predominante do misticismo cristão-ocidental, cf. RUH, K. *Geschichte der abendländischen Mystik*. Vol. 1: Die Grundlegung durch die Kirchenväter und die Mönchstheologie des 12. Jahrhunderts. Munique, 1990, p. 86s.

mental com dissertações entrepostas – elas produzem uma situação íntima paradoxal *coram publico*: O que Agostinho confessa ao seu Deus numa confissão no tom de um autoesvaziamento embaraçoso é, ao mesmo tempo, um ato literário e psicagógico de publicidade eclesial. O autor se apoia nas formas de fala estabelecidas de oração e confissão, que, desde os dias do cristianismo primitivo, estrutura o espaço teopsíquico. A oração glorificadora pretende substituir o louvor subalterno ao Senhor pelo júbilo, enquanto a confissão pretende transcender a confissão obrigatória por meio de um refúgio na expressão da verdade; ambas as formas de fala têm como objetivo formar um tipo de "fundamento inabalável" para a fala autêntica do tipo cristão. A análise de fala cristã é orientada pela suposição de que a fala da confissão alcança uma profundidade maior do que a confissão forçada da verdade por meio da antiga tortura dos escravos perante o tribunal[56]. No que diz respeito ao incentivo da verdade, a confissão religiosa aparenta ser mais produtiva do que a confissão jurídica coagida, pois pode ser feita na esperança de misericórdia; sob tortura, porém, o motivo de ocultar atos próprios ou alheios ou de distorcê-los jamais pode ser anulado duradouramente e com o consentimento interior daquele que confessa. Aquele que resiste à dor da tortura pode negar até o fim e se recusar ao torturador definitivamente em sua resistência. Na confissão, porém, a mentira seria uma loucura, pois a própria ideia da *confessio* se apoia no reconhecimento da vantagem de dizer a verdade. A recompensa da confissão é que aquele que diz a verdade entra "na verdade"; e é exatamente assim que se inicia o drama da lógica da intimidade que concede ao pensamento agostiniano sua modulação vívida. Pois após a conversão para a "religião verdadeira", a verdade deixa de ser apenas uma qualidade de sentenças e falas; a verdade passa a

---

56 Cf. DUBOIS, P. *Torture and Truth*. Nova York, 1991.

formar o "em" no qual toda fala e vida deve ser submersa[57]. A prova de que o penitente se "abre verdadeiramente" é a dor da confissão, que o comove, autentica, purifica e separa seu passado. A confissão sugere à alma a fuga para a sinceridade: de modo inequívoco, a confissão atribui à ideia grega da verdade – *aletheia* ou o "não oculto" – um toque cristão e dialógico; agora, a palavra verdadeira se manifesta, por parte do homem, como confissão, por parte de Deus, como revelação, sendo que revelação e confissão têm em comum o fato de efetuarem, cada uma ao seu modo, a reabertura reconciliadora de um acesso perdido para o interior da outra parte. Isso leva à repetição da catarse trágica com meios cristãos; não é necessário dizer que, com o jogo da verdade da confissão, subiu ao palco histórico um protótipo das psicoterapias da antiga Europa.

Agostinho tirou as consequências extremas do modelo segundo o qual já precisa estar "na verdade" aquele que se empreende a dizer a verdade sobre si mesmo. O fato de que um indivíduo *deseje* confessar a verdade sobre sua conversão para a verdade fornece um primeiro indício de seu "ser em" nela. A confissão perante Deus e o público eclesial seria, segundo esse modelo, fadada ao fracasso se o próprio Deus não tivesse previsto, aceito, inspirado e efetuado a confissão. Assim, na fala confessional exemplar, já está postulada a impossibilidade de dizer a não verdade. Da mesma forma como um profeta inspirado é incapaz de expressar a não verdade, um autor que, ao modo de Agostinho, se acusa a si mesmo de ter cometido um pecado, é incapaz de não dizer a verdade. Quando Agostinho, como subautor, se submete à direção de fala de Deus, ele permite que a instância mais alta coloque a confissão

---

57 Cf. o *Dialogus de Deo abscondito* de Nicolau de Cusa: "...pois não existe verdade fora da verdade. [...] Por isso, não encontramos verdade fora da verdade, nem de modo diferente nem em coisa diferente" [*"extra veritatem non est veritas* [...] *Non reperitur igitur veritas extra veritam nec aliter nec in alio"*] (In: NICOLAU DE CUSA. *Die philosophisch-theologischen Schriften*. Vol. 1. Viena, 1989, p. 300-301).

em sua boca: o autor de todas as coisas proclama por meio de seu bispo iluminado adendos às suas autoproclamações. Subautor é uma designação psicanalítica para aquilo que costumamos chamar de apóstolo: pois apóstolo é aquele que fala ou escreve como representante do autor absoluto[58]. Consequentemente, Agostinho se expressa na história de suas resistências a Deus como um apóstolo terapêutico. As *Confissões* podem ser lidas como um histórico de doenças *ex cathedra*; elas tratam da curabilidade da descrença em Deus por meio de Deus. Desse modo, o bispo de Hipona consegue minar discretamente a diferença entre confissão humana de pecados e revelação divina; sua confissão provoca uma continuação da revelação com outros meios. Aquele que fala dessa forma sobre sua vida de perdição superada pela graça passa a ser autor de apócrifos evangélicos – alegres mensagens adicionais sobre a convertibilidade dos resistentes para as boas-novas; também assim as Escrituras Sagradas continuam a se escrever como história de sucesso de sua propagação.

"Ser em" descreve aqui uma situação na corrente da língua verdadeira: Aquele que fala dentro dela, inclui assim a sua própria fala como subtexto ao texto geral divino de tal modo que (se possível) a não permanecer nenhum resto exterior. Mas a *vita christiana* não trata apenas da inserção de palavras próprias na propagação da palavra do Senhor; toda a existência deve ser refigurada para que ela seja contida em Deus. Sim, numa pessoa teimosa do calibre de Agostinho, o sacrifício da teimosia é notável: Da forma mais discreta possível e com a clareza necessária, as *Confissões* declaram que, nesse caso e com a ajuda de Deus, a redução do gênio ao apóstolo foi bem-sucedida. Para Agostinho, sua própria conversão é de valor exemplar epocal. Ele mesmo é a

---

58 Para a interpretação macroesferológica do apostolado, cf. SLOTERDIJK, P. "Wie durch reine Medien die Sphärenmitte in die Ferne wirkt – Zur Metaphysik der Telekommunikation". In: *Sphären II*. Frankfurt a.M., 1999, cap. 7.

Antiguidade que se converteu ao cristianismo; ele é a Antiguidade como gênio perdido e como agente de uma sociedade desespiritualizada e fragmentada em átomos de ambição e ganância; mas ele também já é a era cristã como coinventor de uma nova esfera divina, que promete o infinito aos inúmeros. Como testemunha dessa diferença, Agostinho protocola em suas *Confissões* que a exterioridade egoísta e pagã foi superada por meio de um milagre esférico – por meio do mundo interior da salvação que se manifestou no Deus-homem e que foi organizada pelos sucessores apostólicos, que agora se manifesta de modo novo em meio a essa realidade de violência exteriorizada.

A alma rebelde devolvida a Deus precisa, segundo Agostinho, prestar contas do fato de que, em cada momento de seu decurso aparentemente autônomo, ela já estava incluída na economia divina. Agora ela confessa de ter encontrado a sua felicidade na supervisão total e constante do grande Outro.

> E, para ti, Senhor, que conheces o abismo da consciência humana [*abyssus humanae conscientiae*], que poderia haver de oculto em mim, ainda que não to quisesse confessar? Poderia apenas esconder-te de mim, e nunca me esconder de ti. Agora que meus gemidos dão testemunho do desagrado que sinto por mim, Tu me iluminas e me agradas, e és amado e desejado a ponto de eu me envergonhar de mim. Renuncio a mim para te escolher, e não quero agradar a ti ou a mim senão por teu amor [*et nec mihi nec tibi placeam nisi de te*]. Portanto, assim como sou, Senhor, Tu me conheces. [...] Assim, meu Deus, a confissão que faço em tua presença, é e não é silenciosa; a boca se cala, mas meu coração clama. Tudo o que digo aos homens de verdadeiro já tinhas ouvido de mim, e nem ouves nada de mim que antes não me tivesses dito (*Confissões* X, 2,2)[59].

---

59 Apud: AGOSTINHO. *Bekenntnisse* [*Confissões*]. Frankfurt a.M., 1987, p. 487-489. Teria sido melhor a passagem "*nec mihi* [...] *placeam nisi de te*" como: "não quero agradar-me senão a partir de ti". A fórmula *in te,* "em ti", usada com frequência por Agostinho, designa mais a situação topológica ou situológica da relação

Assim como, aqui, Agostinho articula sua transparência para a inteligência absoluta e a si mesmo como veículo para a expressão da verdade do grande Outro de forma clássica, ele expressa em outro lugar seu entrelaçamento existencial com o abrangente por meio de formulações que representam a relação com Deus como um "ser aí em um abrangente e penetrante".

> Como invocarei meu Deus [...] se ao invocá-lo o faria certamente dentro de mim? E que lugar há em mim para receber o meu Deus [*Et quis locus est in me, in quo veniat in me deus meus?*], por onde Deus desça a mim, o Deus que fez o céu e a terra? Senhor, haverá em mim algum espaço que te possa conter [*capiat te*]? Acaso te contêm o céu e a terra, que Tu criaste, e dentro dos quais também criaste a mim? Será, talvez, pelo fato de nada do que existe sem ti, que todas as coisas te contêm? E, assim, se existo, que motivo pode haver para te pedir que venhas a mim, já que não existiria se em mim não habitásseis? [...] Eu nada seria, meu Deus, nada seria em absoluto se não estivesses em mim; talvez seria melhor dizer que eu não existiria de modo algum se não estivesse em ti, de quem, por quem e em quem existem todas as coisas? (Rm 11,36). Assim é, Senhor, assim é. Como, pois, posso chamar-te se já estou em ti, ou de onde hás de vir a mim, ou a que parte do céu ou da terra me hei de recolher, para que ali venha a mim o meu Deus, ele que disse: Eu encho o céu e a terra? (*Confissões* I, 2,2)[60].

Esse movimento de pensamento revela uma consciência finita na tendência de desistir de si mesma em prol da consciência infinita. Aqui, Agostinho segue as trilhas da metafísica grega, que aconselha à vida transitória o fim na substância eterna. Se Deus é a verdade e a verdade é a substância, então a subjetividade dos indivíduos, se é que realmente levaram a sério a verdade, precisa se livrar

---

eu-Deus; aqui, porém, a formulação *de te* destaca a relação com o próprio eu em visão dinâmica como relação interior com Deus: "Se eu sou algo para mim, o sou porque sou algo para ti".

60 Ibid. [tradução levemente modificada].

de si mesma e se refugiar no essencial e real. Quem poderia negar que grande parte das teologias cristãs sempre consentiu de forma mais ou menos explícita com esse pensamento fundamental da metafísica das substâncias? Onde dominam conceitos metafísicos, a busca pela verdade é compreendida como início da conversão do nada para o ser; em termos cristãos: como morte na aparência para a vida na verdade. Para esse "salvar-se" na substância, a tradição latina conhece a expressão "transcender" – uma palavra que escreveu história no pensamento e no sentimento da antiga Europa. O pensamento transcendental, também como metafísica cristã, organiza a fuga do *Dasein* nulo para o bom fundamento. Para o *ingenium* da teologia agostiniana é característico que ela começou equilibrando a fuga metafísica inevitável de si mesmo com uma aproximação de Deus no *self* aparentemente nulo. Agostinho aconselha a alma iluminada a se aprofundar em sua própria complexidade, para descobrir nela os rastros do Deus trino.

A saída do sujeito nulo de si mesmo e sua transferência para a substância são recompensadas por uma entrada da substância no sujeito: a partir de agora, este é usado para conhecer a Deus por meio da criatura e para assegurar esse encontro. Desse modo, a subjetividade (em termos agostinianos: o homem interior) – a partir de agora elevado a portador do rastro divino – recebe uma dignidade extraordinariamente alta. O espírito humano pode até explorar o universo de todas as coisas criadas, mas jamais encontrará algo no exterior. Deus só pode ser encontrado se o buscador se voltar para o próprio interior. Em suas próprias capacidades espirituais, o buscador bem-sucedido experimenta um reflexo daquilo que busca.

> Eis como esquadrinhei minha memória em tua procura, Senhor: não me foi possível encontrar-te fora dela[61].
> Nada encontrei de ti que não fosse lembrança, e nunca

---

61 *Extra eam*: i. e., não é fora da lembrança que Deus é encontrado.

me esqueci de ti desde que te conheci. Onde encontrei a verdade, aí encontrei a meu Deus, que é a própria verdade; e desde que aprendi a conhecer a verdade, nunca mais a esqueci. Por isso, desde que te conheço, permaneces em minha memória [*manes in memoria mea*]. É lá que te encontro quando me lembro de ti e quando sou feliz em ti [*in te*]. [...] Onde habitas em minha memória, Senhor, em que lugar dela estás? Que esconderijo [*cubile*] construíste aí? Que santuário aí [*sanctuarium*] edificaste para ti? Deste-me a honra de morar em minha memória [*memoriae meae*]; mas em que parte dela resides? É o que quero agora descobrir. [...] Mas, por que perguntar em que lugar da memória habitas [*habites*], como se a memória tivesse compartimentos? Certo é que habitas nela desde que te conheço [*ex quo te didici*], e é nela que te encontro, quando penso em ti. [...] Onde, então, te encontrei, para te conhecer? Não estavas ainda em minha memória antes de eu te conhecer. Onde, então, te encontrei, para te conhecer, senão em ti mesmo, acima de mim [*in te, supra me*]? No entanto, aí não existe espaço. [...] Tarde te amei, Beleza tão antiga e tão nova, tarde te amei! Eis que estavas dentro de mim, e eu lá fora [...]. Estavas comigo, e eu não estava em ti [...] (*Confissões* X, 24-27).

Agora se evidencia por que a alma, que busca esclarecer sua relação com Deus, precisa de tempo para o seu empreendimento. A relação de Deus com a alma é supratemporal, mas a relação da alma com Deus é temporal e histórica, no sentido de que a história, em termos cristãos, significa a relação do finito com o infinito[62]. Nessa relação, o decisivo sempre ocorre tarde. A alma tem sorte quando tem sorte tardia; ter sorte tardia significa aprender a tempo o certo corretamente. No centro da ocorrência histórica assim compreendida está a devolução precária das almas de sua exterioridade. O caráter relacional da relação entre alma e Deus é

---

62 Se aqui fosse o lugar de repetir a dedução teológica da temporalidade, precisaríamos desenvolver a diferença entre teodrama (o processo de Deus com o mundo) e a relação (o processo da alma com Deus); para o nosso contexto, basta colocar em primeiro plano o aspecto da relação.

marcada em Agostinho pela fala do *conhecer*. Isso significa, como mostramos acima, um conhecimento que precisa ser mais do que um conhecimento totalmente posterior; quando a alma volta a conhecer Deus, isso é um acaso no qual nada é acaso; ele revela em seu decurso o entrelaçamento *a priori* dos dois. No processo de se conhecerem – isso se refere inicialmente à conversão e ao estudo bíblico de Agostinho – se aprofunda necessariamente a descoberta de um conhecer-se primordial que antecede a relação, i. e., a alienação e sua inversão. Em sua interpretação desse conhecimento primordial, Agostinho mostra suas cartas católicas: quando a alma retorna para o seu extremo exterior, ela não alcança, como reivindica na transcendência metafísica, sua completa autoanulação na substância; ela só se eleva até o lugar misterioso onde ela, mesmo que refugiada na contenção mais íntima, começara a se destacar de Deus em alteridade pacífica – estamos falando do momento da criação e do sopro por meio do qual o barro se transformou em ser humano. Durante toda a sua vida, Agostinho cercou com a maior discrição a diferenciação primordial da alma da extensão total de Deus e sempre resistiu à tentação de fazer declarações explícitas. Ele jamais se aproximou do mistério da gravidez da alma em Deus; tampouco falou de uma *unio* de forma afirmativa. Certo é para ele que, a diferenciação entre alma e Deus é um processo da criação, no qual identidade e diferença contêm, cada um, o seu: a sigla bíblica para esse equilíbrio é semelhança. Como homem ortodoxo e católico, Agostinho defende a doutrina da natureza criada da alma. Para ele já não existe mais a possibilidade de compartilhar da euforia neoplatônica e gnóstica que estipula uma idade e dignidade iguais para a alma e Deus. Em relação à essência do espírito, Deus, a alma individual é, no pensamento cristão, imprescindivelmente mais nova, mas sua idade menor não afeta o laço do parentesco íntimo; também como criada e mais nova, a alma é espírito do espírito. Antes do início da revolta egoísta e de seu rastro miserógeno violento – não existe razão suficiente *a priori* pela qual o mais jovem deveria ter se alienado do mais velho. É por isso que, em sua exegese do Gênesis, Agostinho destaca a coexistência primária feliz no paraíso – pois ela deve demonstrar que a criação do homem é algo que não estava fadado a fracassar de antemão. Sem a lua de mel da manhã da criação a extração da alma individual já teria sido um destino causado por Deus, e a criação como tal precisaria se revelar como armadilha inevitável para a alma. Nesse caso, porém, o Criador estaria comprometido, e um Deus salvador só poderia entrar no jogo como o não idêntico; apenas Ele, o totalmente Outro, seria aquele que saberia o que a alma precisa para a sua salvação. A ortodoxia se afasta enojada de tais abominações gnósticas. O catolicismo precisa se agarrar ao encontro primordial feliz da alma criada com seu Criador. Apenas assim a relação fatal consegue explicar o resto – a queda de Adão em arrogância e seu tempo, a história do mundo (que é compensada pelo tempo contrário da história da salvação). Quando esse encontro primordial é renovado, a alma pode retornar para o seu lugar fora de todos os lugares físicos com a certeza de que o grande Outro habita nela de forma mais profunda do que ela mesma: *interior intimo meo*[63].

Reconhecemos como, na teo-psicologia e no teo-erotismo do tempo dos Padres Latinos, se desenvolveu uma análise do "ser em" que nada deixa a desejar em termos de complexidade e explicitude. A lógica de intimidade de Agostinho só pôde ser desenvolvida por meio da radicalização de suas estruturas já com-

---

63 AGOSTINHO. *Confissões*, III, 6,11: "*Tu autem eras interior intimo meo et superior summo meo*". Essa suma declaração do surrealismo topológico é explicada no cap. 3 do vol. II de *Sphären* ("Archen, Stadtmauern, Weltgrenzen, Immunsysteme – Zur Ontologie des ummauerten Raums"), por meio de suas precondições histórico-arquiteturais. Nisso transparece o sentido comparativo à luz da arquitetura dos palácios persas imperiais: Interior é aquilo que, num sistema de espaços encaixados, se encontra não só *intus,* mas *interior.*

pletamente cristalizadas. Isso diz respeito sobretudo ao *hot spot* do campo de intimidade agostiniano – a relação latente atual entre Deus e alma. É fácil entender que sua interpretação continha um potencial heterodoxo e também que este se liberaria assim que temperamentos genuinamente místicos fariam a tentativa de radicalizar a relação entre alma e Deus em uniões pré-relativas. Esse drama teórico-asceta se desdobrou, na maioria das vezes de formas discretas, por trás da grossa cortina do misticismo cristão, e Martin Buber, entre outros, mostrou no início do nosso século como ele se reflete nos testemunhos místicos das outras tradições monoteístas e nas disciplinas extáticas das culturas mundiais[64]. Somente ocasionalmente, em processos contra hereges, essa cortina se levantou e permitiu ao público vislumbrar essas lutas. Na literatura mística, a análise do "ser em" se desenvolve em um exercício de dualidade, que produziu seus próprios virtuosos. Sob o patrocínio místico-teológico, o pensamento em interações recíprocas se desenvolveu primeiramente naquela explicitude extrema que, ainda hoje, confere àqueles documentos um nimbo sedutor de relevância. Se o corpo de literatura mística teve, também em tempos modernos, um efeito fascinante não só vago sobre inúmeros leitores, mas parecia ser relevante também para questões e necessidades contemporâneas, creio que isso se deve ao fato de o texto místico irradiar um potencial conceitual e pictórico para o qual não existia um substituto à altura: Estamos falando de uma teoria daquela relação forte que só pode ser compreendida como bissubjetividade ou cossubjetividade. Que a relação com algo do mesmo tipo não é algo que é produzido como algo posterior ou adicionado entre substâncias monádicas ou indivíduos solitários, mas representa o modo de ser de alguns seres: isso é um pensa-

---

64 Cf. BUBER, M. *Ekstatische Konfessionen* – Gesammelt. Leipzig, 1909 [5. ed.: Heidelberg, 1984] [editado pelo autor sob o título: *Mystische Zeugnisse aller Zeiten und Völker*. Munique, 1994 – Cf. o cap. 9 deste volume].

mento que não fazia sentido de imediato para as inteligências filosoficamente condicionadas; ele precisava, por meio de um exercício difícil e arriscado, ser extraído do material da terminologia básica da Grécia e antiga Europa. Se ainda pudéssemos apelar a uma artimanha da razão na história do espírito, poderíamos alegar que ela estava envolvida quando se tratava de, com a ajuda das teologias místicas e trinitárias, impor a ideia da relação forte contra a gramática da cultura de racionalidade ocidental, portanto, contra aquele pensar em substâncias e entidades que tinha iniciado o processo racional europeu dos gregos. Nem mesmo hoje, a despeito das revoluções funcionalistas, cibernéticas e midiáticas do modo de pensar, a causa da relação forte está vencida; a ideia da ressonância constitutiva permaneceu tão carente de explicação nas ciências atuais dos homens quanto a relação entre Deus e alma na teologia mística.

A teologia dogmática de uma unidade primária do ser humano é defendida justamente na Modernidade de modo triunfal. Não é apenas um acaso quando, segundo o uso linguístico popular de hoje, uma relação é definida como aquilo que ocorre entre indivíduos que se conheceram por acaso e que, enquanto se frequentarem, já se exercitam em viver sem o outro em algum dia do futuro. A tarefa mística, porém, consistia em compreender a relação não como algo posterior e acidental, mas como algo fundacional e algo antecedente. Se o misticismo religioso tivesse possuído um mandado antropológico, ele teria consistido em explicar por meio de expressões gerais por que os indivíduos não devem ser definidos em primeira linha por meio da inacessibilidade para outros. Se o misticismo falasse com uma voz moral, ele se expressaria na exigência: esquente sua vida acima do ponto de congelação – e faça o que quiser. Quando a alma descongela, quem duvidaria de sua tendência e aptidão para celebrar e trabalhar? A fim de mensurar o significado dessa descoberta, o espírito livre faria bem em se emancipar do afeto anticristão dos últimos séculos como que de uma convulsão já não mais necessitada. Aquele que quiser reconstruir experiências comunais e comunitárias fundamentais precisa também da liberdade do reflexo antirreligioso. O cristianismo primitivo não tinha encontrado sua força justamente em experiências comunais fundamentais? Sua autointerpretação exigia uma nova teoria do espírito que articulasse a razão da capacidade de comunhão entre as pessoas em comunidades animadas. Na doutrina do espírito de Paulo, sobretudo na palavra sobre o amor de Deus que foi derramado em nosso coração pelo Espírito Santo, que nos é dado (Rm 5,5), o princípio do poder de união é conceituado de forma clássica. Ele se refere primariamente ao acesso das almas umas às outras; é longo o caminho do entusiasmo pneumático das experiências do cristianismo primitivo até a pretensão de alguns místicos medievais de romper a barreira entre Deus e a alma individual.

No que diz respeito à dualidade mística no sentido mais restrito, uma literatura imensurável desenvolveu as aproximações íntimas da alma a Deus até o ponto da suspensão de limites e união completas. Se, do ponto de vista da crítica da língua, nos depararmos exclusivamente com estereótipos e variações, isso se deve ao fato de que, no espaço cristão da antiga Europa – e também no islâmico – os estados finais da relação entre Deus e a alma se encontram sob um monopólio neoplatônico, por mais oculta que seja essa relação de fonte.

Qualquer que seja o documento que possamos abrir – entre os mais diversos nomes de autores e designações de vertente e origem, impõe-se um único padrão para o final místico; o decurso de leitura neoplatônico se impõe mesmo onde os próprios autores não estão cientes de sua dependência do modelo plotínico e onde os leitores são enganados pela anonímia da fonte. Aquilo que é articulado em inúmeros documentos por inúmeros autores com um ardor confessional reproduz sempre a mesma sequência de cenas primordiais e finais, pelas quais a alma precisa passar em sua volta para o Uno. Em vista dos movimentos místicos da Idade Média europeia, impõe-se a observação de que os pensamentos próprios mais excitantes são pensamentos alheios, que se aproveitam das nossas mentes. Mesmo que as faculdades de teologia medievais tenham controlado firmemente a doutrina verdadeira – os mais talentosos estudavam, não sabemos bem como, numa teleacademia plotínica que, sob pseudônimos cristãos, dispersava conhecimentos de salvação e elevação da alma da Grécia Antiga.

Como um exemplo entre inúmeros, citamos aqui uma passagem de *Espelho das almas simples* [Le miroir des simples âmes] (redigido antes de 1285 e condenado como herético), da beguina Marguerite Porete, que nasceu em Valenciennes no Norte da França por volta de 1255 e que foi queimada publicamente em 1º de junho de 1310 na Place de Grève em Paris sob a acusação de ser uma herege reincidente. Seu livro mostra – sob acentos violentamente antieclesiais – a busca de uma execução não mediada da união dual entre alma e Deus.

> ...Esta alma, diz o amor, possui seis asas, exatamente como os serafins. Ela não quer mais nada que lhe viria por mediação. O modo de ser próprio aos serafins consiste nisto: entre seu amor e o amor de Deus não existe mediador. Recebem notícias constantemente sem mediador. E assim também esta alma tem conhecimento; pois ela procura a ciência de Deus não entre os mestres deste mundo, mas no desprezo real do mundo e de si mesma. Ah, por Deus! Que grande diferença existe entre o presente de um amigo a uma amiga por mediação e um presente não mediado de amigo à amiga![65]

---

65 MARGUERITE PORETE. *Der Spiegel der einfachen Seelen*. Zurique/Munique, 1987, p. 21 [trad. bras.: *Espelho das almas simples e aniquiladas e que permanecem somente na vontade e no desejo do amor*. Petrópolis: Vozes, 2008].

É evidente que a recusa de um mediador entre os parceiros de comunhão precisa eliminar qualquer terceira entidade. Por isso, o presente não pode ter quem o entregue nem permanecer uma dádiva material; ele se dissolve na autoentrega do doador. Marguerite Porete fala extensamente sobre a necessidade para a alma no caminho da simplicidade de se destruir a si mesma para que sua particularidade não impeça mais o presente da autoentrega divina. Por meio da grande mudança de sujeito, ela pretende chegar ao ponto em que, no futuro, a vontade de Deus queira por meio dela para ela.

> [...] E por isso a alma se separa desse querer, e o querer se separa de tal alma. A partir de agora, ela devolve e doa e entrega a Deus, de onde ele veio originalmente, sem se agarrar a qualquer coisa própria, a fim de cumprir a vontade perfeita de Deus. Sem essa devolução, ele não pode ser realizado na alma, caso contrário a alma sofreria sempre guerra ou derrota [...]. Agora, ela é tudo e é também nada, pois seu amigo a fez uma [...][66].

O que chama atenção é como, no texto de Marguerite, as figuras de ressonância bipolares e teoeróticas são superadas pelo ímpeto metafísico para a união; na beguina, esse impulso é tão forte que ele perde pouco tempo com as tarefas comuns dos graus e degraus da ascensão; as extensas etapas dos itinerários, que mostram à alma de forma complicada o caminho até Deus, não interessam a Marguerite Porete. De certa forma, ela está no destino desde o início, nessa autora iluminada, a velocidade é agente da iluminação. Mal ela articula a tarefa impossível, ela já a declara como resolvida. O que libera o individualismo místico é a suspensão dos limites de velocidade para o deleite próprio em Deus. Isso afeta e supera também a estrutura dual da relação entre Deus e a alma. A ambição neoplatônica de sair completamente da dualida-

---

66 Ibid., p. 173s.

de para se esvaziar no Uno precisaria sufocar o jogo amoroso dos parceiros transpostos um no outro, se, ao mesmo tempo, a fala desenfreada da mística não garantisse por meio de um efeito contrário que a relação continuasse também no auge de sua consumação.

No auge da relação, a alma confessa uma curiosa ausência de relacionamento; ela alega ter ascendido até um espaço de imanência anterior a qualquer diferenciação.

> Tudo lhe é igual, sem um porquê, mas ela é nada em tal igualdade. Por isso, ela não tem mais o que se preocupar com Deus, nem Deus com ela. Por quê? Porque Ele é, mas ela não é. Ela, um nada, nada mais retém para si mesma, pois para ela basta aquilo, ou seja, que Ele é, mas ela não. Ela está despida de todas as coisas, pois ela mesma é sem ser, lá onde ela era antes de ser. E por meio da transformação do amor, ela é aquilo que Deus é, naquele ponto em que ela era antes de ser derramada da bondade de Deus[67].

Como inúmeros documentos semelhantes, a fala resolutamente neoplatônica de Marguerite Porete revela o preço enorme ao qual apenas a língua do amor incondicional – ou da relação primordial – pôde ser conquistada. A dependência da alma de Deus e a dependência um do outro só pôde ser expresso ao custo de o polo relacional da alma dar espaço, por meio da autoaniquilação, para a entrada do grande Outro. Portanto, aquilo que pretendia transformar a relação em uma relação radical destrói a relação como tal. Onde ainda existiam dois, um dos dois precisa desaparecer; onde era a alma, Deus se torna tudo. O pensamento da habitação mútua, da qual falava Agostinho, passa para o segundo plano diante do padrão neoplatônico de união. Em troca dessa perda de reciprocidade, aproveita-se a chance de remeter a intimidade entre Deus e a alma até as regiões pré-criacionais. Em

---

67 Ibid., p. 208.

decorrência disso, pelo menos na superfície semântica da confissão mística, a sucção em direção ao autossacrifício do sujeito se torna irresistível em prol da substância. O que deveria resultar em núpcias místicas se transforma, aparentemente, no enterro do sujeito na substância. Mas estamos ouvindo corretamente? Será que a grande fala sobre a relação forte realmente termina no miserável paradoxo: Em Deus eu sou nada, e Deus não pode ter uma relação com nada? De fato, se olharmos apenas o nível verbal, o esquema da transcendência rouba e ocupa o lugar da ressonância – assim como as rotinas linguísticas sempre concedem línguas falsas ao inédito que emerge. As novas palavras para a relação forte só brotam timidamente sob o predomínio do código metafísico como uma língua estranha. Mas aquilo que precisa ser expresso sob a figura da autodestruição – a participação radical no grande Outro e a penetração estimulada por seu ser – permite, na poética do texto místico e em seu desdobramento performativo, a liberação mais desenfreada do novo evento de fala: com fórmulas fúnebres, a oradora floresce e alcança a intensidade mais penetrante. Ela faz de si mesma o corpo de ressonância privilegiado de seu Outro brilhante. É claro que Deus é, em todos os lugares, o Uno em tudo, mas aqui Ele irrompe numa voz individual e se apresenta em sua frequência. É isso, pelo menos, que essa voz reivindica para si mesma. Quem poderia ainda distinguir as vozes? Quem fala? Quem é algo, quem é nada?

O leitor do texto místico reconhece isto: Em vez de alcançar o interior de Deus por meio de um recuo silencioso, o sujeito despido de si mesmo se lança na *performance* mais ousada, como se o indizível dependesse de ser verbalizado por meio do êxtase. Sabemos que Marguerite Porete viajava pelas terras como uma artista vagante e recitava seu espelho das almas na presença dos públicos mais variados. A diva neoplatônica soube demonstrar aos seus contemporâneos que o deleite de Deus – que era, ao mesmo tempo, a primeira forma legitimada do autodeleite – era capaz de se libertar dos muros e dos homens da Igreja; Marguerite Porete foi uma das mães místicas da liberalidade.

Seria o misticismo então a matriz das artes performativas? Seria a *performance* o impulso que libera o sujeito? E seria o sujeito o lado manifesto do êxtase dual? Seria o êxtase um produto do compartilhado? E seria Deus expressionista por meio de uma mulher?

Sugestões desse tipo podem ser relativizadas e controladas por um exemplo da teologia mística iraniana medieval. Também no ambiente dogmático do Islã, os impulsos neoplatônicos produziram flores das mais diversas – ortodoxas e subversivas – e geraram um rico mundo de formas de asceses e jogos linguísticos duais. Também nesse contexto, tornou-se urgente a pergunta para os protagonistas místicos: Como a Palavra de Deus deve ser encenada de modo presente e atual? – e também aqui o carrasco se impôs como crítico mais importante do teatro divino. Um dos agentes mais impressionantes do teodrama islâmico é o poeta--teólogo Xaabe Aldim Surauardi [em árabe transl.: Shahab al-Din Yahya ibn Habash Suhraward].

Yahya Suhrawardi, também chamado de Suhrawardi-Maqtul o Assassinado, que nasceu em 1155 na província do Noroeste iraniano de Jebal, que, processado pelos estudiosos ortodoxos, foi executado em 29 de julho de 1191 por Saladino em Alepo sob a acusação de ter questionado a posição profética privilegiada de Muhammad. Chamado de Suhrawardi Shahid o Mártir, por seus alunos, a tradição iraniana o preservou na memória como *shaikh al-ishraq*: convencionalmente, a expressão é traduzida como "filosofia da iluminação"; mas como mostrou Henry Corbin, a tradução mais correta seria "doutrina da emergência da luz no Oriente". Na doutrina de Suhrawardi, confluem os fundamentos da teologia do Alcorão com os argumentos neoplatônicos e os rastros da teosofia da luz persa. Citamos o décimo primeiro capítulo das sucintas narrativas simbólicas *A língua das formigas* [*Lugath-i-muran*].

> *As perguntas que o Profeta Idris*[68] *dirigiu à lua:* As estrelas e os planetas iniciaram todos uma conversa com o Profeta Idris – Deus o abençoe! Idris fez as seguintes perguntas à lua:
> *Idris:* Por que sua luz por vezes aumenta e por vezes diminui?
> *A lua:* Saiba, pois, que meu corpo é preto, mas é liso e puro; eu não possuo luz própria. Mas quando me encontro em oposição ao sol, aparece, na medida em que nossa contraposição se torna mais perfeita, no espelho, que é o meu corpo, um reflexo de sua luz, como aparecem em espelhos as formas dos outros corpos. Quando nossa contraposição é perfeita, então eu me elevei do meu nada da lua nova para o zênite, onde brilho com a luz da lua cheia.
> *Idris:* E o amor entre o sol e você, até onde se estendem seus limites?
> *A lua:* Até o ponto em que eu vejo o sol quando, no momento da contraposição perfeita, eu contemplo a mim mesma. Pois a imagem do sol que resplandece em mim, me preenche completamente, visto que minha circunferência e superfície lisa contribuem sua parte para captar a sua luz. Qualquer que seja o olhar que eu lance sobre mim mesma, vejo tudo em mim como sol. Você nunca percebeu que a forma do sol se mostra num espelho quando você o segura contra o sol? Suponhamos, então, que o espelho tivesse olhos e ele se contemplasse a si mesmo no momento de sua contraposição ao sol, ele se viria totalmente como sol, mesmo que fosse apenas de metal. "Eu sou o sol" *(Ana'l-Shams),* ele diria, pois viria em si nada além do sol. E se ele dissesse: "Eu sou Deus" *(Ana'l-Haqq)* ou: "Glória a mim! Como é elevada a minha posição", precisaríamos

---

68 Nas fontes islâmicas, o fundador místico da filosofia Hermes Trismegisto é chamado Idris.

aceitar sua desculpa: "Tanto tu te aproximaste de mim que acreditei que tu eras eu"[69].

A narrativa de Suhrawardi oferece, sob figuras poéticas convencionais, as conhecidas figuras de pensamento da especulação dual neoplatônica, amenizada pela distância categórica entre Deus e todos os outros seres, um traço típico do Islã. Na imagem do sol e da lua, essa tendência de subjugação se manifesta, em uma hierarquia inicial aparentemente irreversível, claramente; o Islã é, segundo seu nome, uma religião de subjugação do antigo tipo ontológico. Mas, subversivamente, a lua recebe a permissão de, em seu entusiasmo, se considerar o próprio sol, contanto que ela respeite a relação primordial, que concede à primeira luz a primazia sobre suas reflexões. Assim o segundo está ligado ao primeiro não só por meio da participação por meio do reflexo, ele tem também um direito original a uma comunicação exuberante com a própria origem. A poder de suas imagens, a poesia mística árabe para mais profundamente impregnada de um conhecimento de ressonância dual e erótico do que qualquer outra – da tradição judaico-cristã, só o *Canticus canticorum,* o Cântico dos Cânticos, pode ser comparado à teopoética árabe –, mas também esta fala poética é controlada pela monarquia da substância, sobredeterminada pela monarquia de Alá. De forma ainda mais rígida do que a cristã, a teologia islâmica é obrigada a recusar as pretensões da alma a uma igualdade com o Altíssimo; mas ao distanciar o Uno em exaltações submissas, a língua islâmica, a língua submissa, aumenta o calor da brasa teo-erótica; o anseio bem-aventurado cuida do resto – e no fim, ávidas da luz, as almas ardentes sabem o que precisam fazer para alcançar sua dissolução na substância de fogo. Aquilo que a lua não pode fazer em virtude de sua posição

---

69 SUHRAWARDI, S. [XAABE SURAUARDI]. *L'Archange empourpré – Quinze traites et récits mystiques.* Paris, 1986, p. 430s. [trad. do persa e do árabe por Henry Corbin].

discreta em relação ao sol, em relação à chama, a borboleta fará. A mariposa destemida representa o espírito do exagero, que aproxima a poesia da situação de emergência. O voo de Suhrawardi em volta do fogo se expressa nas duas citações dos provérbios de Al-Hallaj, o mártir sufi, 858-922, do qual se diz que ele também tocou o "tambor da unidade". Com o famoso *ana '-l-haqq* e a última sentença da nossa parábola, Suhrawardi acata duas das expressões mais bem-sucedidas e ousadas do teo-erotismo herético. De resto, Suhrawardi encontrou em sua doutrina dos anjos – que não será desdobrada aqui – um caminho, de equilibrar a relação entre alma e Deus numa região intermediária: as almas humanas não são simplesmente imediatas a Deus, mesmo que tendam na direção de Deus para a sua origem; elas possuíam uma pré-existência no mundo angelical; elas se dividiram por algum motivo em duas partes, uma das quais permanece nas alturas na proximidade de Deus, enquanto a outra desce para a "fortaleza do corpo"[70]. A parte mundana, insatisfeita com seu destino, busca sua outra metade e precisa, a fim de recuperar sua perfeição, tentar se reunir com ela. Com essas figuras míticas, que transferem a narrativa dos homens primordiais de Platão para a esfera dos anjos, Suhrawardi suspende a sucção da morte do monismo substancial e cria espaço para imagens que correspondem à tarefa inesgotável de pensar o complemento original por meio de criações formais e figurações simbólicas sempre novas. O pensamento nobre da *henosis* ou *unio* pode ter fundamentado e propagado o prestígio filosófico do neoplatonismo místico; mas em termos psicológicos, sua angelologia é muito mais fértil, pois criou uma imagem – sem fazer concessões às expressões de destruições unionistas – para a possibilidade da complementação original. Ela testifica da força da boa separação, que se manifesta como dualidade primordial.

---

70 Cf. NASR, S.H. *Three Muslim Sages*. Cambridge, 1963, p. 75.

Seus rastros podem ser encontrados não só no hemisfério islâmico, mas também no cristão. A doutrina dos anjos é uma das abordagens historicamente imprescindíveis à teoria das coisas mediais[71]. A teoria medial, por sua vez, abre visões de uma antropologia além da aparência individualista.

No que diz respeito à teologia mística do Ocidente latino, ela alcança seu auge na obra de Nicolau de Cusa, 1401-1464. Nele encontramos análises penetrantes da pergunta como o "sem em" de inteligências finitas poderia ser pensado na inteligência finita de Deus – uma expressão na qual temos o direito de reconhecer uma transformação da pergunta pela relação entre alma e Deus. Em essência, o discurso platonisador agostiniano sobre o "ser em" de Deus naquele que o reconhece nos preparou para cada investigação dessa relação; Nicolau, porém, inscreveu nessa figura fundamental nuanças que podem ser consideradas lucros explícitos para a teoria da relação forte. Especialmente em seu tratado *Sobre a visão de Deus ou a imagem* [*De visione Dei sive de icona*] do ano de 1453, ele acrescenta ao depósito conhecido de sentenças sobre o "ser no outro" de Deus e alma alguns traços argumentativos e figurados inesquecíveis. Isso vale também para a maravilhosa parábola da pintura, que abre o tratado. Nicolau de Cusa fala sobre testemunhos mais recentes da arte do retrato que dão ao observador, em cada ponto do espaço, a impressão de que a imagem está olhando para ele de modo muito especial. Se pudermos acreditar no texto, o autor enviou, juntamente com o tratado, uma pintura como objeto para um exercício devocional aos frades do mosteiro de Tegernsee na Bavária.

> [...] amados irmãos [...]. Ela representa um que vê tudo, e eu a chamo uma imagem de Deus. Pendurem-na em algum lugar, digamos numa parede Norte, e então se

---

71 Juntamente com a cristologia, a profetologia, a pneumatologia e a ontosemiologia (i. e., a estética filosófica).

posicionem na frente dela em distância igual. Olhem para ela, e cada um de vocês, não importa de que lado a contemplem, verá que a imagem está olhando apenas para ele [...]. Agora, o irmão que se posicionou no Leste, pode ir para o Oeste e verá que, também aqui, o olhar da imagem está voltado para ele como antes no Leste. E sabendo que a imagem está fixa e imóvel, ele se maravilhará diante da mutação [*mutatio*] do olhar imutável [...] ele se perguntará como este olhar se moveu imóvel [*immobilius movebatur*]. E menos ainda sua imaginação conseguirá entender que o olhar se move igualmente com um outro irmão vindo da direção oposta [...]. Ele vê que o rosto imóvel se move tanto para o Leste quanto para o Oeste, tanto para o Sul quanto para o Norte, e para um lugar como para todos os lugares e também para um movimento como para todos. E ao observar que este olhar não abandona ninguém, ele percebe que ele se preocupa com cada um, como que apenas para ele, que reconhece que ele está sendo contemplado e nenhum outro; e isso de tal forma que aquele que é contemplado não consegue entender que Ele se preocupa também com um outro [*quod curam alterius agat*]. Assim ele verá também que Ele concede também à menor criatura [*minimae creaturae*] um cuidado máximo, como se fosse a maior [*quasi maximae*], e a todo o universo[72].

O notável nessa parábola é que ela nos coloca numa cena interfacial ou, melhor, numa cena interocular. Admirável é sua ousadia artística com a qual Nicolau de Cusa vence o abismo entre o motivo universalista e individualista da teologia. Como um Deus sumário e não específico poderia ser, ao mesmo tempo,

---

72 NICOLAU DE CUSA. *Die philosophisch-theologischen Schriften*. Viena, 1989, vol. III, p. 97-99. A tradução foi corrigida em alguns pontos, principalmente na última oração, que, na tradução criticada de Dupré, diz: "...que Ele concede à menor criatura a mesma preocupação zelosa como à maior e ao todo". Isso aplaina a ousada perspectividade da afirmação, pois o texto não trata do mesmo cuidado intensivo para com o grande e o pequeno, mas da intensidade de seu cuidado para o indivíduo pequeno como se ele fosse o maior: "*habet* [...] *curam minimae creaturae, quasi maximae*".

um Deus íntimo para cada indivíduo? Só se a teologia conseguir oferecer uma resposta lógica e existencialmente convincente, ela consegue fundamentar também uma religião que inspira imperialidade e intimidade. O retrato com os olhos vivos oferece uma parábola perfeita para um Deus que, mesmo que Ele veja todos de modo pantocrático, se dirige a cada um individualmente. Aqui, manifesta-se um Deus da intensidade, cujo poder está tão presente no mínimo quanto no máximo. Deus não pode amar a humanidade como um todo mais do que um ser humano individual (assim como todo o Planeta Terra não pode estar numa emergência maior do que *uma* alma, para recorrer a uma imagem de Wittgenstein[73]). A referência à presença do máximo no mínimo concede um perfil lógico mais aguçado ao pensamento familiar segundo o qual Deus caracteriza a alma individual por meio do "ser em" nela. Certamente a parábola do retrato não pode ser levada além do encontro extraespacial entre sujeito e seu observador. A imagem na parede permanece, por representar um objeto externo, numa distância insuperável em relação ao fiel. O que Nicolau pretende é simplesmente transplantar o olho de Deus para o indivíduo, num sentido duplo: como minha supervisão constante interiorizada por meio do grande Outro e como vigilância oscilante interior da minha própria inteligência. O olho de Deus, equipado com poder visual absoluto, é implantado em meu próprio olho, mas de tal modo que eu não sou cegado por sua onividência, mas permaneço capaz de ver de tal forma como me foi dado ver.

Nicolau de Cusa transfere o ensinamento da parábola do retrato – o acompanhamento constante dos meus movimentos pelos olhos na parede – para a própria alma: ela deve se imaginar incluída no campo de visão e na visão de uma força visual absoluta, que, de dentro e de fora, tudo abarca e enxerga. Com isso, ele

---

[73] WITTGENSTEIN, L. *Vermischte Bemerkungen*. Frankfurt a.M., 1994, p. 93.

alcança uma plausibilidade maravilhosa para o pensamento segundo o qual também eu e minha vida interior estamos sempre contidos no olhar de uma inteligência total que me acompanha. Não importa para onde eu leve meus pensamentos e sentimentos, posso ir para o Leste ou para o Oeste, os olhos do grande Outro dentro de mim me seguem em cada posição da minha vida de pensamento e paixão. Vendo, sou sempre um visto – em tal extensão que posso acreditar que eu seja chamado para gastar toda a força visual de Deus para mim mesmo. Essa vocação me permite sentir de modo imediato o fundamento da minha semelhança com Deus. Pois factualmente, sou dotado com uma força visual própria e vejo ao meu redor um mundo aberto. Portanto, imito a contemplação do mundo por Deus em imanência absoluta do mundo. Em termos psicológicos: o pensamento do máximo no mínimo me caracteriza como unigênito do Absoluto. Nicolau de Cusa é frio o bastante para deixar explícito que, em cada caso individual, também e sobretudo no meu, se trata de um "fazer de conta que sou filho único" – pois o Deus da intensidade, ao qual nada falta no mínimo, está consigo mesmo em qualquer outro lugar e em todos os lugares, em meu vizinho tanto quanto no universo. Seu "ser em mim" não lhe impõe a minha perspectiva, porque a sua intensidade de expansão infinita não pode ser diminuída nem mesmo pelo "não ser em mim". Mesmo assim, eu tenho um direito legítimo à minha própria visão do mundo, como se ela fosse a única – contanto que eu me conscientize do fato de que não existe uma força visual como propriedade privada; meu ver é, antes, uma filial da visão infinita de Deus: a visão de um filho único do céu. Para essa relação filial, Nicolau nos oferece uma expressão precisa, que expressa a contração da visão universal em minha própria força visual: *contractio*. Quando eu possuo olhos dotados de visão e vejo um mundo, isso só é possível por meio da contração da visão para a minha própria visão. Dietlind e Wilhelm

Dupré, por ora infelizmente os tradutores alemães mais importantes de Nicolau de Cusa, traduzem *contractio* como "entrelaçamento", o que é uma solução infeliz, mas também utilizável; infeliz, porque o importante verbo *trahere*, puxar, que designa a atividade expansiva e concentrativa de Deus juntamente com suas derivações *abstractio, contractio* etc., se perde; e útil porque a palavra "entrelaçamento" expressa, ainda melhor do que o original latino, a inserção do olho infinito no olho finito. A expressão mais correta "contração" ofereceria a vantagem de tornar inteligível a entrada do olhar absoluto no meu olhar como ato do próprio infinito, enquanto a fala do entrelaçamento destaca o fato de que todo ato visual ocorre em duas fases e apenas por meio da habitação autolimitadora do poder visual absoluto *na* minha visão finita.

> Cada entrelaçamento ocorre no Absoluto, pois o olhar absoluto é o entrelaçamento dos entrelaçamentos [*contractio contractionum*] [...]. O entrelaçamento mais simples coincide com o Absoluto. Pois sem o olhar absoluto não pode existir um olhar entrelaçado [...]. Assim, a visão absoluta está em cada olhar, pois por meio dela [*per ipsam*] é toda visão entrelaçada e de forma alguma pode ser sem ela[74].

Deus, o vidente infinito ou a visão máxima, se contrai em mim, num mínimo, e é e age nesse sentido específico *em mim*. Portanto, a habitação de Deus em mim não pode ser pensada como a de Jerônimo na casa ou do gênio na garrafa; sua lógica é semelhante a uma transferência de ofício ou investidura, na qual os poderes oficiais são transferidos pelo senhor ao portador do ofício. A essência desse ensinamento consiste no fato de que meu "ser eu" assume um caráter oficial e minha subjetividade é concebida e autorizada como função de planejamento na economia de Deus. A extensão não extensa de Deus determina, portanto, em

---

74 NICOLAU DE CUSA. *Die philosophisch-theologischen Schriften*. Op. cit., p. 101.

cada aspecto, o sentido de imanência ou de "ser em". Meu "estar contido" na circunferência de Deus pode ser imaginado como um ponto numa esfera que abarca tudo, sendo que o ponto reflete e contém, ao seu modo, a esfera.

Em relação ao ser humano, Deus funciona, portanto, como doador de poder visual – ou, em termos mais gerais, como doador de subjetividade. Nessas relações, a figura fundamental da Modernidade: a substituição do Deus que causa tudo pelo capital que tudo revira, tem o seu último fundamento.

As reflexões de Nicolau de Cusa nos mostram como os espíritos mais ativos do início da Modernidade se abriram para o pensamento sério e aventureiro de que o sujeito, ao se envolver com conhecimento e ação, trabalha com o crédito do Absoluto. Assim se inicia a mudança de sentido de culpa para dívidas. Tocamos aqui no processo formativo da história da mentalidade europeia mais recente – o nascimento da subjetividade empreendedora do espírito da obrigação mística da retribuição[75].

Nicolau de Cusa articula o "ser em" não só como ótico (mais precisamente como teo-ótico), mas também como erótico (mais precisamente como teo-erótico). Isso se mostra na continuação de seu tratado sobre a *visio Dei*, na qual, como se ela fosse um adendo às *Confissões*, o espírito e estilo de Agostinho estão presentes em cada página. Se a ótica metafísica fala do olhar entrelaçado, o erotismo teológico fala do amar entrelaçado. Se, no olhar entrelaçado, eu sou um olho filial de Deus, eu sou um relé do amor divino no amar entrelaçado. Este também se contrai num raio que me penetra, inunda e privilegia, como se esse amor fosse uma fonte em que cada jato individual se expressa com a mesma intensidade do seu transbordar total. Em expressões incisivas, Nicolau amplia o pensamento de

---

[75] Para a modernização de culpa/dívida, cf. SLOTERDIJK, P. *Sphären II*. Frankfurt a.M., 1999, cap. 8: "Die letzte Kugel – Zu einer philosophischen Theorie der terrestrischen Globalisierung".

que eu consigo ver porque a visão absoluta vê em mim e por meio de mim, desenvolvendo a ideia de que eu existo e me deleito como ser que ama, porque eu sou um recipiente e canal da atenção e dos derramamentos divinos no mundo.

> E o que, Senhor, é minha vida senão aquele abraço [*amplexos*], no qual a doce alegria do teu amor me cerca amorosamente? [...] Teu olhar nada mais é do que avivamento; nada mais é do que permitir que teu doce amor flua constantemente para dentro de mim, e, por meio desse influxo do amor, se incendeie o amor por ti e, por meio desse incêndio, nutri-lo; por meio desse nutrir incendiar o meu anseio, e me regar com o orvalho da alegria para fazer fluir a fonte da vida e aumentar e eternizá-la[76].

A passagem pode ser lida como uma poesia argumentativa no espírito da relação forte; ela articula, com imagens de uma comunhão no fluído, a situação existencial da participação num ciclo transbordante; estamos lidando com uma peça de literatura sanguínea no sentido literal da palavra – formulada a partir da intuição na realidade do sangue doado na primeira comunhão. "Ser em" significa agora: abraçar-se, inundar, nutrir e alegrar-se por meio do sangue divino, e louvar e contemplar com gratidão esse abraço-inundação-nutrição-alegria como cena primordial do "devir si mesmo". Poderíamos dizer: faz parte da "consciência do em" a percepção de que estou cercado, carregado e penetrado por um poder que flui em minha direção. Tal concepção do "ser em" permanece integrada numa postura fundamental religiosa e feudal enquanto o sujeito se inserir nessa penetração sem amenizar reações escandalosas ou claustrofóbicas. O satanismo do nojo e sua moeda pequena, o mal-estar, minariam aqui a compreensão do próprio objeto. De fato, o sujeito se vê na posição de revolta quando deixa de se compreender apenas como arrendatário de

---

76 NICOLAU DE CUSA. *Die philosophisch-theologischen Schriften*. Op. cit., p. 107.

um feudo do ser: rebelde se torna aquele que apela a um capital próprio e se recusa a entender sua atividade como trabalho com o crédito do Absoluto.

Mas será que as pessoas, do ponto de vista católico, já não tendem sempre em direção a certo poder próprio e se sentem incomodados pela obrigação de agradecer por tudo? A Modernidade não se fundamenta no axioma de que aquele que começa consigo mesmo se livrou uma vez por todas do fardo da obrigação à gratidão? E como poderíamos pensar uma antropologia de não revolta, visto que a raça de Adão *toto genere* existe sob o signo de satanás e compartilha de sua ingratidão inicial? Não é o ser humano, em termos cristãos, desde sempre o ser que busca guardar um pouco para si mesmo? Pode existir um ser humano na não revolta? A resposta a isso, contanto que seja afirmativa, se articula no pensamento cristão do serviço. Este diz: O retorno para o Uno e o poder servir convergem. Em sua análise da pergunta sobre como o poder próprio humano pode ser colocado *no* e sob o poder divino, Nicolau de Cusa avançou até uma política ou doutrina mística do entrelaçamento de poder. Ela confere ao "ser em" ou à imanência incondicional o sentido de capacitação ao poder pontual por meio do próprio poder infinito. Em expressões de clareza surreal, conversam, no primeiro livro do diálogo *Über das Kugelspiel* [*De ludo globi*] (1462), o cardeal erudito e o Duque João da Baviária sobre um jogo inventado por Nicolau, cujo objetivo é levar uma esfera não redonda até o centro de um alvo pintado no chão. Nisso, os dois falam sobre o reinado geral do ser humano.

> *Cardeal*: O ser humano é de tal modo o mundo pequeno que ele é também parte do grande...
>
> *João*: Se eu entendo corretamente, o ser humano é, tanto quanto o todo, que é um reino [*regnum*] grande, um reino, mas um pequeno no grande, assim como o é a Boêmia no romano, o império abrangente.
>
> *Cardeal*: Muito bom. O ser humano é um reino semelhante ao reino total, fundamentado numa parte do

todo. Quando ainda é um feto no ventre materno, ele ainda não é um reino próprio [*regnum proprium*]. Mas quando a alma espiritual é criada e inserida nele, ele se torna um reino com seu próprio rei e é chamado homem. Mas quando a alma o deixa, deixam de ser a existência humana e o reino. O corpo, porém, da mesma forma como, antes da chegada da alma espiritual, pertencia ao reino geral do mundo grande, retorna para este. Pois assim como a Boêmia pertencia ao império antes de ter um rei próprio, ela permanecerá assim quando o rei deixará de ser. – Portanto, o ser humano é súdito imediato [*immediate... subest*] de seu próprio rei que nele reina, num sentido mediado [*mediate*], porém, ao reino do mundo. Enquanto não possuir um reino ou deixar de existir, ele é subordinado de modo imediato ao reino do mundo. Por isso, a natureza ou a alma do mundo exerce no feto a força vivificadora, como o faz também em todo o resto que possui vida vegetativa [*vitam vegetativam*]. Ela continua esse efeito também em alguns mortos, cujos cabelos e unhas crescem[77].

Também o mundo do poder, como exercício de faculdade dominadora e produtora, é constituída pelo entrelaçamento ou pertença. Cada ser humano dotado de espírito é rei por meio da contração do imperador (Deus) num território de poder individual. Como ser humano entre iguais cada indivíduo é reino imediato e possui poder em seu pequeno mundo em virtude de sua relação de feudo e crédito com o supremo doador de poder. No modo da contração ou do entrelaçamento o máximo imperial (divino) está presente no mínimo real (humano). Mas se o mínimo já é um reino, cada indivíduo, como senhor em seu próprio reino, só pode fazer parte num colégio de reis – ou numa assembleia de estamentos livres. Essa é a forma primordial de uma *democrazia cristiana*. Com argumentos cintilantes o cardeal fiel ao papa prepara o solo para o igualitarismo dos cidadãos-reis; demorará nem

---

[77] "Dialogus de ludo globi – Liber primus". In: NICOLAU DE CUSA. *Die philosophischtheologischen Schriften*. Op. cit., vol. III, p. 263.

um século sequer até os indivíduos burgueses e leigos entenderem como se reivindica a soberania terrena como mínimo real sob o máximo divino. De Nicolau de Cusa até Rousseau, avança passo a passo aquele pensamento que encontra no serviço competente e na existência ativa como súdito o fundamento para que o ser humano possa ser senhor e legislador em seu respectivo domínio.

Nicolau de Cusa conferiu ao pensamento primeiramente sua figura de precisão; Inácio de Loyola possuiu o *ingenium* de implantá-lo politicamente e de propagá-lo psicotecnicamente: o serviço é o caminho áureo para o poder; submissão ativa e poder próprio são a mesma coisa; se você quiser reinar, precisa servir. Servir significa desdobrar-se energicamente sob um senhor como se não houvesse senhores. Essa é a primeira filosofia do sujeito. A Baixa Idade Média e a Modernidade se unem na ideia de que todos os tipos de exercício de poder são serviços de súdito num império divino homogêneo, igualmente intenso em todos os lugares; portanto, cada sujeito pode se desdobrar *sui generis* em seu lugar no mundo como mínimo de poder de um reino imediato. Cada mínimo é ministro, cada subjetividade competente é funcionária pública no Absoluto. Assim se abre o caminho para que empreendedores, servidores do Estado, pequenos burgueses e artistas – como até agora apenas os estamentos espirituais e os príncipes – possam se entender como funcionários de Deus; é um caminho que levará à Reforma, ao democratismo e à liberdade empreendedora. Na democracia, porém, os indivíduos reclamarão para si seu direito e sua obrigação ao poder não mais como servos de Deus, mas como detentores de direitos humanos; agora, o ser humano se apresenta como animal dotado de direitos pela natureza. A ideia dos direitos humanos só pode ser compreendida explicitamente pelo homem moderno após ele se retirar do mundo de Deus e se mudar para o reino da natureza, ao qual, segundo Nicolau, o homem está subordinado de forma imediata apenas como embrião. Reconhecemos no argumento do embrião de Nicolau claramente onde os caminhos da Modernidade se separam dos caminhos da Idade Média: para os modernos, contanto que pensem até o fim, a estadia do embrião ou do feto no ventre materno pertence à matriz de animação arcaica, mas Nicolau ensina que, ali, a criança possui apenas um estado vegetativo e ainda não é um membro no reino das almas-espíritos. O "ser na mãe" fetal seria, portanto, um prelúdio passivo à vida animada por um espírito – e apenas após a concessão de espírito, ou seja, após o batismo, o indivíduo estaria não mais só na natureza, mas também no Reino de Deus. *Mutatis mutandis* Hegel ainda ensinou essencialmente o mesmo.

Na transição da interpretação microesférica para a macroesférica do sentido do "ser em", algumas observações sobre a teologia da Trindade são imprescindíveis. Pois, segundo sua estrutura lógica e extensão de sentido, esta pertence às duas dimensões: à microesferologia por articular uma relação íntima de três entidades – Pai, Filho, Espírito Santo; à macroesferologia por reconhecer nas "pessoas" dessa tríade os agentes de um teodrama que abrange e penetra o mundo. Portanto, os discursos trinitários tratam ao mesmo tempo da menor bolha e da maior esfera, do espaço interno mais denso e do mais amplo. Mostraremos em alusões por que a teologia da Trindade só pôde avançar desde o início como teoria da relação forte e, *eo ipso*, como teoria de uma esfera viva.

Num estágio inicial desse processo, os Padres Gregos, principalmente a partir dos capadócios, inventaram uma nova forma da meditação sobre a interpersonalidade surreal. A princípio, seu sentido era interpretar as afirmações neotestamentárias e, sobretudo, joaninas sobre a relação singular entre Jesus e Deus no espírito da ontoteologia grega. Essa tarefa equivalia à quadratura do círculo – pois a terminologia grega não estava preparada para formular comunhões igualitárias de vários numa mesma substância.

Mas nesse ponto, o cristianismo primitivo, que havia começado a se consolidar missionária e teologicamente, não podia recuar um passo sequer: Quando Jesus dizia: "Quem me viu, viu o Pai" (14,9) e "Crede em mim: eu estou no Pai e o Pai em mim" (14,11) e também: "o Espírito Santo que o Pai enviará em meu nome, ele vos ensinará tudo" (14,26) – isso era a proclamação de um programa que, para os teólogos gregos e seus herdeiros, se transformou numa tarefa intelectual tão inevitável quanto explosiva. Ela continha o desafio de pensar, no nível do Uno, relações fortes entre três. Que isso seria possível sem uma queda no triteísmo podia até ser plausível para as mentes simples e ortodoxas da Antiguidade tardia, bastasse que alguém lhes dissesse incansavelmente com a autoridade necessária que um é três e três é um. Os teólogos, porém, que enfrentavam os filósofos pagãos avançados na arena da teoria para defender a honra intelectual de sua religião, perceberam que aqui a sua ortodoxia corria o perigo de cair num abismo capaz de engolir a compreensão de certo e errado. Na interseção entre jogos linguísticos gregos e neotestamentários, formou-se um dos mais poderosos turbilhões discursivos da cultura da antiga Europa, ocasionado pelo discurso bíblico relacional, que convidava a ontologia grega da essência para a dança. Curiosamente, os patriarcas eruditos do mundo romano oriental assumiram o papel de professores de dança. A revolução rítmica precisou nada menos de um milênio para se desdobrar num conceito lúcido e amadurecido; ela se estende desde os teólogos da Capadócia até Tomás de Aquino, no qual, por meio da doutrina das "relações subsistentes", o impensável (aparentemente) se tornara pensável. Em ousadias bem-calculadas, a especulação trinitária se aventurou no campo da lógica relacional – como se sua missão tivesse sido desmascarar um Deus, que, filosoficamente, só podia ser imaginado como um reator de luz e eternidade pétrea, como abismo da amabilidade e imitá-lo como ícone verdadeiro da relação amorosa. Portanto, Adolf von Harnack não estava completamente certo quando disse que a teologia cristã significou a helenização gradativa do Evangelho. Ela era, ao mesmo tempo, a intersubjetivação do helenismo inspirada pelo judaísmo. Como vários podem coexistir inseparavelmente em um: essa pergunta fundamental da teoria das esferas da vida preocupa os primeiros teólogos não tanto em sua dimensão numérica e quantitativa do problema, mas, sobretudo, sob o ponto de vista de como pensar a divisão espacial dos três em um. Aqui, a teologia, a partir de si mesma, se vê coagida a se explicar topologicamente. Essa primeira abordagem à esfera intradivina apresenta, a princípio, tons da filosofia natural, mesmo que se trate da inter-habitação de grandezas espirituais. Vemos isso com a maior clareza na famosa parábola das lâmpadas no tratado *Sobre os nomes divinos*, do filósofo-monge sírio Pseudo-Dionísio Areopagita do final do século V. Suas explicações são reveladoras para o ponto de partida do desenvolvimento posterior, pois elas interpretam o "poder estar juntos" das três pessoas divinas ainda no contexto da discussão neoplatônica sobre como o muito pode estar arraigado e integrado no um. Já o neoplatonismo tinha reconhecido um *pathos* do "ser diferente" do diferente no um, e a fala sobre a "fundamentação recíproca dos princípios pessoais da Trindade" lucraria com isso.

> Do mesmo modo – se me é permitido usar aqui imagens sensíveis e familiares – as luzes de várias lâmpadas reunidas num quarto, mesmo que se fundam completamente, preservam de modo totalmente puro e totalmente não misturado suas próprias peculiaridades em si mesmas, unidas em sua diferença, diferentes em sua unidade. Constatamos que, mesmo que várias lâmpadas estejam juntas num único quarto, todas as suas luzes se unem a fim de formar uma única luz, que brilha com um brilho único indistinto, e parece-me que ninguém conseguiria distinguir no ar a luz que provém de uma lâmpada específica das luzes das outras, tampouco quanto poderia ver esta luz sem ver também as

luzes das outras, pois todas se misturam com todas, sem perder sua individualidade. Se retiraram uma das lâmpadas do aposento, sua luz desaparece completamente, sem, porém, levar algo das outras luzes e sem deixar para elas algo da sua. De fato, sua união recíproca era uma união total e perfeita, mas sem suprimir sua individualidade e sem produzir um traço de confusão. [...] Na teologia da essência sobre-essencial a diferenciação existe, como eu disse, não só no fato de que cada uma das pessoas [...] se encontra na unidade sem se fundir com as outras e sem mistura, mas também no fato de que os atributos que fazem parte da concepção sobre-essencial no ventre da divindade, de forma alguma são intercambiáveis entre si. Na divindade sobre-essencial, apenas o Pai é fonte, e o Filho não é Pai, o Pai não é Filho; a cada uma das pessoas divinas cabe o privilégio inviolável de seus próprios louvores[78].

As imagens de Pseudo-Dionísio oferecem evidentemente uma versão intimista da parábola platônica do sol. De modo estranhamente comovente, o sol de Platão, como que dividido num lustre de três braços, parece, *en miniature*, ser retirado aqui do mundo aberto e devolvido ao interior da casa. Visto que o sol – desde Aquenáton a Platão, símbolo heroico da monarquia principesca – não serve como imagem para uma comunhão interna, sim, nem mesmo para uma divisão de poderes no Absoluto, o teólogo místico precisou recorrer à parábola das lâmpadas, que compartilha com o modelo do sol pelo menos o fato de representar a força central da luz – e assim demarca a função original, mas também é capaz de tornar plausível a transição para o pensamento da diferenciação trinitária. Evidentemente, o grupo de lâmpadas oferece apenas uma parábola precária para a comunicação intradivina, pois, apesar de ilustrar como devemos imaginar a interpenetração da luz com outra luz do mesmo tipo, ela nada contribui para a

---

78 PSEUDO-DIONÍSIO. *Über die göttlichen Namen*, II,4,5. Kempten/Munique, 1968.

compreensão dos efeitos recíprocos entre as luzes parceiras. O "poder ser uns nos outros" é pensado ainda na linha das filosofias estoicas sobre as misturas de corpos, não em conceitos interpessoais – o que se mostra também nas parábolas de proximidade e mistura dos padres gregos e latinos: o "ser em" das pessoas divinas umas nas outras – e a união das naturezas divina e humana em Cristo – é inevitavelmente descrito como mistura de vinho e água ou com a propagação de cheiro e som no ar; onipresente é a imagem do ferro ardente, imaginada como interpenetração da substância do metal e da substância do fogo. Tudo isso pretende expressar o entrelaçamento não hierárquico de substâncias no mesmo espaço – o que pode ser interpretado como aproximação primitiva da especulação teológica ao problema da formação de espaço no recipiente autógeno da esfera íntima. As imagens de mistura fisiológica encontram seu encerramento natural nas parábolas da luz em luz, com o qual a transição para concepções metafísicas mais sutis de espírito e espaço se dá naturalmente. Essas figuras concretas não podiam ser mais do que exercícios preparatórios para uma aproximação à dimensão interpessoal da relação forte. O lustre de três braços brilha não só para fora, mas implica também uma vida interior das diferentes luzes. Isso se revela no texto sobretudo nas afirmações negativas de que o Pai não é o Filho e de que o Filho não é o Pai. Por meio desse não em Deus, o cinza ardente da unidade primordial é enriquecido de vida ou diferença pessoal. Os três (resp. seis) nãos na Trindade (o Pai não é Filho e Espírito; o Filho não é Espírito e Pai; o Espírito não é Pai e Filho) acendem o fogo relacional no espaço de Deus. Toda determinação é negação, diria Spinoza; toda negação é relação, diziam já os antigos teólogos.

A tarefa é então pensar uma diferença que não resulte em separação, ou seja, numa exteriorização recíproca. Pois se existe algo que é ainda mais veemente nos antigos teólogos do que o *pathos* da não mistura ou não fusão entre as pessoas divinas, esse algo é o *pathos* da ligação *a priori* entre eles. Mas como devemos pensar unidade se o modelo tripessoal mobiliza um máximo de forças centrífugas em seu interior? Pressupõe-se, a fim de solucionar esse problema, em Deus um evento de expressão ou derramamento, no qual ocorrem diferenças reais, mas sem que isso resultasse em fugas abertas ou sobreposições. Uma lacuna notável seria indício de que a exterioridade que separa tivesse prevalecido sobre o contínuo do pertencer. Já os Padres Gregos conseguiram vencer esse embaraço, quando atribuíram ao Pai dos gestos de "sair de si mesmo", que estabelecem a diferença sem ameaçar a continuidade: trata-se de gerar e soprar. O terceiro ato de expressão de Deus, o fazer, não é levado em consideração aqui, pois não leva a grandezas codivinas, mas a criaturas subdivinas, ou seja, ao mundo sensual e seus habitantes. Gerar e soprar são vistos como produções, cujo produto permanece imanente ao produtor – uma relação para a qual a astúcia teológica canonizou no século quarto a admirável expressão "processão" [*ekporeusis,* em grego; e *processio*, em latim]. O "próprio" Deus se processa para fora de si mesmo e para o Filho e Espírito, mas sem sair nestes de seu interior comum; não existe aqui ainda uma dialética que se estende sobre a alienação, mas apenas o deleite compartilhado por todos de uma plenitude comum. Os comungantes intradivinos não sofrem um impulso para esvaziamentos angustiados e sofrimentos de reapropriação – estes entram em jogo apenas na dimensão da história da salvação, onde o Filho é obrigado a compartilhar a agonia do mundo até o fim[79]. Gerar e soprar são, portanto, atos de expressão sem resultado separável: O gerador permanece com o gerado, o Filho, dentro de si, e o mesmo vale para os que sopram,

---

79 "Cristo padece em agonia até o fim do mundo" (PASCAL, B. *Pensées*. 2. ed. Paris, 1975, p. 919).

Pai *e* Filho; o soprado é o Espírito, e mesmo que a origem saia de si mesma em certo sentido, ela não passa a ser exterior a si mesma. O espaço interior de Deus se produz a si mesmo como uma oficina relacional ou como um apartamento no qual cada um é o aposento do outro. As reivindicações espaciais intradivinas transformam a esfera de luz platônica em uma esfera comunal. Seus "habitantes" se veem na situação lógica e topologicamente incomum de que seu "ser nos outros" permite uma igualdade de extensão sem concorrência espacial e uma divisão de funções sem concorrência de primazia – mesmo que o furor primordial patricêntrico dos discursos trinitários mais antigos, especialmente os bizantinos, costuma encobrir esse traço. É justamente essa separação sem ruptura que foi pré-refletida pelas imagens de entrelaçamento e mistura da antiga filosofia natural. Mas Trindade se refere a mais do que uma simples emulsão de três líquidos diferentes: ela expressa nada menos do que uma vida amorosa *a priori* e uma interinteligência primordial superior ao mundo. O interior da esfera viva corresponde à fórmula: três vezes um é igual a três vezes tudo.

Na doutrina da *Uni-Trinitas,* a ideia da relação forte se articulou pela primeira vez de modo logicamente coerente e, desde o início, se manifestou em radicalidade insuperável. Agora, a ideia de um interior absoluto estava estabelecida: Por meio dela o espaço físico é contido no espaço relacional – o surrealismo do "ser nos outros" de pessoas encontrou seu modelo clássico. Nesse espaço, as pessoas não estão mais próximas umas das outras como lâmpadas no quarto de Pseudo-Dionísio; ao formarem uma república primordial, elas constroem uma espacialidade puramente relacional e formam uma esfera de amor em volta de si mesmas. Aqui vale: primeiro o mundo interior do amor, depois a física; primeiro os três unos, depois sua economia histórica. Apenas nessa sequência a relação entre o trio absoluto e seu mundo exterior pode ser compreendida. É por isso que os teólogos insistem tanto em pensar o "ser nos outros" dos três unos sem qualquer entre que os separe.

O monge erudito João Damasceno (c. 650-750) estabeleceu alguns acentos decisivos para a doutrina da relação de Deus em sua *Exposição precisa da fé ortodoxa* – desde o final do século XII um texto de referência dos escolásticos latinos. Nela, ele defendeu a simultaneidade absoluta das hipóstases: "No que diz respeito à geração do Filho, é profano falar de um tempo intermediário e dizer que o Filho foi criado após o Pai"[80].

Cada intervalo de tempo seria um indício da vitória do exterior sobre o "ser consigo mesmo no interior" das pessoas divinas. Ao mesmo tempo, o "ser nos outros" radicalmente relacional das pessoas divinas cria a possibilidade de afastar o paradoxo numérico escandaloso do Uno que é três: "Pois quando penso em uma das pessoas [*hypostasis*], eu sei que ela é Deus perfeito, entidade [*ousia*] perfeita. Mas se eu fizer a adição dos três, eu sei que elas são um Deus perfeito. Pois a divindade não é composta, mas em três perfeitos um indiviso..."[81] Esse argumento, usado já pelos Padres Capadócios no século IV, permanece até o tempo de Nicolau de Cusa que o retoma em seu escrito sobre a *douta ignorância* na fórmula *maximum est unum*. Tudo indica que o argumento de perfeição teria sido a forma primordial de uma ponte ingênua entre a teologia e a matemáticas de grandezas infinitas: pois três vezes um certamente não é igual a um, mas três; nesse sentido, o Dogma da Trindade seria matematicamente absurdo; três vezes o infinito é igual a infinito; isso torna o dogma matematicamente

---

80 JOÃO DAMASCENO. *Genaue Darlegung des orthodoxen Glaubens* [*Expositio fidei – De fide orthodoxa*]. Munique/Kempten, 1923, p. 15 [Bibliothek der Kirchenväter, vol. 44].

81 Cf. MENNE, A. Mengenlehre und Trinität. *Münchener Theologische Zeitschrift* 8, 1957, p. 180ss.

sensato[82]. O infinito é imaginado na figura da esfera que tudo abrange, na qual uma exterioridade simplesmente não pode ocorrer. Esse modelo garante agora ao mesmo tempo a intimidade absoluta e a imanência recíproca das pessoas divinas. Em sua carta ao seu irmão Gregório de Nissa, Basílio de Cesareia (329-379) expressou de forma clássica a recusa das diferenças externas para a esfera interior divina:

> E no mesmo pensamento no qual compreendemos a glória de cada uma das três pessoas [...] devemos seguir sem avançar [...] de modo que a passagem do Pai para o Filho e o Espírito Santo não percorre nenhum intervalo vazio, pois nada existe que poderia ser inserido entre eles; além da natureza divina, não existe coisa subsistente que pudesse separá-las por meio de uma intercalação de um corpo estranho, tampouco existe o vazio do espaço sem essência, que pudesse dividir a harmonia da entidade divina e romper seu vínculo por meio da inserção do vazio...[83]

Não deve surpreender que a coerência interna dos três unos só podia ser pensada com recurso a modelos explícitos ou implícitos de círculos e esferas. Gregório de Nissa sabe que é impossível pensar a ausência de lacunas nas relações intradivinas sem o conceito de rotação:

> Você vê o movimento circular da glorificação recíproca dos iguais? O Filho é glorificado pelo Espírito; o Espírito é glorificado pelo Filho. Por sua vez, o Filho recebe a glorificação por meio do Pai, e a glorificação do Espírito é o Unigênito[84].

Com argumentos desse tipo, os antigos teólogos antigos conseguiram fazer algo que nem mesmo os sociólogos modernos, por mais que tentassem, conseguiram fazer: eles desenvolvem um

---

82 Ibid., p. 35.

83 Ep. 38, escrita por volta de 370 (in: VORGRIMLER, H. *Texte zur Theologie, Gotteslehre*. Vol. I. Graz/Viena/Colônia, 1989, p. 113-114).

84 *Adv. maced.* GNO, III/,109 (apud GRESHAKE, G. *Der dreieinige Gott – Eine trinitarische Theologie*. Freiburg i.Br., 1997, p. 186).

conceito de espaço-pessoa completamente desfisicalizado. Com ele, o sentido de "em" é liberto de todo tipo de pensamento de recipiente[85]. Se Pai, Filho e Espírito ainda pudessem ser localizados em algum lugar, então apenas no abrigo que eles oferecem uns aos outros. O surrealismo topológico da religião entra assim em sua fase erudita. Para a coexistência não espacial das pessoas divinas, João Damasceno usou a palavra *perichoresis* de forma nova – que, no grego mais antigo, significava algo como "dançar em torno de algo" ou "ser lançado em círculo"[86]. Ao elevar essa antiga palavra de movimento a uma posição conceitual – segundo a qual ela passa a significar algo como entrelaçamento, interpenetração – o damasceno cria um dos conceitos mais espirituosos da história ocidental das ideias. Na palavra há algo que só pode ser pensado com dificuldade ou algo impensado – o que se revela no fato de que também teólogos (sem falar dos filósofos) não costumam conhecer a expressão e, caso a conheçam, costumam entendê-la insuficientemente. Não pensa errado aquele que imagina a pericorese como o "ser nos outros" de entidades inseparavelmente vinculadas, mas ainda está muito distante de compreender o essencial. A expressão curiosa significa nada menos do que o pensamento exigente de que as pessoas não podem ser localizadas em espaços externos emprestados da física, mas que elas geram o lugar em que se encontram por meio de sua relação umas com as outras. Por meio desse acolhimento recíproco, os se-

---

85 Em *Das seltsame Problem der Weltgesellschaft – Eine Neubrandenburger Vorlesung* (Opladen, 1997), Peter Fuchs oferece uma introdução brilhante à teoria de sistema sociológica – destacando o caráter não espacial de "sociedade", de modo que ele passa a impressão de que estaria tentando uma aproximação a uma sociologia "pericorética", i. e., a uma teoria da sociedade sem recurso a imagens de recipientes espaciais.

86 Cf. o fragmento 38 de Anaxágoras: "Justamente esse movimento de turbilhão *(perichoresis)* fez com que elas (as qualidades mistas) se separassem. E do fino o denso é separado; e do frio, o quente; e do claro, o escuro; e do húmido, o seco" (in: MANSFELD, J. (org.). *Die Vorsokratiker*. Stuttgart, 1987, p. 525).

res divinos relacionais, as hipóstases ou pessoas, abrem o espaço que habitam em conjunto e no qual se trazem à vida, se penetram e reconhecem. O privilégio de Deus consistiria então nisto: estar num lugar que é criado apenas pelas relações dos habitantes com os coabitantes nele mesmo. Para o pensamento espacial trivial isso é tão difícil de imaginar que precisaríamos ser uma pessoa tão envolvida em histórias de amor – mas de forma alguma um sujeito moderno – para ter uma noção do possível significado disso.

> Elas [as pessoas, hipóstases] estão unidas sem mistura e distintas sem separação, o que aparenta ser incrível.
> [...] elas têm o "ser um nos outros" [*perichoresis*] sem qualquer fusão ou mistura[87].

Diante desse tipo de coabitação no Absoluto, perguntamo-nos onde ela se instala e como ela divide as tarefas domésticas. João Damasceno possui a resposta também a essa pergunta. No capítulo XIII da *Expositio fidei* ele escreve sob o título "Sobre o lugar de Deus...":

> O lugar [físico] é corporal, limite do envolto, contanto que o envolto seja envolvido. O ar, por exemplo, envolve, mas o corpo é envolto. Não totalmente, porém, o ar envolvedor é lugar do corpo envolto, mas o fim do ar envolvedor, que toca o corpo envolto. Em todo caso, porém, o envolvedor não está no envolto.
> Existe, porém, também um lugar espiritual, onde a natureza espiritual não corporal é pensada e é, onde ela está presente e age, onde ela é envolta não física, mas espiritualmente. Pois ela não possui forma para poder ser envolta fisicamente. Por isso, Deus [...] não está em um lugar. Ele mesmo é seu lugar, visto que preenche tudo e está acima de tudo e mantém tudo unido. Mas dizemos também, que Ele está num lugar. Lugar de Deus chama-se o lugar onde a sua eficácia se revela [...] Por isso, o céu é seu trono [...] Mas também a Igreja é chamada lugar de Deus. Pois esta separamos para o louvor de Deus [...]. Igualmente são chamados lugares

---

87 JOÃO DAMASCENO. *Expositio fidei*, p. 14, 25.

de Deus os lugares em que sua eficácia se revela a nós, seja na carne, seja sem corpo[88].

Portanto: lugares de Deus – em termos não teológicos, lugares da cossubjetividade ou da coexistência ou da solidariedade – são algo que não existe simplesmente no espaço externo. Eles são criados apenas como lugares de ação de pessoas que convivem *a priori* ou em *relação forte*. A resposta à pergunta: "Onde?" é: uns nos outros. A pericorese faz com que o local das pessoas seja completamente a própria relação. As pessoas contidas umas nas outras no que têm em comum se localizam elas mesmas, de tal modo que elas se irradiam, penetram e envolvem mutuamente, sem que a clareza de sua distinção sofra com isso. Em certo sentido, elas são ar umas para as outras – ar, no qual elas estão umas para as outras; cada uma respira o que as outras são – a conspiração perfeita; cada uma irrompe de si mesma para dentro das outras – a protuberância perfeita. Elas doam reciprocamente umas às outras a vizinhança – o perfeito envolvimento. Assim, o Deus cristão – juntamente como o cosmo platônico – seria o único ser que possui uma extensão, mas não possui um ambiente, pois Ele mesmo se dá o espaço no qual cultiva o seu ser relacional. Esse Deus não seria sem mundo, mas sem ambiente. Alguém que começasse a existir como esse Deus, não precisaria começar com o "ser no mundo"; pois relações puras já seriam um mundo antes do mundo. Jamais ocorrências externas seriam os primeiros dados, sim, também o mundo como um todo não existiria anteriormente como cumplicidade entre os primordialmente unidos; nenhuma coisa poderia ser dada individualmente por si mesma; cada dádiva já seria um acréscimo à relação. A própria existência da totalidade dada do "mundo" é, ela mesma, uma consequência da dádiva primordial do "pertencer uns nos outros". Os teólogos chamaram

---

88 Ibid., p. 36s.

isso, em vista da terceira pessoa, que funciona *a priori* como *copula* ou espírito da comunhão, o *donum dei*. O presente que doa a relação se chama – para recorrer a uma expressão moderna: imanência. Vive de forma imanente aquele que sabe permanecer persistente [*manens*] no interior [*in*], que é criado pela relação forte. Mas essa habitação e permanência umas nas outras seria interpretada erradamente se fosse compreendida apenas como estado imóvel – como sugere a tradução latina posterior de *perichoresis* como *circuminsessio*, ou seja, como "sentar em" mútuo. A versão latina mais antiga dessa expressão artificial, *circumincessio*, destaca o caráter dinâmico das relações interpessoais e já foi igualada a uma penetração ou invasão mútua[89]. Com um realismo psicológico maior – se é que a psicologia pode ser aplicada a pessoas divinas – essa palavra destaca o sentido invasivo dos influxos nas outras.

A qualidade de viver com ou viver umas nas outras no sentido forte ou *a priori* não pertence apenas as pessoas intradivinas, mas se manifesta em certo sentido também nas associações pessoais humanas. Famílias e povos em suas reproduções históricas geram e abrem o lugar em que seus parentes podem aprender a ser si mesmos, diferenciando-se de seus antepassados e descendentes. Por isso, é significativo que a geração do Filho a partir do Pai represente o ponto sensível do jogo intradivino. Pois o que seria a teologia da Trindade senão a forma mais sublime de uma teoria geracional? O vitorino Ricardo – considerado um dos pensadores mais sutis do século XII – postulou isso de modo analogicamente explícito.

> Pois uma pessoa [humana] procede de outra pessoa, em alguns casos apenas de modo imediato, em alguns casos apenas de modo indireto e, em outros casos, de modo concomitantemente imediato e indireto. Jacó, como também Isaque, procedeu da substância de

---

[89] Cf. CIRILO DE ALEXANDRIA. *In Johannis*, 1,5 [Migne PG, 73, 81]. Apud: *Theological Encyclopedia*, C, p. 880.

Abraão; mas num dos casos, isso ocorreu apenas de modo imediato, no outro, apenas de modo indireto. Pois apenas pela mediação de Isaque é que Jacó procedeu de Abraão [...]. Consequentemente, o procedimento das pessoas na natureza humana ocorre em três modos claramente distintos. – E mesmo que essa natureza pareça muito distante da natureza singular e excelente de Deus, existe alguma semelhança[90].

O convívio entre os mais jovens e os mais velhos causa a regeneração constante do lugar no qual o "ser um nos outros" e o "preceder um dos outros" é exercitado. Visto, porém, que tribos e povos podem ser destruídos por magia e peste política traumatizante – de tal modo que ainda descendentes distantes podem fracassar diante dos males dos ancestrais – o controle do procedimento do pai para o filho por meio do espírito é, ao mesmo tempo, uma teoria crítica imprescindível do processo geracional. O espírito, i. e., o conhecimento doador de vida e o amor mútuo entre o mais velho e o mais jovem, é a norma de transferências espirituais de uma geração para a próxima. Do ponto de vista dos teólogos, o espírito não pode ser identificado simplesmente como neto do pai, pois, nesse caso, o filho passaria a ocupar a posição de pai, e o neto, como filho de segundo grau, ficaria de costas para o avô. Entrariam em vista também bisnetos etc., o que tornaria a tríade permeável e se dissolveria em gerações lineares continuadas. Na Trindade, o Espírito completa a ligação entre Pai e Filho – e seu ser soprado pelo Pai *e* Filho sela o encerramento completo das processões internas. É impossível ocorrer na imanência uma transferência para o quarto[91]. O número quatro seria

---

90 RICARDO DE SÃO VITOR. *De trinitate*, V, 6.
91 Cf. RICARDO DE SÃO VITOR. *De trinitate*. Paris, 1959 [Sources Chrétiennes, 63, V, 15 e 20, p. 342 e 351ss.]: *"Quarta in trinitate persona locum habere non possit"*. A observação de Immanuel Kant de que, para o aprendiz em coisas da fé, seria insignificante se ele crê em três ou dez pessoas, visto que essa diferença não teria consequências para a sua conduta de vida, só mostra que ele não enten-

o início de uma reação em cadeia de procedimentos de Deus: O reator geracional sairia de controle, e a primeira causa não poderia repetir de modo idêntico aquilo que efetua em potências mais distantes. Isso causaria uma degeneração na ocorrência intradivina; a exterioridade triunfaria sobre o interior; o processo de Deus se tornaria monstruoso, e sua capacidade de comunicar consigo mesmo em formas de relação forte não conseguiria mais controlar a tendência para o distinto. Por isso, no processo trinitário nuclear, a pessoa soprada, que garante a unidade e semelhança entre a primeira e a segunda e si mesma, precisa ser a peça final. O Espírito, compreendido como *amor, condilectio, copula* e *connexio*, garante que a geração cause uma boa diferença que permanece no contínuo e não resulta em alienação ou degeneração.

Nos processos das gerações dos povos, essa medida é cronicamente violada; pois neles descendência significa frequentemente uma continuação degenerativa da corrente de vida; a geração fracassada é uma geração no feio. Por meio dela se abrem intervalos fatais entre os grupos etários; os anteriores e os posteriores realmente se tornam estranhos ou monstruosos uns para os outros. Em vista das gerações depravadoras e desanimadoras reais, a Igreja antiga teve o direito a seu lado quando ela se separou por meio de uma secessão pneumática dos povos e de sua união coagida no Império Romano para fundar um novo e regenerador processo geracional num povo pneumático. As gerações do povo da Igreja são gerações do espírito, que se destacam das gerações biológico-culturais. Os filhos do povo cristão seriam descendentes de

---

dia a diferença entre uma ética de seguimento de regras e uma ética da existência comunal. Uma divindade de dez pessoas seria sempre monstruosa, ou porque as pessoas 4 a 10, no caso de igualdade, seriam acrescentadas apenas de modo serial ou, no caso de diferença, iniciariam uma processão em direção ao distinto de Deus (cf. "Der Streit der Fakultäten". In: WEISCHEDEL, W. (org.). *Schriften zur Anthropologie, Geschichtsphilosophie, Politik und Pädagogik I*. Frankfurt a.M., 1977, p. 304 [Werkausgabe, vol. IX].

uma corrente de amor espiritual, que pretende servir a um amor dos pais empírico e insuficiente como corretivo. Isso é, ao mesmo tempo, o sentido crítico da castidade do cristianismo primitivo: é melhor não ter descendentes do que descendentes depravados. Enquanto a história das gerações reais dos últimos milênios é, em grande parte, a história de pessoas não bem-vindas, a história das gerações espirituais permanece legítima por representar a força que acolhe no ser, em nome de uma instância sobre-humana os indivíduos não bem-vindos pelos homens. Jamais o cristianismo teria sobrevivido a 40 gerações ou a quase dois mil anos se não tivesse, de alguma forma, cumprido sua função latente de forma bem-sucedida. Mas, desde a emergência das sociedades civis modernas, ele tem perdido essa função cada vez mais, e a sociedade constituída como Estado nacional se emancipou dos serviços inspiracionais das Igrejas cristãs por meio de sua instituição educacional e suas subculturas terapêuticas. Os processos generativos em sistemas sociais modernos se tornaram complexos demais para poder exercer neles um papel mais do que marginal. Entrementes, as próprias Igrejas, tanto as reformadas quanto a romana, assumiram um caráter de subcultura; se transformaram predominantemente em filtros para a prole própria e perderam sua competência de moderar as processões de amor nas sociedades naturais; além disso, a crise geral da paternidade despiu os padres da maior parte de sua autoridade; em termos de recursos e mídias as modernas agências políticas são imensamente superiores às Igrejas; o resto é autorreferencialidade. No palco subvencionado, a pantomima da ausência de filhos e da rejeição das filhas se mantém no jogo com dificuldades. Também a queda de Roma parece repetir-se aqui, na primeira vez como tragédia, a segunda vez como farsa[92].

---

92 "Hegel observa em algum lugar que todos os grandes fatos e pessoas da história mundial ocorrem, por assim dizer, duas vezes. Ele se esqueceu de acrescentar: a pri-

Em seu auge medieval, a teologia da Trindade levou – como tentamos demonstrar aqui – à descoberta de uma linguagem para a *relação forte*. Os parceiros da Trindade imanente se geram, abrigam e envolvem com tamanha reciprocidade que seu "ser uns nos outros" supera todas as circunstâncias externas. Aqui se mostra qual é a recompensa da absurdez: pela primeira vez, o "ser numa relação" pode ser articulado como lugar absoluto. Aquele que vive assim em relações totais como Pai, Filho e Espírito está incondicionalmente "em". "Ser em" significa *existir* – ou, como dizem curiosamente os autores medievais: *inexistir* – ou seja, existir numa esfera aberta originalmente por meio de relações interiores[93]. Sob pontos de vista esferológicos, a especulação trinitária é sobretudo informativa, pois desenvolveu o fantasma do "jamais poder cair para fora do estado interior" até a última consequência. Ela é impulsionada por um fanatismo da imanência, para a qual simplesmente não deve existir um exterior. Nesse sentido, a teologia da Trindade funciona como formulário lógico, como requisição da pertença a um mundo interior absoluto: ao confessar o *deus unitrius*, eu me candidato à inclusão numa comunidade que se baseia em imanência indestrutível. Mesmo assim, também essa sociedade íntima se constitui como um grupo que deve a maior parte à coerção externa. Talvez as declarações da cúria sobre a Trindade soem cada vez mais mecânicas porque, com o estabelecimento das grandes sumas teológicas, a tensão intelectual tenha começado a diminuir no motivo trinitário, chegando assim a hora dos administradores da confissão. No Concílio de Florença, em 1442, a bula sobre a união da Igreja Católica com os coptas e

---

meira vez como tragédia, a segunda vez como farsa" (MARX, K. *Der 18. Brumaire des Louis Bonaparte*. Berlim, 1969, p. 115 [Marx/Engels Werke, vol. 8]).
93 Cf. STEMMER, P. Perichorese – Zur Geschichte eines Begriffs. *Archiv für Begriffsgeschichte* XXVII, 1983, p. 32ss.

etíopes em vista do "ser um nos outros" das pessoas divinas só anota fórmulas vazias:

> Por causa dessa união, o Pai está completamente no Filho, completamente no Espírito Santo; o Filho está completamente no Pai, completamente no Espírito Santo; o Espírito Santo está completamente no Pai, completamente no Filho. Nenhum antecede ao outro em eternidade, o supera em tamanho ou poder...[94]

Aquele que confessa isso ingressa numa fé em cujo centro age um fantasma comunal de inseparabilidade. A formulação do fantasma ocorre ao preço de todos que não apresentarem confissões iguais são expulsos da *communio* – não é por acaso que à passagem citada seguem páginas e páginas de listas de heresias, cujos autores e seguidores são anatematizados e amaldiçoados[95]. Isso mostra como todas as tentativas de transformar estruturas íntimas microsféricas – a Trindade cristã pode ser sua formulação mais sublime – em norma ou ícone de sociedades grandes vêm com um grande risco psicopolítico: quando a inclusão fracassa, os não integráveis correm o risco da extinção.

A fantasia primordial eclesiógena de estender uma bolha íntima até a vastidão do mundo pode dar aos fiéis a esperança de que, um dia, tudo que ainda se apresenta como exterior hostil e autocentrado seja desarmado e integrado no próprio círculo de vida; além disso, experiências de solidariedade entusiásticas tendem naturalmente a transbordar, e a transmissão de vantagens espirituais e caritativas nem sempre precisa acabar em um expansionismo ruim. Mesmo assim, evidencia-se na política cristã de comunidade de amor um paradoxo que só pode ser esclarecido pela pesquisa fundamental esferológica. A tentativa de integrar o mundo exterior de modo abrangente na bolha leva a erros. O que Ernst Bloch chamou o espírito da utopia dá ao maior erro possível

---

94 Denzinger, 1.331; segundo Fulgêncio de Ruspe.
95 Denzinger, 1.332-1333, 1.336, 1.339-1.346.

seu nome, pois nada interpreta as leis próprias das microesferas e das macroesferas de modo tão errado quanto a tentativa de transformar a terra escura e superpopulacionada em uma pátria transparente e homogênea para todos.

5
O bastardo de Deus: a ruptura Jesus*

> *Christ was a bastard and his mother dishonest [Cristo era um bastardo, e sua mãe, desonesta].*
> Christopher Marlowe.

O ataque à ordem patriarcal com as maiores consequências partiu não do Esclarecimento sofista-teatral das cidades gregas nos séculos V e IV a.C., mas de uma seita judaica inicialmente ignorada que agia em Jerusalém e Damasco. Essa seita dizia seguir um curandeiro e proclamador do Reino de Deus chamado Jeshua ben Josef executado pelos romanos – muito provavelmente no ano 30 da nossa era. Talvez esse homem tenha sido um membro da resistência aos romanos, talvez tenha se contentado com a proclamação de uma virada espiritual – sem dúvida alguma, ele tinha alcançado o *status* de um agitador. Após sua aniquilação, esse pregador excepcional recebeu o título judeu de Messias, cuja helenização resultou na designação *Christós*, o Ungido, Essa designação serviu como base para um movimento religioso que, até hoje – com mais ou menos 2,2 milhões de "fiéis" nominais de todas as denominações – exerce uma influência espiritual sobre pouco mais de um quarto da população atual da terra.

---

* Orig.: "Der Bastard Gottes: Die Jesus-Zäsur". In: SLOTERDIJK, P. *Die schrecklichen Kinder der Neuzeit* – Über das anti-genealogische Experiment der Moderne. Frankfurt a.M., 2014, cap. 5.4.

Visto que, na redação dos documentos mais antigos sobre ensino e existência desse *Christós* – nas epístolas de Paulo, nos evangelhos do Novo Testamento e nos Atos dos Apóstolos – já existia um interesse em logro sagrado e estilização piedosa, será sempre impossível recriar uma imagem realista do "original" da aparição de Jesus, a despeito do fato de que a disciplina do "Novo Testamento" ainda procura fundamentar seu direito de existência na superação da impossibilidade filológica, sem falar dos devaneios do papa-teólogo Bento pelo reino da pura aproximação em três volumes[96].

Em vista do fato de que a posterioridade não possui e jamais possuirá uma imagem autêntica da origem, aparência, existência e obra do *Christós*, mas sempre apenas repinturas de uma antiga camada de "dados" e repinturas de repinturas, o único caminho para a reconstrução do material primário consiste na identificação cautelosa daquelas poucas passagens nos documentos canônicos em que, a despeito das imagens edificantes e tendenciosamente retocadas, transparece um pouco do pigmento do material original[97].

Entre estes figuram em primeira linha as referências dos evangelistas às origens familiares incertas da criança Jeshua. As irregularidades genealógicas que acompanham sua aparição eram, evidentemente, conhecidas em todo o país na forma de um boato quando ele ainda estava vivo, desde que começou a chamar a

---

96 RATZINGER, J. [BENTO XVI]. *Jesus von Nazareth*. 3 vols. Freiburg i. Br., 2007-2012. Cf. o prólogo ao vol. 1: "Die Kindheitsgeschichten".

97 Essa leitura de rastros evita suposições psicanalíticas invasivas, que serviram como base para o livro notável de Christoph Türcke, *Jesu Traum – Psychoanalyse des Neuen Testaments* (Springe, 2009). Ela se orienta exclusivamente por indícios genealógicos. Estes também possuem o *status* de "restos da realidade", que foram transmitidos pelo processo da confabulação, mas a referência a eles não alega reconstruir o "trabalho onírico" de Jesus ou até mesmo o trabalho de alucinação dos seus discípulos.

atenção do povo por meio de curas milagrosas e pregações escandalosas. Décadas mais tarde, esses boatos formaram um elemento tão fixo da *imago* do *Christós* que eles precisaram ser incluídos nas invenções míticas desenfreadas, que, após a morte do homem, sufocaram suas lembranças – nas conversas internas das primeiras comunidades tanto quanto nos escritos posteriores e adornos missionários. Podemos seguir os rastros da anomalia de origem desde o Gólgota até Niceia por meio do trabalho mitopoiético de gerações crentes – desde a saudação angelical ominosa até à pergunta irônica dos contemporâneos: "De Nazaré pode sair coisa boa?" (Jo 1,46) e as sentenças teológicas do *symbolum*: *et ex patre natum ante omnia saecula* – nascido do Pai antes de todo o tempo. Sim, podemos até afirmar que o cristianismo primitivo como um todo, desde o centro jesuânico até a periferia dogmático-filosófica representa um único trabalho para processar o escândalo da anomalia genealógica que aderia à figura-chave – a começar pela transformação da ausência real de um pai em uma consciência de vocação estimulada por uma proximidade imaginada do pai e culminando nas ousadas proezas ontológicas da teologia da Trindade desde os capadócios até Agostinho, Tomás, Hegel e Barth. Por meio deles, a ideia de uma descendência direta de Deus foi sublimada numa economia misteriosa de três pessoas[98].

Os pigmentos autênticos da imagem de Jesus nos evangelhos incluem, muito provavelmente, todas aquelas passagens que revelam o afeto antifamiliar que o pregador Jesus demonstrou desde o início de seu ministério público – desde a declaração devastadora: "Mulher, que tenho eu contigo?" (Jo 2,3), com a qual ele repreendeu sua mãe nas bodas de Caná, até o silêncio que o profeta man-

---

98 Cf. GRESHAKE, G. *Der dreieine Gott* – Eine trinitarische Theologie. Freiburg i. Br., 1997.

teve durante toda a sua vida sobre o seu pai biológico, um silêncio em que o predicado "revelador" é absolutamente justificado.

Um homem chamado José que, na escuridão de uma noite judaica, teria gerado o salvador não pode ocorrer na autoapresentação jesuânica – mesmo que a imaginação cristã posterior tenha tentado de tudo ao longo de dois milênios para preencher essa lacuna com imagens da Sagrada Família[99]. Três quartos de um século mais tarde, os evangelistas sinóticos preenchem a lacuna original com acréscimos fantásticos – Mateus como o evangelista sem qualquer escrúpulos, pois alega saber que um anjo do Senhor teria aparecido a José num sonho para explicar-lhe a situação delicada: Sua esposa Maria está grávida, mas que ele não se preocupe com isso, "...porque o que nela foi gerado é do Espírito Santo" (Mt 1,20) – o que transforma José no primeiro fiel ao demonstrar como se deve parar de insistir em perguntar.

Alguns indícios dispersos indicam, porém, que Jesus – criado como filho de mãe revoltado e entregue às perguntas sobre sua existência ao modo de um Parsifal judeu – tinha se dedicado a uma forma idiossincrática de poesia "patro" desde relativamente cedo. Isso transparece na cena bizarra em que ele, aos doze anos de idade, teria designado o Templo de Jerusalém como "casa de seu Pai". É provável que essa história contenha um núcleo anedotal, que, a despeito da inconfundível refiguração edificante, contém um rastro de memória real. Isso significaria que o jovem Jesus teria vivido mais como um filho de criação com sua mãe biológica e seu parceiro posterior, o ominoso "carpinteiro", que, na verdade, era um homem que trabalhava em construções [tekton], e não via razão alguma para se envolver com seus pais. Naquele tempo, ele teria inventado para si mesmo um pai mais adequado, um pai

---

99 KOSCHORKE, A. *Die Heilige Familie und ihre Folgen*. Frankfurt a.M., 2000.

representativo, mesmo que invisível, que apresentava a vantagem de estar acima de qualquer difamação. Mais tarde, ele teria criado um sistema de parentesco de irmãos e irmãs que tinham o mesmo sonho e lhe ajudaram em seu esforço de pôr um fim aos embaraços de sua descendência obscura.

A síntese teopoiética do jovem Jesus teria sido biograficamente plausível e coerente no sentido do dinamismo das ideias. Onde o pai real se perde num perfil embaçado ou se ausenta completamente, o filho pode iniciar um processo que preenche a posição desocupada no espaço psíquico com figuras de sua própria energia patro-poiética. Para Jesus já valia o que Pierre Legendre afirmou sobre a função dos pais no Estado clássico da antiga Europa: a poder de uma absorção dos livros sagrados, ele tinha se transformado num "filho dos textos"[100]. Poderíamos dizer: ele projetou para si mesmo uma vida como filho autodidata.

Inúmeros comentaristas, filólogos e piedosos[101], se ocuparam com o detalhe transmitido pelos evangelhos segundo o qual Jesus teria se dirigido ao "Pai no céu" com a palavra aramaica *abba*, principalmente na oração de Getsêmane, descrita em Mc 14,36 – para deduzir disso que o jovem profeta se via numa "relação próxima" com Deus. Já que dificilmente alguém inventaria um traço idiossincrático desse tipo, é plausível reconhecer também aqui um rastro de observação autêntica. O infantilismo da forma como Jesus se dirige a Deus sugere que Jesus teria evitado a ingressão na esfera majestosa, inseparável do conceito judaico de Deus, para se colocar numa posição íntima bejamina ou josefina em relação ao Pai no céu. Graças a essa manobra ele teria se colocado na posição do caçula privilegiado, sim, do filho unigênito, que podia

---

100 LEGENDRE, P. *Die Kinder des Textes* – Über die Elternfunktion des Staates. Viena/Berlim, 2011.

101 Como, p. ex., João Paulo II numa audiência pública em Roma, em 3 de março de 1999.

se aproveitar excessivamente da bondade paterna, que equivalia a uma fraqueza. É provável que os atributos soberanos e aterrorizantes do Altíssimo tenham sido ignorados no diálogo interior do filho excêntrico com o Pai: eles se manifestaram apenas mais tarde nos discursos ameaçadores do profeta, agora, porém, com os traços de uma violência voltada para fora que abalava todo o inventário do mundo.

Reflexões análogas podem partir das expressões usadas na lenda de batismo segundo Mc 1,11. Segundo esta, uma voz teria ressoado sobre Jesus que acabara de emergir das águas do Jordão: "Tu és o meu filho amado, de ti eu me agrado." Nessa cena, o respeito dos narradores posteriores diante do nervosismo paterno de Jesus já se desenvolveu ao ponto em que Deus é usado pessoalmente para fazer um gesto de "adoção" do jovem homem – existiria outra forma de interpretar a expressão "meu Filho amado"?

De outra forma o fenômeno de Jesus dificilmente poderia ter sido explicado ao seu mundo e à posteridade imediata sem recurso ao padrão da adoção praticamente desconhecido no judaísmo mais antigo. Este parecia se oferecer para compreender o caráter híbrido da relação entre pai e filho que temos aqui. O desdobramento posterior do motivo desconcertante permite concluir que a anomalia genealógica inicial jamais pôde ser resolvida. Ela se manifesta desde o século II em lendas "realistas" que circulavam entre "círculos interessados" do judaísmo. Segundo essas lendas, o progenitor de Jesus teria sido um soldado romano chamado Panthera lotado em Israel – uma insinuação que fazia da mãe uma colaboradora, sim, uma prostituta de soldados. No lado teológico, elas alcançam as monstruosidades das relações trinitárias entre Deus Pai e Deus Filho e sua emanação comum, o Espírito Santo. Tanto as difamações primitivas quanto as construções sutis são destilados do embaraço inicial em torno da origem de Jesus, em parte nascidas da animosidade, em parte visando uma elevação. Enquanto o boato de Panthera satisfaz a necessidade da diminuição, o impulso elevador na doutrina da Trindade alcança picos inéditos.

Graças a um novo tipo de uma metafísica das relações, a cristologia trinitária permite que o Filho seja elevado a um polo consubstancial da vida interna divina – o que, a despeito da distorção filosófica da mensagem primária, parece compatível com as declarações nada teóricas de Jesus sobre si mesmo no auge de sua fé profética.

A inserção de um motivo adocionista no complexo paterno de Jesus na cena do Jordão é plausível do ponto de vista da história das ideias. Podemos pressupor que, após cem anos de presença romana na Judeia[102], Marcos e os outros evangelistas possuíam certa familiaridade com a prática da adoção romana. Além disso, podemos supor sua familiaridade com o Sl 2,7: "Tu és meu filho, eu hoje te gerei"[103]. Com essas palavras colocadas na boca de Javé, a figura de pensamento da segunda procriação tinha adquirido uma posição fica nos rituais judeus, e se o dito, como suspeitam os judaístas, era recitado pelo sumo sacerdote em coroações dos reis judeus, para definir o próprio Javé como pai adotar do rei, ele pode ter sido usado também na iniciação batismal ao reino iminente de Deus. Isso confirmaria a observação de que o céu, quando se abre, gosta de citar a si mesmo.

---

102 Conquistada por Pompeu em 63 a.C., no tempo de Jesus, essa província que fazia parte do Império Romano fazia cem anos; o rei judeu Herodes o Grande exercia nela entre 40 a.C. e 4 a.C. a função de um rei vassalo. Caso tenha ocorrido algo parecido como o "infanticídio belemita", essa operação precisa ter ocorrido pouco antes da morte de Herodes e próximo ao nascimento da criança eleita.

103 Citado mais amplamente: "Proclamarei o decreto do Senhor. Ele me disse: 'Tu és meu filho, eu hoje te gerei. Pede-me, e eu te darei as nações como herança, os confins da terra como propriedade; hás de esmagá-las com cetro férreo, despedaçando-as como vaso de oleiro'".

Quem quiser procurar provas para a tonalidade e extensão do antifamiliarismo jesuânico, as encontrará sem grandes esforços a despeito das repetidas repinturas das lembranças dos evangelistas. São principalmente as bizarrices, de certa forma à prova de falsificação, nos discursos de Jesus que informam a direção do impulso das mensagens originais. Em primeiro lugar, devemos citar aqui a declaração sintomática que, segundo Mt 23,9, Jesus teria feito em sua grande repreensão aos fariseus: "A ninguém chameis de pai na terra, porque um só é vosso Pai, aquele que está nos céus". Visto que essa repreensão contra o uso de "pai" ocorre em proximidade imediata da condenação contra o uso do título de rabino e mestre, é evidente que essas objeções transmitem uma postura antiautoritária. Os títulos tradicionais – como ressalta especialmente João – devem permanecer proibidos, visto que, a partir de agora, apenas um – o próprio Ungido – merece essas designações. É claro que, aqui, volta a se manifestar a intenção falsificadora no modo da profecia posterior: O evangelista, que nunca viu seu mestre, sugere que o Profeta Jesus já teria usado em vida o título de *Christós* que lhe foi atribuído apenas mais tarde.

O ponto principal das declarações de Mateus e João é inconfundível: O título "pai" precisa ser banido do uso terreno após Jesus ter estendido sua concepção sobrenatural de Pai ao círculo de seus seguidores. Todos os nomes indicadores de autoridade – pai, rabino, mestre – estão bloqueados a partir desse momento, porque os antigos privilégios paternos – educar, instruir e expor a Escritura – foram transferidos completamente para o Filho, o íntimo do Pai. O Evangelho mais ofensivo em termos teológicos, o de João, condensa a transferência de autoridade na expressão: "Eu e o Pai somos um" (Jo 10,30); ela intensifica a crítica de Jesus aos fariseus e a eleva para uma polêmica abertamente antijudaica. João diz que judeus escandalizados teriam pegado pedras para apedrejar Jesus pela blasfêmia professada. O ponto principal do "relato" é evidente: Aquele que pretende matar a "Palavra" que professa a si mesma é vítima da cegueira mais fatal.

O que dissemos acima explica por que o complexo patro-poiético de origem do novo pregador provocou necessariamente uma infiltração anárquica dos jogos linguísticos comuns no culto judeu. Até então, o judaísmo se firmara no exercício de uma distância discreta entre Deus e o homem. Agora, de repente, a pergunta da distância correta precisa ser negociada novamente – no sentido de uma diminuição íntima da distância que chega a alcançar uma fusão entre o polo sublime e o polo humano. A instituição teológica e psicopolítica do profetismo, que residia em diversidade consolidada na tradição das Escrituras judaicas desde Moisés até Isaías e desde Jeremias até Malaquias, reconhecia uma penetração da fala humana pela proclamação divina. Essa forma do emprego de homens como transmissores de mensagens transcendentes sempre incluía a consciência de uma distância abismal, que pretendia separar o médium humano da fonte original da mensagem. Até então, ninguém cedia à tentação de permitir ao médium a ingressão no divino.

O Deus *abba* jesuânico insere – aparentemente pela primeira vez – na história do monoteísmo amadurecido a opção de um trânsito psicoteológico de duas vias. A palavra "filho" se transforma em sigla para o acesso ilimitado do enviado ao remetente – e mais, transforma-se em índice da presença real do remetente no mensageiro e sua mensagem. Portanto, o mensageiro preenchido de Deus tem o direito de interpretar as Escrituras segundo o Espírito e não segundo a letra – o que provoca uma enxurrada de intervenções que violam a lei. Mas o que é a lei antiga – do ponto de vista da pessoa inspirada – senão uma coleção de regras miserógenas cujo sentido verdadeiro não pode mais ser compreendido? Essas regras oferecem aos praticantes da forma judaica da ironia, os fariseus, a oportunidade de continuar infinitamente os seus discursos de duplo sentido: Servem para sugerir que aquilo que, há muito, se tornou incompreensível e impraticável ainda serve como diretriz praticável na atualidade – até que, finalmente, a sugestão de sentido se transforma no próprio sentido.

O Novo Testamento, mesmo se não provasse outra coisa, prova isto de maneira inconfundível: Já na Antiguidade, era impossível ter "religião" sem a autoadministração do absurdo. Mas nem todos que nasceram posteriormente se dispuseram a participar dos jogos fatigados sem sugestões próprias de revisão. Aquilo que, mais tarde, se chamaria cristianismo era, no início uma revolta contra a ironia dos escribas. Com a aparição do Jesus de Nazaré sem pai, do filho mais terrível da história do mundo, ocorre, do ponto de vista da psico-história, uma nova forma de personalização que parte da habitação direta do pai gerado de forma patro-poiético no filho inspirado. O padrão cristão de personalidade medial visa à presença real do super-pai no super-filho. Tudo que o filho diz e faz, o pai faz e diz, segundo a convicção do próprio filho, por meio dele. João expressa isso na fórmula segundo a qual o Verbo se fez carne e habitou entre nós[104].

Entre os agentes da geração seguinte, nenhum compreendeu a mudança da personalização provocada pela patro-poesia jesuânica e seu potencial tão bem quanto o ex-zelote anticristão Paulo, quando transferiu, em suas cartas às novas congregações cristãs do Mediterrâneo e da Ásia Menor – o esquema recém-desenvolvido de habitação – pressupondo formas mais antigas da prática de mediunidade pessoal – para a relação entre o *Christós* e si mesmo como seu apóstolo privilegiado. A formulação culminante do esquema alterado de pessoa transparece na declaração da Epístola aos Gálatas: "Já não sou eu que vivo, é Cristo que

---

104 Jo 1,14. A expressão *monogenetos hyos* de 1Jo 4,9 ressalta a relação privilegiada entre o Pai divino e o Filho humano. A teologia gnóstica da igualdade de substância parte disso e é superada mais tarde pela doutrina clássica da Trindade.

vive em mim" (Gl 2,20). Com um salto ousado para a imitação livre, o super-filho ressuscitado é chamado para a habitação no super-apóstolo. Nesse *locus classicus* da mediunidade cristã, manifesta-se de forma mais clara do que em qualquer outro lugar a mudança estrutural do psíquico, que acompanha a virada para o *modus vivendi* cristão.

Quem, depois disso, pretenda participar de uma vida que vise à verdade, deverá ter acesso a ela por meio de uma completa "re--animação". A mudança encontra sua garantia sacramental no ato do batismo. Para quem essa não bastar para selar a re-animação, os fiéis possuem a opção, especialmente desde o surgimento dos Padres do Deserto egípcios, de entrar no *modus vivendi* anacorético ou monástico, que, na linguagem do cristianismo ocidental primitivo, é chamado *religio* – sendo que um *terminus technicus* de precisão cultual romana recebe uma função nova em prol dos interesses cristãos em autodeclarações teológicas superiores. Em todo caso, a re-animação *more christiano* implica uma mudança total de sujeito, no qual o sujeito profano troca seu eu formado sob leis psicológicas imanentes contra um *self* transcendente – uma possessão terrena por uma paixão metafísica.

Aqui o processo geracional em solo ocidental se desprende, sob a perspectiva da história da civilização, pela primeira vez[105] da procriação física e da sucessão clássica de transmissões de pai para filho e se transforma em uma ordem de sucessão puramente espiritual, na qual filhos seguem a filhos sem que um pai real pudesse intervir. Esse gesto espiritualizador gera uma nova sequência de tradição. É, porém, evidente que o conceito "tradição" é usado primeiramente de modo contrário ao seu sentido, visto que a sucessão apostólica visará sempre muito mais a vínculos

---

[105] Para, por ora, não falar da corrente de mestres e aprendizes na esfera budista, que, na época do drama de Jesus, criavam suas próprias sequências de sucessão havia pelo menos 400 anos.

iterativos do que a uma transmissão na base de um laço generativo. Sob a influência do padrão jesuânico, a geração física e seu suplemento psicojurídico, o reconhecimento formal do filho pelo pai, a autoridade que tiveram até então – sim, eles são privados completamente de seu poder constituinte de povos. Segundo a visão paulina, surgirá um povo novo formado por batizados, cujos membros estariam libertos pelo menos virtualmente do encanto de seus laços antigos[106]. Tão pouco quanto obra e lei podem trazer a salvação a partir de agora, tão pouco a sequência da tradição transferida de pai para filho pode causar a redenção.

Todos os escritos de Paulo podem ser lidos como se ele tivesse rondado incessantemente a sentença indizível: "A geração deverá ser substituída pelo o seguimento imitativo". Não geramos mais, nós batizamos e chamamos para a existência. Não procriamos; ensinamos e convertemos. Não acreditamos mais num futuro que está em nossos próprios filhos; nós nos preparamos para um mundo completamente diferente, que se abrirá para nós por meio do fim próximo do éon atual.

Na penumbra da transição do modelo jesuânico para o modelo paulino, anuncia-se uma lógica de sucessão fundamentalmente alterada, segundo a qual filhos empíricos não seguem mais a pais e avós empíricos. Agora, seguirão filhos espirituais a "pais" metafóricos, que, por sua vez, só podem agir a partir da posição do sucessor de um filho autorizado. Do ponto de vista antropo-

---

106 Nos primeiros atos batismais cristãos, foi usada a fórmula paulina "Já não há judeu nem grego, nem escravo nem livre, nem homem nem mulher" (Gl 3,28). Com frequência, a suspensão das barreiras de acesso à comunidade paulina foi interpretada como fundação de um "universalismo cristão" (mais recentemente: BADIOU, A. *Saint Paul* – La fondation de l'universalisme. Paris, 1997). No entanto, não poderia haver equívoco maior. O que Paulo fundou foi justamente não um projeto universalista, mas uma congregação de eleitos de formato maior. A essa, gentios, escravos e mulheres tinham acesso sem que a comunidade pneumática tivesse que renunciar à sua característica forte de representar uma organização de refúgio altamente seletiva para os poucos que seriam salvos do fim próximo.

lógico, a ordem de sucessão apostólica encerra a antiga lógica de parentesco da unilinearidade, recalcada pela lógica da bilinearidade – o reconhecimento dos sucessores dos sucessores da linhagem paterna *e* materna. Quando Paulo se dirige aos destinatários de suas cartas como seu "pai", ele declara a validade do novo esquema de sucessão para si mesmo e seus leitores. Nele seguem sempre filhos a filhos, e um pai gerador não pode mais intervir. O patriarcado clássico se dissolve por meio da intervenção do filho incomensurável e de seu apóstolo para criar uma nova ordem genealógica sem igual. O que resulta dessa virada catastrófica é nada menos do que o filiarcado espiritual do Ocidente antigo – mais conhecido sob o nome *Ekklesia*, a Igreja cristã e católica.

A congregação de Paulo e Pedro é, de fato, a princípio nada mais do que uma nova formação social paradoxal, que surgiu do furor antifamiliar do pregador Jesus sem pai e de seu abafamento por meio do aparato eclesial posterior. A proibição de se dirigir a um ser humano terreno como "pai" foi, evidentemente, apenas uma manifestação pontual de um afeto antiautoritário abrangente, que, no jargão do século XX, teríamos caracterizado como uma "grande recusa" ou renúncia à ordem do "existente". Tentativas mais recentes de explicar as pregações de Jesus como provocações de um zelote anti-imperialista esclarecem alguns traços de sua fisionomia, no entanto, como um todo, nos levam a seguir uma direção errada, pois o impulso dos discursos de Jesus é apocalíptico e antifarisaico, não antirromano ou crítico ao poder.

Do ponto de vista do homem inflamado por seu próprio poder de cura e fala, uma das coisas que precisavam ser superadas era a profissão de seus seguidores – caso contrário, como teria ousado exigir deles que largassem tudo e se juntassem à sua comunidade itinerante? Hegel o expressa de maneira lacônica: "Assim o trabalho pela subsistência é rejeitado".

Os laços familiares restantes de seus ouvintes também caíram vítima de seu veredito profético. De outra forma não poderíamos imaginar com que justificativa Jesus conseguisse dizer aos seus fiéis – e também aqui transparece nas reinterpretações posteriores o pigmento primordial de sua agressão perturbadora: "Pensais que vim trazer paz à terra? Digo-vos que não, e sim a separação [*diamerismon*]. [...] Estarão divididos o pai contra o filho e o filho contra o pai; a mãe contra a filha e a filha contra a mãe" (Lc 12,51).

Em nenhuma das palavras de Jesus ouvimos a frequência do êxtase da *counter culture* com maior clareza do que no dito registrado por Lucas, que, por causa de seu excesso e de sua anormalidade moral, pertence ao pouco conteúdo autêntico que sobreviveu de forma mais ou menos autêntica à oficina da literatura tendenciosa dos evangelistas: "Se alguém vem a mim e tem mais amor ao pai, à mãe, à mulher, aos filhos, aos irmãos, às irmãs e mesmo à própria vida do que a mim, não pode ser meu discípulo" (Lc 14,26).

A isso correspondem as palavras transmitidas por Mateus: "Quem ama o pai ou a mãe mais do que a mim, não é digno de mim. E quem ama o filho ou a filha mais do que a mim, não é digno de mim" (Mt 10,37).

Nesse tipo de declarações de violência alada, todas as "tradições" familiares e cunhadas pela genealogia são suspensas. Sua função é criar espaço para um novo motivo de associação, que consiste exclusivamente na participação presencial dos seguidores no êxtase jesuânico. Mesmo que continuem a existir grandezas coletivas como clãs, povo e império, isso acontecerá apenas na forma de trivialidades contextuais, que pouco terão em comum com o movimento sempre atual.

As pessoas que Jesus conseguiu reunir em torno de si durante o curto período de seu ministério público para conduzi-las para o seu "reino" eram, em sua maioria, figuras apressadamente recrutadas, dispostas a compartilhar com o seu mestre o humor apocalíptico fundamental – movidas por uma mistura de desespero diante da vida antiga e fascínio por perspectivas inovadoras, que tinha um efeito análogo às drogas. Esses seguidores instáveis puderam ser infectados pela febre da excitação apocalíptica. Como seu líder, esse grupo animado se livrou do senso de realidade supérfluo para se entregar ao totalmente diferente, em um "aqui e agora" intensificado e num "ali e em breve" extasiante. É apenas em vista desse primeiro grupo de coexcitados, codesarraigados e coalados que podemos compreender plenamente a palavra antifamiliar, antiautoritária e antirrealista de Jesus: "Quem fizer a vontade do meu Pai que está nos céus, este é meu irmão, minha irmã e minha mãe" (Mt 12,50) – dito numa situação em que a mãe real e seus irmãos biológicos estavam à porta e foram totalmente ignorados pelo profeta – outro detalhe que, em vista de seu anti-humanismo, dificilmente poderia ser inventado posteriormente. Ele faz parte dos poucos restos de realidade na corrente do trabalho evangelista fictício, que aponta para um distúrbio grave no senso de família no jovem candidato ao título de Messias. Caso isso tenha se traduzido num afrouxamento dos sentimentos de pertença em seus seguidores, isso seria totalmente plausível do ponto de vista de uma psicologia normal.

Não deve ter demorado para que os seguidores do profeta se tenham sentido mais como parte de sua nova comunidade de irmãos do que de suas famílias tradicionais. Eram os seguidores mais resolutos da imitação de um modelo que surgira quase que concomitantemente – e, sob esse ponto de vista, passaram a ser uns dos primeiros modernos. Com eles começa a irrupção da atualidade nas tradições antigas. Muitos devem ter nutrido a convicção de que o fim libertador ocorreria ainda durante sua vida – razão pela qual aderiram à ideia de que não morreriam nem ressuscitariam, mas que seriam transferidos para o vindouro Reino de Deus *in vivo*.

O que, porém, aconteceu fora de qualquer psicologia normal foi a formação da nova comunidade sob sua lei fundamental pneumática. No início, a congregação de discípulos se viu profundamente ferida pelo evento do Gólgota. Ela precisou de algum tempo para que ousasse um contra-ataque pós-traumático, que lhes permitiu reinterpretações grandiosas dos eventos em Jerusalém. A transformação gradativa do grupo perdido em uma instituição duradoura o levou necessariamente para um novo território psicossocial.

A formação de um coletivo espiritual *post Jesum Christum crucifixum* não teve como precondição a reformulação do choque do Gólgota na forma de um ato de redenção premeditado. Ela exigiu também a criação de um tipo inovador de subjetividade apostólica, que, no caso de Paulo, se baseava numa recunhagem da personalização: O apóstolo, ou sujeito sacerdotal, se vê como reanimado por meio de uma visão pessoal (mais tarde, pela ordenação). A partir de então, ele se compreende como médium de uma força discursiva e ativa divina na qual o Filho ascendido para o céu permanece presente. Em decorrência da re-animação, surge o tipo alternativo de subjetividade posicional, que a Igreja subsome no conceito do "discipulado".

Um dos problemas é que o apóstolo do exterior, Paulo, não conheceu o "Senhor" pessoalmente e só alcançou a posição do eleito por meio de uma reivindicação pessoal – estilizada como visão de conversão privilegiada e não observável. O apóstolo do interior, Pedro, carregava, após a noite em Getsêmani – o estigma da negação – outra partícula de realidade que, por causa de sua difusão dentro da primeira comunidade, não pôde ser negada pelas redações dos evangelistas sinóticos dispostos a contar qualquer mentira piedosa.

O que pesa em termos dinâmico-culturais nessas histórias é o fato de que o impulso para a transmissão da mensagem de Jesus não pôde ser adequado ao caso cultural normal de uma sequência genealógica. Pedro, que tinha mais ou menos a mesma idade de Jesus, pode ter sido tudo menos um filho legítimo de seu Mestre falecido. Paulo, meia geração mais novo, representava o protótipo perfeito do sucessor ilegítimo, que, mesmo assim, reconheceu em seu precursor filial a chance de novos papéis paternos indiretos. Por causa dessas circunstâncias, no início, a "filiação" apostólica só pôde ocorrer na forma de uma comissão em grande proximidade temporal sem que entrassem em jogo relações de pai e filho reais. Mais tarde, porém, com o decorrer do tempo – e diante da não ocorrência do retorno do Senhor em glória – ela teve que ser transformada em uma sucessão de filhos mensageiros.

Na formação do sujeito a partir da posição do "discipulado" *post Jesum Christum crucifixum* escondiam-se ao mesmo tempo os impulsos para a fundação de uma forma de temporalidade até então desconhecida. Foi apenas pela criação de uma corrente de sucessão numa situação não genealógica e pós-apocalíptica que foi possível formar a matriz daquilo que, na Europa, viria a ser chamado "história": Segundo a lógica de sucessão cristã, toda "história" precisava ser história apostólica. Ela tinha seu conteúdo no discurso sobre as dificuldades experimentadas pelos mensageiros durante a propagação do Evangelho pela terra habitada. Esse esquema permaneceu em vigor também quando a história dos apóstolos se transformou numa "história da cultura" aparentemente neutra, que resulta do agregado de história da Igreja e história do reino.

A estrutura temporal da "história" essencial é determinada fundamentalmente pela comissão de proclamação das "boas-novas". Com sua ajuda, ela adquire sua tensão futurista. Aquilo que, mais tarde, se chamaria "história" surge em decorrência do esfriamento da apocalíptica e de sua transformação em tempo de espera – sendo que todo tempo se transforma em tempo intermediário delimitado. No início da Modernidade, esse esquema é anulado por meio da transformação do tempo de espera em tempo irrestrito de progresso. Mas por mais que a história "verdadeira" tentasse se esconder no incógnito das histórias de impérios, povos e Estados, das histórias de revoluções e civilizações, para o historiador da salvação ou da verdade, o ardil da razão apostólica permanece evidente[107]. Ele sabe que o tema é sempre: Deus e tempo.

A transição para o *Dasein* em tempo cristão teve seu preço: Com a invenção da história como extensão temporal "após Cristo", impõe-se aos líderes da congregação em segunda e terceira "geração" o esforço de reverter a destruição do patriarcado pelo êxtase jesuânico. É essa a intenção que orienta o registro da mensagem na escrita. Já que os rastros da anomalia de origem do profeta entusiasmado não podiam ser apagados, nem os numerosos testemunhos de seu furor antitradicional e antigenealógico, a intenção dominante dos evangelistas, que, provavelmente atuavam entre 75 e 110 d.C., visavam à suspensão do estado de exceção da Igreja primitiva e à transferência da ilegitimidade aventureira das apresentações jesuânicas para uma hiperlegitimidade fundada antes de todo tempo.

---

107 Esse ponto de partida é ocultado gradativamente e formalizado ao ponto do irreconhecível pela "filosofia da história" posterior e por sua despotencialização na forma da "história do espírito". Apenas poucos historiadores, como, p. ex., York von Wartenburg, Hans Urs von Balthasar, Friedrich Heer e Eugen Rosenstock-Huessy, insistiam ainda no séc. XX na unidade original de história e história apostólica, ou seja, de história do espírito e história do Espírito Santo. A maioria dos historiadores participou *nolens volens* da secularização da história, que, no nível discursivo, se apresenta como transição da modernidade para o pós-modernidade. "Pós-modernidade" é um índice da constituição da consciência que se instalou ofensivamente na coexistência das culturas em uma sucessão sem senso de progresso, em um lado a lado sem implicações hierárquicas e numa multiplicidade sem comissão missionária. Sobre a estrutura do prazo da história "verdadeira" (cf. TAUBES, J. *Abendländische Eschatologie*. Zurique, 1947 [reed.: Munique, 1991]).

Por isso, os autores dos evangelhos investiam sua energia ficcional piedosa na tarefa de reintroduzir a ruptura do evento Jesus na maior continuidade possível. Condenados ao conhecimento *post eventum* pelas circunstâncias, eles seguiram a missão de reconstruir a curva biológica do profeta sem pai e seu fim catastrófico como história de cumprimento prefigurada no pré-conhecimento dos profetas, a começar pela transfiguração da crucificação não planejada como uma paixão sofrida deliberadamente – podemos falar aqui da mãe de todas as reinterpretações – e que termina com a reinserção triunfal do Filho inventor do pai em uma ordem neopatriarcal.

As maiores intervenções dos evangelistas na biografia de Jesus ocorrem em Mateus e Lucas, que, evidentemente, sentiam a necessidade de preencher a lacuna inicial no documento evangélico mais antigo de Marcos: Em Marcos, a narrativa inicia com o batismo de Jesus no Jordão e sua atuação pública, o que mostra que lhe era estranho o desejo de uma dedução e legitimação genealógica. Mateus e Lucas respondem a isso com confabulações incríveis. De repente, sabem tudo sobre concepção e nascimento da criança, sobre seus antepassados e sua descendência dos mais antigos, como que confessando a máxima: Quanto maior a distância dos eventos, mais se conhecem os menores detalhes.

Ambos iniciam suas narrativas sobre os atos e as palavras do Mestre com listas genealógicas, as chamadas "genealogias de Jesus", que pretendiam demonstrar que o Messias era descendente de Davi. Isso só pode ter sido relevante para as comunidades de cristãos judeus em Jerusalém e Damasco. Apenas eles conheciam a profecia de Isaías, segundo a qual o salvador de Israel viria da casa de Davi. Consequentemente, Mateus traça a linhagem de Jesus em teimosa monotonia até Davi e até mesmo Abraão – provavelmente recorrendo a genealogias judaicas, mas que não são documentadas em nenhum outro lugar. Ela abarca 42 gerações agrupadas em três vezes com 14 "membros". O primeiro grupo de 14 abarca o período desde Abraão até Davi; o segundo, o período desde Davi até o cativeiro babilônico; e o terceiro, o período desde o cativeiro babilônico até Cristo. Notável é sobretudo o último membro, sobre o qual Mateus escreve: "Jacó foi pai de José, esposo de Maria, da qual nasceu Jesus chamado Cristo" (Mt 1,16).

Apenas três versículos depois, o evangelista insere a narrativa da concepção de Jesus por meio do Espírito Santo. Em Mateus, a mão direita parece não saber o que faz a esquerda: O anúncio angelical a Maria torna irrelevante a descendência de Jesus desde Abraão e Davi, pois suspende a sequência de geração patriarcal e introduz um fator supranatural que irrompe verticalmente nos eventos. O último filho na sequência vem ao mundo como cria do Espírito "do alto" e não como criança da série de concepções passadas, por mais completa e legítima fosse essa sequência. Assim, a recitação dos membros desde Abraão até José erra seu alvo declarado: demonstrar a legitimidade de Jesus por meio de sua posição na sequência de transmissão mais respeitada do judaísmo. Ela não tem como não errar o alvo, pois José é *expressis verbis* excluído como gerador físico desse filho.

É nesse ponto que a anomalia da origem jesuânica inquietante gera, mais de meio século após a morte do pregador, seu produto mais gritante: O Messias foi gerado de modo inconfundível como Filho de Deus a partir de uma concepção assexual e causalidade sobrenatural de encarnação. Ao mesmo tempo, deve representar um descendente de Abraão e Davi em linhagem direta – mesmo que o último carro do trem seja desacoplado antes da chegada no destino.

Não é tanto a enganação piedosa, mas o zelo excessivo dos autores prosélitos que se manifesta nessa construção evidentemente falha. Em sua busca frenética pela reconstituição da legitimidade jesuânica com recursos judaicos, ou seja, fundamentados no comprimento da profecia, o evangelista Mateus tropeça em seus próprios pés. Naturalmente, o embaraço não pode ser corrigido estendendo – como o faz Lucas – a genealogia de Jesus para além de Abraão até Adão: a contradição entre a doutrina do nascimento virginal do Messias e sua inserção nas linhagens de descendência mais antigas permanece irreconciliável. Ela só não foi contestada pelos fiéis desde o início porque a proibição de perguntas, adquirida com o *habitus* piedoso, a tornou invisível para os piedosos por muito tempo. Parece que Eusébio de Cesareia foi o primeiro a articular o problema em sua *História eclesiástica* e a acalmá-la com uma resposta pseudológica[108].

O evangelista grego João, o último a se dedicar à escrita entre os autores canônicos, expressa seu desprezo pelas ficções judaizantes dos seus colegas evangelistas ao iniciar seu relato sobre os atos e sofrimentos do Messias com um mito metafísico ousado, segundo o qual a Palavra estava no início verdadeiro: "...e a Palavra estava com Deus, e a Palavra era Deus". É impossível rejeitar de forma mais decisiva as ficções patriarcais de legitimação dos inventores das genealogias. Aquele que provém do Absoluto não precisa de antepassados barbudos nas tendas dos patriarcas. De resto, João recorre a Marcos e ao seu início súbito com a aparição de João Batista no deserto – demonstrando também aqui o seu distanciamento dos genealogistas inventores do cânon.

Nas redações de Mateus e Lucas se anunciam os destinos posteriores do cristianismo: o melhor termo para descrevê-los é a fórmula da "re-genealogização da revolta antigenealógica". Torna-se supérfluo explicar que essa manobra veio acompanhada de uma refamiliarização da doutrina original e antifamiliar do profeta. O filho de todos os filhos, que se livrara do sistema de origem

---

108 Em sua *História eclesiástica* I,7 (Munique: Heinrich Kraft, 1989, p. 99-103), Eusébio discute os pontos irreconciliáveis das duas "linhagens genealógicas" de Jesus em Mateus e Lucas e tenta resolvê-los com a ajuda da distinção entre "pais segundo a natureza" e "pais segundo a forma". A impossibilidade lógica da afirmação simultânea do nascimento virginal e da descendência de Davi também é "ignorada" por Eusébio.

patriarcal, volta a ser captado pelo campo de força das relações genealógicas, no entanto, de um modo que provoca uma modificação de consequências imprevisíveis dos modelos até então válidos de família e sucessão.

A primeira dessas diz respeito à transformação já mencionada da sequência geracional comum em uma linhagem de sucessões apostólicas. Nesta, os filhos só podem suceder a filhos, sob exclusão da estação intermediária da paternidade real. Mesmo assim, não demora para que os usos linguísticos cristãos retomem o conceito banido do pai para mistificar as estruturas filiarcais como ordem neopatriarcal. Não é à toa que a *ekklesia* cristã se destaca pelo uso extenso de títulos de pai híbridos – desde os Padres do Deserto até os Padres da Igreja e os patriarcas, sem falar das outras figuras parapaternais como o padre, o papa, o abade e outras criações psicossemânticas semelhantes na escala do vocabulário patrológico.

A transformação do cristianismo em uma religião de filhos, que, por meio do exercício do poder pastoral tentam reconquistar o papel paternal proibido por Jesus, reflete o evento espiritual principal da Antiguidade antiga: Poderíamos chamá-lo a contrarrevolução dos bispos – ou a restauração clerocrática. Sua motivação principal foram os imperativos internos de uma organização crescente que não tinha como não acatar a diferenciação existente na prática entre leigos cristãos e religiosos profissionais como diferença principal. Sem os níveis de ovelhas, pastores e sobrepastores, o aparato católico teria sido impensável e inadministrável. A meia-volta episcopal iniciou – para além da re-genealogização e re-familiarização pretendida pelos evangelistas – aquela re-paternalização extrema da vida eclesiástica cristã, sem a qual não conseguiríamos imaginar a fisionomia do cristianismo entre 300 e 1800 d.C. nem sob o aspecto cotidiano nem sob o aspecto doutrinal.

Na esfera da influência do catolicismo romano e também das ortodoxias russa e grega essa imagem patrocêntrica continua presente até hoje, por mais que as atividades pederásticas mais crônicas do que ocasionais no clero católico a turvem – estas também falam menos a favor de competências paternas dos funcionários espirituais e mais a favor da herança neurótico-sexual do cristianismo cunhada por Paulo e Agostinho, sem falar da subcorrente praticamente imortal das peculiaridades eclesiopáticas em meio das corporações espirituais.

Visto que a clerocracia da Idade Média europeia tinha assumido as formas de uma "patrística" política, ou seja, de uma aristocracia eclesial para-patriarcal, é fácil entender por que o clero paternalista daqueles séculos tremia diante da imagem da leitura bíblica por um leigo. O que um padre, um abade, um papa poderia ter respondido a um leigo que, durante sua leitura do Evangelho de Mateus, se deparasse com o dito: "A ninguém chameis de pai na terra, porque um só é vosso Pai, aquele que está nos céus"? Os únicos que teriam tido o direito de dar uma resposta naquele tempo eram, no máximo, os *fratres* e *sorores* simples, que, por causa de sua filiação a instalações distanciadas do mundo, como, por exemplo, mosteiros, eremitagens, ordens mendicantes e ordens de assistência aos enfermos, tinham permanecido fiéis ao impulso antifamilial e antigenealógico da comunidade jesuânica *cum grano salis* por mais de um milênio. O sentido da Reforma Protestante consistia também na intenção de revalidar a anarquia fraternal contra a patrística política da Igreja Católica – defendida por Carl Schmitt como poder da "forma" romana – e fazê-lo na vida de cada fiel individual, fora dos muros dos monastérios, entre as oficinas barulhentas e as assembleias cantantes.

A segunda modificação dos modelos válidos do processo e da sucessão geracional com consequências ainda maiores diz respeito ao esquema da família como tal. Mesmo que uma refamiliarização da mensagem cristã – além dos desenvolvimentos idiossincráticos na ala ascética e monástica da Igreja – parecia inevitável, isso só podia acontecer a custo de uma subversão profunda do modelo de família. O pequeno triângulo familiar de Maria, José e Jesus – seja no estábulo de Belém ou na fuga para o Egito – o fantasma inextinguível da Família Sagrada aparece no palco do imaginário da antiga Europa (Albrecht Koschorke mostrou o longo alcance das modificações por ele causado na vida familiar profana)[109]. Isso cria entre homem e mulher não só um novo laço assexual ou sobressexual, que impõe ao homem também no casamento um comedimento até então desconhecido, ao mesmo tempo em que, para a mulher, em virtude de sua relação especial com o polo divino, se abrem novos níveis de liberdade. Simultaneamente, desenvolve-se na Família Sagrada entre mãe e filho um psicodrama incomparável, que favorece um renascimento matriarcal. Em seu final, a mãe inicialmente superprotetora e, mais tarde, rejeitada, segura o filho morto em seu colo – essa cena *laptop* no Absoluto, retratada pela arte no gênero da *Pietà*, oferece o ponto de partida para transfigurações ilimitadas da parideira de Deus e provoca tendências de uma marianização global da feminilidade no espaço da tradição cristã.

No que diz respeito ao "eixo" masculino[110] da Família Sagrada, este sofre os piores abalos causados pelos efeitos subversivos do conceito cristão da paternidade dupla[111]: Ao, de um lado, se relacionar com um quase-pai terreno e humilde e, ao mesmo tempo, se identificar com seu Sobrepai divino e glorioso, o filho se vê virtualmente excluído da ordem da descendência familiar.

---

109 Sobre essas considerações, cf. KOSCHORKE, A. *Die Heilige Familie und ihre Folgen*. Op. cit.

110 Ibid, p. 66s.

111 Um esquema que ultrapassa a duplificação grega do papel do pai no pai biológico e mestre.

"A identidade cristão do Filho com o Pai não gera um contínuo genealógico, mas o rompe"[112].

O filho precisa entender como Deus, semelhante a um príncipe exuberante do Oriente, gerou um filho ilegítimo com Maria. A legitimação posterior, porém, desse filho transcendental só podia ser testificada por um esforço adicional. Sim, a fim de preservar a etiqueta, essa criança deveria ser criada num lar de um casal regular. Uma mãe, porém, capaz de ter um caso com o Verbo divino, e um pai, que aceitava isso, formam um casal não muito comum.

Na esfera de ação do modelo "Família Sagrada", cada filho com criação cristã será, a poder de sua introdução à posição jesuânica, instruído a entender sua existência potencialmente como a de um bastardo gerado por Deus: Em suas veias flui o sangue do Senhor transcendente: em sua alma está cunhada a marca de uma nobreza de descendência enigmática e inesgotável; em seu espírito arde a centelha de um chamado, que ultrapassa qualquer interesse familiar empírico[113].

Com isso, designamos o embaraço dos processos genealógicos no espaço da civilização cristã: por mais que os clãs dominantes e os sistemas familiares guiados pela magia genealógica da antiga Europa tentassem se defender contra a cristianização abstrato-fraternal e insistir na primazia dos laços sanguíneos diante dos vínculos com a comuna pneumática chamada Igreja – a infiltração do esquema cristão não pôde mais ser revertida. A personalização cristã extrai o filho – e, mais tarde, também a filha, contanto que fosse *filia spiritualis* – do contínuo genealógico e o

---

112 KOSCHORKE, A. *Die Heilige Familie und ihre Folgen*. Op. cit., p. 69.

113 Uma inversão semelhantemente poderosa das autocompreensões foi conseguida apenas pelo budismo ao encorajar seus adeptos a corrigir todos os seus "laços" sensuais, mentais, convencionais e sociais [*upadana*] por meio da orientação pelo nirvana que dissolve tudo.

posiciona em uma imediação de Deus de um dinamismo psicopolítico explosivo.

Não exageramos se a definirmos como uma das fontes mais importantes do individualismo ocidental[114]. Ela se torna poderosa principalmente nos movimentos de seitas da Idade Média Tardia e do início da Modernidade, sem que a Igreja Católica conseguisse absorver os excessos liberados de subjetivação descontrolada. Na história da Igreja e das seitas da Modernidade – mais tarde também na história da arte e da expressão da Modernidade – o axioma dinâmico-civilizacional se impõe de forma mais dramática do que em outros lugares. Os processos de transmissão imanentes ao sistema liberam muito mais energias do que as funções e as forças formais das instituições existentes conseguem reintegrar[115].

Onde essa situação é alcançada, o sujeito cristão se entende não só como bastardo eleito de Deus, mas, normalmente, também como um dos últimos seres humanos no sentido literal: Uma vez que alguém se identificou completamente com o Filho de todos os filhos, ele não retorna para a sequência genealógica e desiste, em vista do Reino de Deus vindouro, de qualquer descendência para estar pronto quando a hora chegar.

A consequência dinâmico-civilizatória da ordem social coformada pelo esquema da Família Sagrada se evidencia numa ruptura profunda das concepções de legitimidade da antiga Europa. Enquanto a legitimidade resulta, sob o ponto de vista das culturas judaica, grega, romana e europeia, de transmissões patriarcais, a sucessão apostólica introduz no jogo uma segunda fonte de legiti-

---

114 Cf. DUMONT, L. *Homo aequalis* – L'idéologie allemande. Vol. II. Paris, 1978. • BAMME, A. *Homo occidentalis* – Von der Anschauung zur Bemächtigung der Welt: Zäsuren abendländischer Epistemologie. Weilerswist, 2011. • GRESS, D. *From Plato to Nato* – The Idea of the West and Its Opponents. Nova York, 2010.

115 Cf. SLOTERDIJK, P. *Die schrecklichen Kinder der Neuzeit* – Über das antigenealogische Experiment der Moderne. Berlim, 2014, p. 85s.

midade. A história europeia do espírito era, em grande parte, nada mais do que o produto de um esforço de impor uma congruência às legitimidades antagônicas da sucessão mundana e da sucessão apostólica, principalmente na alta nobreza cristã – sendo que as tentativas estavam fadadas a fracassar. Aquele que igualar o patriarcado ao filiarcado não deveria se surpreender se, algum dia, o teto da casa supostamente comum desabar.

Os inícios do segundo sistema de legitimidade remetem ao abandono do Filho absoluto das linhagens das histórias das famílias locais. Por mais que a segunda ordem tenha sido recodificada após a transição das Igrejas primitivas para a Igreja inicial sob expressões neopatriarcais – a energia anárquica do mundo dos filhos e filhas cristãos jamais pôde ser presa completamente sob a tampa de chumbo da patrística política. Nela se transmitiu um paradoxo que se tornaria constitutivo para o dinamismo da civilização europeia: Em nome do Filho, a legitimidade do ilegítimo se tornou inesquecível, ao mesmo tempo em que surgia uma suspeita constantemente atualizada segundo a qual se escondia no núcleo do legítimo uma ilegitimidade abismal. Como, senão assim, Jesus poderia dizer que a pedra rejeitada pelos construtores tinha se tornado a pedra angular (Mt 21,42)? Como, senão assim, Agostinho poderia afirmar que os reinos terrenos são *remota iustitia*[116], nada mais do que grandes covis de ladrões [*magna latrocinia*]; e os covis de ladrões, nada mais do que pequenos reinos?[117] Como, senão assim, Rousseau poderia sonhar com uma "sociedade" em que o direito positivo e a "religião do homem" voltassem a falar a mesma língua, em vez de não se entenderem, como era comum na Europa cristã?

---

116 Após a perda da jurisdição.
117 AGOSTINHO. *A cidade de Deus*, IV, 4.

Isso se tornou possível quando o Filho de todos os filhos conseguiu apresentar sua ilegitimidade evidente a poder de sua união íntima com o Pai como uma forma superior de legitimidade. No sobre-*id* dos eventos de transmissão da antiga Europa começa, desde então, a operar uma contradição que não pode ser tranquilizada. A matéria que compõe as transmissões filiarcais é feita de autoridade antiautoritária e de antiautoridade autoritária. Como se tivesse sido necessário provar que apenas o impossível tem um futuro, essa contradição garantiu ao cristianismo a sobrevivência como movimento de irritação incurável. Mesmo que a Igreja como veículo da legitimidade alternativa se afundasse em estados de corrupção interna: sua função como transmissora de um direito humano à não pertença de um coletivo subjugador, fosse ele a família, o clã ou o povo, não pôde ser afetada por isso. Sim, mesmo que a própria Igreja, enquanto fosse ideologia dominante, tenha escravizado psiquicamente muitas gerações: aos seus documentos de fundação ineria um impulso não extinguível para a liberação da prisão genealógica. Os direitos humanos modernos se fundamentam sobretudo na liberdade do indivíduo da coerção da primeira descendência – e confirmada pelo batismo – e certamente também na profissão da filosofia antiga da liberdade de movimento cosmopolita do espírito e de seu distanciamento da polis e da terra mãe. A "sacralidade da pessoa" nos preâmbulos das constituições e nas propagandas da Modernidade tem sua base histórico-ideal nessas doutrinas de liberdade em parte produtivas, em parte ilusórias[118].

Re-animação é a primeira política. Depois dela, todo ser humano tem, assim que nasce, o direito incontestável a estar "no erro" em relação à maioria de seus familiares. Ninguém precisa

---

118 JONAS, H. *Die Sakralität der Person* – Eine neue Genealogie der Menschenrechte. Berlim, 2011.

concordar com os costumes, as opiniões e as mentiras do povo de origem, apenas porque os antepassados não conheciam outra coisa. Quem, além disso, executar as operações básicas da pessoa cristã, chamadas "fé", se transforma imediatamente em um filho ilegítimo do Altíssimo.

O fato de que os mortais normais descendem de pais profanos é uma regra sobre cujas exceções sabemos muito pouco. Mas onde as sementes voadoras do Espírito se espalham, tornam-se imagináveis gerações fora do comum. E se também no teu caso um fator da vertical tivesse intervindo? Na era "depois de Cristo", ninguém pode ter negado o seu direito de levar sua vida como um bastardo de Deus. Um Jordão pode ser encontrado por toda parte. Em qualquer lugar, uma pessoa pode, ao emergir da água, ouvir uma voz vinda do alto que diz que este é o seu filho amado que agrada ao Altíssimo[119].

---

119 Em sua obra principal *Totalidade e infinito* (1980) [*Totalität und Unendlichkeit – Versuch über die Exteriorität*. Freiburg/Munique, 1987], Emmanuel Lévinas tenta formular uma metafísica da filiação, que obtém o mesmo resultado por uma via diferente. "O filho adota a singularidade do pai e, mesmo assim, permanece exterior ao pai: O filho é filho único. Não a poder do número! Cada filho do pai é filho único, filho eleito [...] Eu sou eu e escolhido, mas onde eu posso ser escolhido senão entre outros escolhidos, entre iguais!" (p. 407s.) O fato de que essas teses não são cobertas pelas histórias patriarcais judaicas é ignorado por Lévinas: Do que tratam estas senão do amor paterno favorecedor, que não gasta um único instante pensando em tratar cada filho como filho único e eleito?

6

Aprimoramento do ser humano

Notas filosóficas sobre o problema da diferença antropológica*

Reconstruir a distância que o hominídeo percorreu durante seu devir como humano é um desafio que é aceito apenas relutantemente pela antropologia filosófica contemporânea. Desde a década de 1960, houve muita movimentação no campo da pesquisa básica e das escavações, mas por parte da antropologia filosófica temos apenas um silêncio mais ou menos embaraçoso – e creio que seja possível identificar a razão com precisão.

Quero começar aqui com sentenças sobre o embaraço atual de ser um ser humano. Este se manifesta no fato de que nós, numa situação dominada por critérios "egalitários", temos dificuldades de caracterizar o ser humano como um ser que vive constitutivamente numa tensão vertical: como um ser que sofre a pressão de um estresse diferencial em relação ou seu próprio poder ser e poder devir. O ser humano nunca é, como dizemos, idêntico consigo mesmo, ele sempre se encontra num desnível em relação a si mesmo, num mais ou num menos, num para cima ou para baixo. Ele é tocado e permeado de forças verticais.

---

* Orig.: "*Menschenverbesserung*" [Manuscrito de uma palestra no contexto do Studium Generale de Tübingen, WS 2006/2007]. In: BAUMANN, U. (org.). *Was bedeutet Leben?* Frankfurt a.M., 2008.

Na década de 1990, nossos amigos norte-americanos nos trouxeram, juntamente com a onda do *political correctness*, uma expressão maravilhosa com a qual os círculos dos corretos falam sobre as pessoas de estatura baixa: nos Estados Unidos, são chamadas *vertically challenged people* – essa expressão acerta o alvo em cheio no que diz respeito à *conditio humana* como um todo, uma cunhagem de alta energia conceitual, que será imprescindível para nós. Na verdade, o ser humano como tal sempre já é "desafiado verticalmente", um ser que precisa se relacionar à sua própria tensão vertical, criaturas, portanto, que não podem ser aliviadas do estresse do "poder fazer mais ou menos de si mesmo".

Encontramo-nos aqui numa frente na qual somos obrigados a lutar, mas da qual tentamos nos esquivar na maioria das vezes. Como todos sabem, vivemos numa época que se dedicou à missão de realizar o egalitarismo na teoria e na prática – e para esta existe, desde o século XVIII, uma definição precisa, que diz: O sentido de toda política é transformar as diferenças verticais entre seres humanos em diferenças horizontais. Isso é também e ao mesmo tempo a última camada de sentido da fórmula *liberté, égalité, fraternité*. Não podemos mais classificar em termos de mais alto ou mais baixo, de melhor ou pior, mas precisamos descrever o ser humano como um ser que só se distingue na horizontal, não mais segundo a hierarquia ou ao valor existencial. Conceitos hierárquicos desapareceram da reflexão contemporânea sobre o ser humano – o que nos permite deduzir que a antropologia moderna representa, no fundo, uma ciência de luta: a ciência da abolição da nobreza em todos os sentidos da palavra. Este é o primeiro distintivo dessa disciplina inegavelmente moderna. Ela surge no século XVIII, sob o signo de um ataque do terceiro e quarto estamento contra uma nobreza ociosa, sobre o qual Fígaro faz a declaração decisiva na peça *As bodas de Fígaro*, de Beaumarchais – e podemos considerá-la a sentença-chave da época: "O que foi que o senhor conde fez para que se considere um homem tão grande? Ele se esforçou para ser nascido e nada mais". Infelizmente, *da Ponte* não usou essa declaração do monólogo de Fígaro para o seu libreto, razão pela qual Mozart nos ficou devendo uma ária irônica sobre as palavras "Ele se esforçou para ser nascido". Essa fórmula contém a declaração de guerra da Modernidade contra a era findada, na qual a fala sobre o ser humano não podia ser separada de uma reflexão sobre aquilo que, aqui, chamo a diferença antropológica: Quando a tese da diferença era defendida com sinceridade, valia a convicção de que um ser humano pode ser diferente de outro ser humano – não só em termos graduais, mas dimensional e fundamentalmente diferentes.

Existiam na história das antropologias pré-modernas pelo menos quatro configurações em que a diferença antropológica, ou seja, a diferença vertical substancial, é estatuada. Nos tempos mais antigos, surgiu, juntamente com a emergência dos reinos-cidades mesopotâmicos e dos antigos impérios, aquela figura tão poderosa do homem-deus, ou melhor, do deus-rei, que se apresentava aos seus contemporâneos na figura de uma criatura qualitativa ou metafisicamente diferente.

Hoje, vivemos num tempo em que não queremos ouvir nada sobre uma diferença entre homens-deuses e meras pessoas – mesmo que consideremos o Dalai Lama um homem simpático ou ouçamos algo sobre as duas naturezas de Cristo no seminário teológico. A diferença na qual as teocracias costumavam se apoiar parece tão risível à maioria de nós que dispensamos a necessidade de demonstrar que isso jamais pôde ser uma diferença real, mas sempre apenas uma diferença criada, no pior dos casos até mesmo uma diferença estabelecida com intenções enganosas.

Suspendemos também a segunda figura da diferença antropológica, ou seja, a diferença entre os santos e as pessoas profanas. Estamos convencidos de que, no fundo, os santos só foram atletas que se submeteram a rotinas incomuns de treinamento espiritual. Na Índia, por exemplo, as pessoas tentaram apoiar-se numa única perna durante décadas para avançar espiritualmente. No Ocidente, alguns atletas espirituais tentaram flagelar-se diariamente e amar todas as pessoas para assim se aperfeiçoarem. Todos os grandes santos foram ascetas que tentaram viver como homens sem atributos – negando a sua primeira natureza, seus afetos e seu corpo.

Quero supor que esse tipo de exercícios praticamente deixou de gerar um interesse geral e que continua atual apenas numa versão marginal do catolicismo intelectual na forma da espera pelo santo. A Modernidade como um todo agiu bem segundo a sua lógica ao aposentar os santos. Esse caminho já havia sido apontado pelos pintores do Renascimento italiano, quando, no final do século XV, começaram a pintar as figuras da história sagrada sem a auréola até então obrigatória. Essa desistência das auréolas poderia até ser considerada o critério decisivo do Renascimento, e a perda da aura, da qual Walter Benjamin costumava falar, está diretamente ligada àquela maré baixa da transcendência, que se manifesta também nas imagens do início da Modernidade.

Mas o que é ainda mais significativo e, em certo sentido, também mais trágico para nós, os *homines academici*, é o fato de que a terceira figura da diferença antropológica, a entre o sábio e a massa ignorante, ruiu. Também aqui podemos observar um nivelamento e uma secularização. Em menos de 200 anos, foi suspensa a tensão – até então constitutiva para a história intelectual da humanidade – entre o *sapiens* e o *insipiens vulgus*. Foram sobretudo os antropólogos que demonstraram como isso funciona: eles acrescentaram ao primeiro *sapiens* um segundo *sapiens* e transferiram o apelido do indivíduo para todo o gênero. Além disso, os filósofos do século XVIII proclamaram a diretriz: "Corramos para popularizar a filosofia!" Com o ceticismo moderno, com o convencionalismo, com o deconstrutivismo, derrubamos o conceito de um conhecimento positivo baseado em evidências e, assim, geramos uma situação que Richard Rorty resumiu quando postulou a primazia da democracia sobre a filosofia. Isso implica: Para nós, não existe mais nenhuma evidência transcendente e, portanto, nenhum sábio substancial que participe dela. Consequentemente, o sábio não pode mais, como um visitante de outro mundo, de uma dimensão iluminada por esclarecimentos raros, invadir a esfera dos não iluminados e espalhar a verdade. Agora, precisamos nos contentar com uma comuna dos meio esclarecidos e dos meio iluminados, com um círculo do meio conhecimento ou do conhecimento ausente. Pouquíssimos contemporâneos – entre eles alguns teólogos – anunciaram oposição a essa dissolução do conhecimento pós-moderno e se agarram a determinados ensinos elementares inegociáveis e, portanto, transcendentes. Mesmo correndo o risco de serem designados fundamentalistas, eles não abrem mão de determinadas formas do conhecimento orientador. Suas revelações não estão à disposição, mesmo que o mundo se encha de convencionalistas.

Quero, por fim, citar um quarto nivelamento que suspendeu também a última figura da diferença antropológica: Já nos esquecemos de que a burguesia, em sua luta contra a nobreza, conferiu a si mesma um título de nobreza quando recorreu à "nobreza do espírito". Isso não é apenas um título aleatório de um livro, sob o qual Thomas Mann reuniu seus discursos e ensaios sobre os grandes autores do tempo da burguesia. É, ao mesmo tempo, um título programático, que revela em nome de quais valores e sob qual perspectiva ocorreu a revolta dessa aristocracia natural do talento contra a nobreza tradicional do sangue. A autoaristocratização da *burgeoisie* era, evidentemente, uma condição do sucesso de sua emancipação. Mas no discurso dos conflitos, os participantes de uma grande batalha não são mais os mesmos como antes, e é justamente o sucesso de seus próprios chavões fez com que os burgueses se cansassem de suas diretrizes originais.

Após 200 anos de uma religião vitoriosa dos talentos, eles se despedem no nosso tempo de seus chavões talento e gênio – isso é uma ruptura que atravessa as nossas biografias.

Hoje, vemos com uma clareza repentina que também a natureza, a grande doadora de talentos, essa aliada da ascensão burguesa, também era concebida como uma corte na qual existiam protegidos e favorecidos. Assim, vista à luz do dia, a natureza é tão injusta e caprichosa quanto o príncipe absolutista, e mais, é o absolutismo do acaso em sua forma mais pura. Isso torna o talento e o gênio escandaloso para todos aqueles que, como Niklas Luhmann disse de forma tão bela quanto maldosa, também precisam viver da aparência. Primeiro surge um mal-estar, depois vem o ódio, e ao ódio segue, como sempre, um apêndice de boas razões.

O fenômeno do bando incendiário [*Hetzmeute*], descrito classicamente por Elias Canetti, pode hoje se apresentar como centro amplo, como *aurea mediocritas*. Ele coloca a liquidação da nobreza da natureza e do talento na pauta das ideias políticas. Hoje, vivemos na fase final desse processo. O grito de guerra não é apenas: primazia da democracia frente à filosofia, mas também: primazia da democracia frente à arte. O projeto da Modernidade se fundamenta na determinação de revalorizar todos os valores no sentido das diferenças horizontais: todas as pessoas são iguais em sentido primário, as diferenciações são secundárias. Essa nova igualdade não significa a igualdade tradicional dos seres humanos perante Deus. Em vista da ordem dos estamentos medievais, poderíamos falar de um egalitarismo infinitista, contanto que não ocorra uma relação entre o finito e o infinito. O axioma correspondente da escolástica dizia: *inter finitum et infinitum non est proportio*. Entrementes, estamos lidando com uma forma completamente diferente de igualdade. Não é Deus em relação ao qual – como o infinito – todas as diferenças finitas são iguais a zero. Agora, trata-se de uma igualdade perante o nada, da igualdade perante a indiferença que coloca tudo no mesmo nível. É a igualdade diante do genoma, que, em seu nível, também apresenta uma primazia insuperável do comum em relação à diferenciação.

A antropologia filosófica também nos ensinou que o ser humano é exatamente aquele ser que não possui atributos além daqueles que ele mesmo se atribui. O conceito da antropotécnica não designa outra coisa senão o fato de que nenhum *homo sapiens* caiu do céu, que essa criatura só pode ser obtida por meio de efeitos tecnógenos. Graças à pesquisa antropológica, sabemos hoje que também a imagem do corpo do *homo sapiens* só pode ser explicada por um efeito evolucionário que os antropólogos chamam "desligamento do corpo". Isso quer dizer: O ser humano recua, desde cedo em seu devir, para um escudo de distância, que lhe permite desviar a pressão da seleção imediata da natureza. Por trás desse escudo, esse ser se insere numa evolução especial que os biólogos chamam neotenia: uma preservação de formas juvenis e até mesmo fetais até a fase adulta. *Homo sapiens* é, para dizê-lo claramente, um feto de um hominídeo que alcançou a maturidade sexual, mas fixado num estado inicial crônico e biológico, que se beneficia do curioso privilégio de não poder se tornar adulto – e não ter que se tornar adulto. Ele resulta de um fenômeno de retardação de tipo especial, e quem falar de *homo sapiens* sem falar de sua neotenia, de sua imaturidade organísmica, de sua fixação num estado semifetal e *eo ipso* de sua relação precário com o tempo, não faz jus ao tema.

Quero esboçar o problema em seis ou sete vinhetas antropotécnicas, que mostram o que está em jogo quando as pessoas trabalham em pessoas – quando pessoas transformam a pessoa em objeto de produção, em objeto de modificações conscientes e intencionais. Quero começar com o caso mais notável – com um experimento mental, feito recentemente pelo escritor francês Didier van Cauwelaert em seu romance macabro *O evangelho segundo Jimmy*. Esse livro trata de pesquisadores norte-americanos que se aproximam de uma seita evangélica fundamentalista e chegam à conclusão de que o retorno de Cristo é um evento importante demais para aguardá-lo no modo da espera passiva. Por vezes, os norte-americanos se destacam com uma abordagem técnica também em questões metafísicas, e por isso esse evento que, na terminologia dos que esperam, é chamado de *The Second Coming* se transforma necessariamente em um projeto tecnológico.

Para isso, são necessárias apenas três coisas além da tecnologia genética: em primeiro lugar, acesso ao sudário de Turim, em segundo lugar, acesso ao sudário de Oviedo e, em terceiro lugar, acesso à túnica sagrada de Tréveris.

É fácil explicar a razão disso. Existem, como sabemos, alguns cientistas – não sei se são cientistas infiltrados que trabalham para o Vaticano ou para os adversários ou para outros grupos de interesses sombrios – que afirmam que todos esses três tecidos contêm o mesmo sangue, mesmo que esses tecidos provenham de séculos diferentes. Além disso, alguns autores alegam que tudo indicaria que o sangue é autêntico – porque existem evidências de que esses panos tinham envolvido o corpo de Cristo. Consequentemente, existem também indícios de que os norte-americanos substituiriam a busca pelo gral europeu pelo projeto de reconstruir o sangue de Cristo a partir do DNA. Se quisermos praticar a antropotécnica no nível da alta tecnologia, por que não o fazer no objeto mais ambicioso? Se quisermos clonar, devemos clonar Jesus Cristo. Perdemos a paciência de esperar pelo retorno – com todo o direito, pois entendemos o ardil da razão segundo o qual alguns portadores materiais do DNA de Cristo foram conservados exatamente até o momento em que o sequenciamento completo do genoma humano e uma restauração do corpo de Jesus por meio da clonagem se tornaram possíveis.

Esse é, em resumo, o conteúdo dessa bala tecnognóstica de bandidagem que saiu da pistola do autor francês de histórias em quadrinhos do ano de 1994. Após o grande sucesso de seu romance, o mesmo autor desferiu um segundo golpe ao publicar as consequências reais de sua ficção. Nesse segundo livro, ele afirma – no estilo de um documentário – ter recebido a visita de um professor norte-americano após a publicação de seu livro sobre Jesus. Esse professor afirmava ser exatamente aquele que, há tempos, estava trabalhando no mesmo projeto, que, agora, estava prestes a ser bem-sucedido. Esse exemplo demonstra o que a antropotécnica poderia significar em seu extremo: o ser humano produz Deus – uma bela blasfêmia tecnognóstica.

Temos sentimentos muito menos blasfemos quando lemos a narrativa que abre o Livro do Gênesis – uma narrativa que aborda o projeto da produção do ser humano do outro lado. Quando Deus produz o ser humano, o nosso ambiente cultural considera isso um tanto normal. Mas por quê? Na antropologia cristã, vinculamos o conceito do ser humano desde sempre à concepção de que ele é algo produzido. Isso não nos causa nenhuma dor teológica nem antropológica. Não objetamos a essa história apesar de se tratar de um mito de artesão. Se lermos com alguma atenção a narrativa bíblica do sexto dia, percebemos que Deus é um oleiro e que a criação do ser humano ocorre em dois atos, o primeiro é cerâmico, o segundo, metacerâmico – a metafísica começa com a metacerâmica. Primeiro se produz uma forma oca, depois essa forma recebe o sopro da vida pessoal. Ou seja: Quando falamos sobre o ser humano em terminologia cristã, sempre nos encontramos na esfera das fantasias dos produtores e artesãos. Consequentemente não podemos nos queixar se, posteriormente, essa mesma gramática gerar novas figuras, mesmo que com agentes diferentes. Essas figuras seguem o esquema segundo o qual um agente poderoso age ativamente sobre a matéria humana – sendo que a antropotécnica de Deus age como madrinha do trabalho humano no ser humano.

Um terceiro exemplo ilustra a relação entre a semântica cristã e o tecnognosticismo moderno. Apenas poucas pessoas no Ocidente sabem que, durante a Revolução de Outubro na Rússia, houve um grupo de antropotécnicos metafisicamente ambicionado e inspirado por um autor chamado Nicolai Fedorov. que alcançou o auge de sua atividade por volta de 1920. Seus membros se chamavam biocosmistas ou imortalistas. Sua ideia dominante era que o comunismo não poderia ser realizado enquanto não fosse suspensa a propriedade privada da duração de vida. Eles acreditavam ter descoberto que a razão mais profunda da desigualdade entre os seres humanos consistia no fato de que cada indivíduo recebia uma temporalização especial de sua existência – e essa temporalização era atribuída pelo gerador insuportável do acaso ou destino, que chamamos história. Ao mesmo tempo em que Martin Heidegger tentava pensar o ser da existencialidade a partir da morte vindoura, a partir da qual ele pretendia extrapolar a historicidade humana, os tecnognósticos russos desenvolveram um programa para a realização mais radical do comunismo – na base da exigência da imortalidade para todos os participantes desse grande experimento. Segundo eles, todo comunismo verídico precisa postular essa premissa, caso contrário, ocorreria sempre a queda de volta para a privacidade ruim da posse de tempo de vida.

Se voltarmos um passo a mais na história do motivo antropotécnico, nós nos deparamos com uma figura de pensamento que poderíamos chamar a ensino humanista primitivo da autoplástica humana. Aqui, devemos mencionar primeiramente o nome do hermético e estudioso universal Pico della Mirandola, que entrou na história como autor do *Discurso sobre a dignidade do ser humano,* um escrito que é citado sempre que alguém tenta reconstruir os inícios daquela ideia ousada segundo a qual os seres humanos seriam criaturas que instituem inícios e, portanto, autores de novos efeitos no mundo. Isso motiva Pico a fazer com que o Criador sublime distribua todos os atributos entre as criaturas. Quando finalmente se volta para Adão, para o *homo* que criou da terra, Ele percebe que já gastou todos os atributos disponíveis. Tudo que podia dar já foi dado, resta uma criatura sem atributos. Agora, Deus transforma essa deficiência em uma vantagem, dizendo a Adão: Entre todas as criaturas, tu serás aquela que cria a si mesma. A ti eu dou dignidade como teu próprio inventor. E aqui surge a fórmula decisiva: A partir de agora, és o *plastes et fictor* de ti mesmo, teu próprio formador e escultor, dotado com a capacidade de agir sobre ti mesmo da forma como bem quiseres. Tu mesmo decidirás o que será de ti. Tu serás a causa quando te elevares ao divino, mas se te formares no nível do animal, tu também serás a causa disso. Essa é uma das primeiras passagens em que aparece a ideologia moderna do ser humano sem atributos. Nela, o ser humano é definido como o animal sem dote. Consequentemente, o ser humano recebe uma competência autodemiúrgica total – nascida da unidade dialética de privação e dom.

Pico della Mirandola escreve num tempo em que a concepção demiúrgica do ser humano ainda é absolutamente minoritária. Encontramo-nos no final do século XV, no auge da onda de recepção da *Imitatio Christi,* publicada pouco antes por Tomás de Kempis. Esta trata justamente não da criatividade do ser humano – é antes a passividade humana que, sob o signo do "misticismo" e da imitação de Cristo, alcança o nível mais alto de mestria. Essa tradição se dirige especialmente ao prazer da paixão entre as pessoas burguesas nas cidades florescentes.

Os cidadãos do início da Modernidade são convocados a se apresentar como especialistas de seu próprio sofrimento, prescrevendo-lhes o padrão da imitação de Cristo como caminho ideal pela vida. Também aqui o ser humano é visto completamente como uma criatura que deve se transcender e que interpreta sua tensão vertical por meio da *imitatio Christi*. De forma alguma, porém, isso não deve ser entendido como programa de criatividade, assim como o cristianismo raramente fala de criatividade. Ele não tem uma imagem criativa (ou melhor: criacionista) do ser humano. Para o cristianismo, o ser humano não é interessante por ser esteticamente virulento, por ter uma tendência de compor óperas ou de pintar pinturas. O que vale é unicamente que o ser humano se avalie segundo a tarefa de se tornar semelhante a Cristo, que, por sua vez, se tornou semelhante a Deus ao se entregar completamente a ele – não havia tempo para a arte como tal. A *imitatio Christi* oferece um treinamento abrangente da paixão, cujo objetivo foi descrito pelos conceitos gregos da *theosis*, do tornar-se Deus, ou da *henosi*, da união ou unificação, para a qual os latinos sugerem o nome *unio*.

Se nos aventurarmos numa região de autoinfluências antropotécnicas mais superficiais, tocamos aquele campo que, desde sempre, representa a região nuclear da ação do ser humano sobre o ser humano, ou seja, a região que os gregos chamavam *paideia*, em termos modernos, a pedagogia. No tempo de fundação da ciência da educação moderna no século XVII, quando agia o grande Comênio e surgiram os primeiros antropógogos – os primeiros pedagogos ainda se chamavam líderes de homens, não só líderes de crianças – foi proclamada a produção do ser humano por meio da educação como primeira obrigação do cidadão e do mestre. Sob os verbetes da formação e educação, foram estudados procedimentos graças aos quais os filhos da burguesia e da nobreza deveriam se livrar dos preconceitos estamentais de suas origens – para se tornarem, pela primeira vez, seres humanos e nada além de seres humanos. Um dos pedagogos mais interessantes do século XVII, um homem chamado Becher, proclamou que, em sua prática educacional, os nobres não teriam conseguido ultrapassar a fase da geração de "bestas nobres". Por que bestas? Porque, por meio do adestramento de sua casta, são formadas como meras cópias de seus ancestrais, sem passar pela alquimia enobrecedora da educação humanista do início da burguesia. Também aqui se evidencia a tese segundo a qual o ser humano ainda não é como deve ser, mas que ainda precisa ser produzido por um processo pedagógico de elevação.

Se olharmos para o projeto da clonagem de Cristo a partir daqui, percebemos o quanto já descemos para o nível do pragmático. Agora, antropotécnica deve ser apenas mera pedagogia. Mesmo assim, a pedagogia é uma atividade que, pelo menos quando é praticada de forma ambiciosa, que reconhece o ser humano como um ser que pode se superar a si mesmo não apenas virtualmente, porque seu chamado é o desdobramento e a elevação de suas forças. Minha vida, então, nada mais seria do que minha transformação no melhor livro que posso ser.

Se dermos um passo adiante, adentramos as águas mais rasas do autotratamento antropotécnico. Nessa categoria cito, resumindo como um grupo, coisas que, talvez, nem sempre devem ser unidas: a protética, o atletismo e a cosmética. Com esses três conceitos expressamos novamente o fato de que os seres humanos agem sobre seres humanos – em relações próprias e relações alheias. Mas mesmo que se trate de formas rasas da antropotécnica, isso ainda não diz nada sobre sua dispensabilidade.

Quando uso a expressão "raso", eu o faço em comparação com as fortes tensões verticais que citei nos exemplos iniciais, mas ela não contém qualquer juízo sobre a dispensabilidade dessas coisas – Pois o que seria o ser humano de hoje sem suas próteses? O que seríamos sem os dentes artificiais, o que seríamos sem os cabelos falsos, o que seríamos sem os óculos, sem os quais a nossa vida como *homo academicus* ou como *homo sapiens tuebingensis* não seria possível? O ser humano, o feto netoenizado de primatas, depende da ajuda de técnicas culturais de suplementação para se tornar representável e apresentável, diante de si mesmo e diante de outros.

As cirurgias cosméticas transformam o ser humano literalmente em *plastes* e *fictor* de sua aparência. Isso o leva até o limite em que muitas pessoas chegam a ter o pensamento aparentemente blasfemo, mas atualmente já bem introduzido, de que elas já não querem mais se aceitar da forma como foram entregues pelo Criador. Com uma olhada no espelho elas se convencem de ter uma razão e também o direito de, com a ajuda da cirurgia cosmética, trabalhar em si mesmas – e Pico della Mirandola observa e aprova tudo. Podemos entender isso se nos lembrarmos do fato segundo o qual o ser humano é um ser condenado à aparição, ao ser percebido. E se levarmos em consideração que tanto o homem quanto a mulher possuem partes do corpo que estão mais sujeitas à gravidade do que outras – não há nada mais lógico do que tentar se opor a essa gravidade. A intervenção cosmético-cirúrgica se impõe assim que chegamos à convicção de que gravidade e dignidade humana são contraditórias.

Apenas aqui, onde a curva antropotécnica já se tornou muito rasa, quero introduzir o conceito da *eugenia*, em torno do qual foi gerada muita agitação artificial. Eugenia significa literalmente a arte do bem-nascer. Se assim não fosse, inúmeros pais e mães da burguesia não teriam batizado suas filhas com o lindo nome Eugênia. E se, antigamente, a arte do bem-nascer tivesse possuído uma conotação pejorativa, o cristianismo não teria tido papas chamados Eugênio (entre os séculos VII e XV houve quatro com esse nome). A eugenia, a arte do bem-nascer, visa à tentativa de melhorar as condições da reprodução humana.

Na história da humanidade, a técnica, se é que podemos chamá-la assim, não conseguiu ultrapassar o limiar do mero favorecimento – e isso dizia respeito apenas às modalidades de reunir os parceiros de procriação. Hoje, porém, tudo indica pela primeira vez que, em breve, seremos capazes de realizar determinadas modificações também no estilo de uma eugenia direta. A eugenia virou um tema a partir do momento em que o Esclarecimento começou a se ocupar com o tema popular da procriação. Ela é filho legítimo do Esclarecimento no que diz respeito à pergunta sobre o que aconteceria se um ser humano, à plena luz do dia, se visse confrontado com o problema da procriação. E como em todos os outros campos também, o Esclarecimento exige mais luz.

O primeiro a articular esse pensamento foi Platão, que se contentou com a exigência de que a escolha do parceiro deveria ser feita de olhos abertos. O ato amoroso não pode ocorrer no escuro, não devemos fechar os olhos se já chegamos ao ponto em que não conseguimos desistir dos conhecidos atos preparativos para a procriação. Platão estabelece a notável condição de que a procriação deve ser um *tokos en kalo*, uma procriação no belo – e esta já é toda a definição da eugenia. Ela expressa o pensamento: Quando sentimos que algo belo está sendo criado, podemos fazer o que queremos. Essa regra já deveria bastar para nos incentivar a transmitir aspectos bem-sucedidos de beleza. Só que, na escolha de seus parceiros, os seres humanos fazem a mesma experiência como em todas as outras áreas: Na maioria, não podemos ter o que queremos, razão pela qual aceitamos algo diferente – e recuamos para a meia-luz ou para a escuridão total. Podemos supor que a procriação resultante disso no "não tão belo assim" ou no feio se reflete também no perfil bioestético do *homo sapiens*.

A eugenia é um tema que, ao longo de milênios, contanto que se tornasse explícito, foi praticado sobretudo dentro da política de diferença aristocrática. Já havia naqueles tempos algo como uma seleção aristocrática de procriação e certa prática incestuosa das camadas mais altas. Mas a partir do século XIX, a eugenia mudou de lado político e se tornou o tema preferido do socialismo. Deveríamos observar aqui que jamais houve uma eugenia nazista efetiva – aquilo que ouvimos sobre isso hoje em dia são, em sua maioria, simples equívocos. O que realmente ocorreu no contexto do movimento nazista em grande escala foram programas de eutanásia declarados, injustamente associados ao conceito da eugenia. Eram, em sua tendência e seu efeito, programas de extinção, e até mesmo o conceito da eutanásia foi distorcido; e seu sentido original, invertido. Uma tendência ampla na história das ideias comprova, porém, que, a partir do século XIX, houve uma tendência em prol do socialismo eugênico, uma tendência ousada de exigir beleza para todos – algo que deveria ser considerado uma exigência revolucionária. Precisamos insistir no fato histórico: a eugenia foi principalmente um motivo da esquerda – e toda a literatura nazista sobre o tema não pesa tanto quanto uma página dos respectivos escritos de George Bernard Shaw ou dos eugênicos comunistas.

Talvez o leitor tenha percebido que consegui não usar o conceito do sobre-humano neste discurso – espero que você reconheça a minha proeza. Tenho uma boa razão para evitar essa expressão. Acredito que esse conceito simplesmente se dissolveu na lista que apresentei até agora. Ele desdobrou seus significados e suas tendências completamente nos exemplos citados, de modo que não existe mais nenhum resto semântico essencial que não tenha sido tratado aqui de forma implícita. Isso significa simplesmente que o conceito do "sobre-humano" é propriedade antiga e imprescindível da tradição cristã. Apenas no tempo de hoje, em que se iniciou uma reformação pós-metafísica do cristianismo, existe a pretensão de gerar uma forma puramente humana de cristianismo para livrar os fiéis das tensões verticais que, antigamente, fundamentavam a sua dignidade.

7
Épocas da animação

Sugestões para uma filosofia histórica da neurose*

> *A vida é um tédio para mim; não mais conterei o meu lamento; com amargura na alma vou falar. Direi a Deus: Não me trates como culpado, explica-me por que me acusas. [...] Tuas mãos me modelaram e me criaram e, em seguida, queres destruir-me? Lembra-te de que me fizeste de argila, e agora queres devolver-me ao pó? Não me derramaste como leite e me coalhaste como um queijo? De pele e carne me vestiste, de ossos e de nervos me teceste. [...] Por que me deixaste sair do ventre? (Jó 10, 1-18).*

> *A alma sempre é habitada por algum tipo de poder, bom ou mau. As almas estão enfermas não quando são habitadas: as almas estão enfermas quando são inabitáveis.*
> Pierre Klossowski.

---

* Orig.: "*Epochen der Beseelung*" [manuscrito de uma palestra de 05/10/2012, Schloss Neubeurn/Inn].

O subtítulo dessas reflexões coloca lado a lado as expressões "neurose" e "filosofia da história", e isso é motivo (mesmo que ainda não razão) para a tese de que tratarei não só de um vínculo externo, mas do desdobramento de uma relação interior. O ensino da neurose ao estilo psicanalítico é, como pretendo mostrar, um empreendimento histórico-filosófico; a psicoterapia é, de certa forma, a variante "médica" de uma ordem de procedimento tipicamente moderno para os processos que – em analogia à desfeudalização da sociedade e à revolução democrática – tentam ser movidos por indivíduos contra as circunstâncias de vida "dominantes". Em sua forma política mais elevada, a história da filosofia era o modelo de pensamento da transição da sociedade feudal para a sociedade burguesa – ela formulava a matriz daqueles processos de emancipação que deveriam levar da dominação de pessoas para a dominação do direito; da psicopolítica da ordem e da obediência para a psicopolítica da autodeterminação de indivíduos iguais e livres. Daí entendemos por que os protagonistas desse modo de pensar conseguiram se apresentar como tutores de uma sociedade de adolescentes políticos, como tribunos e advogados de uma causa que comovia nações ou até mesmo a humanidade. Esta queria ser apresentada com tanta convicção e com tamanha generalidade inclusiva que até mesmos seus adversários teriam que concordar com ela. O lema do Iluminismo foi aquela maioridade evocada por Immanuel Kant, que era definida como faculdade de se servir da própria razão sem o desempenho de outro – principalmente em questões religiosas.

Maioridade, porém, é um conceito que, como leitores com treinamento psicanalítico de textos históricos, não podemos mais aceitar sem segundas intenções. Traduzi-lo simplesmente como autonomia ou autodeterminação seria uma ingenuidade injustificada – mesmo que esta fosse altamente bem-vinda aos antipsicólogos entre os filósofos. Maioridade – é isso que o terceiro ouvido ouve desde o início – significa um fantasma da oralidade estendida à esfera política. Ao ideal da maioridade subjaz a concepção segundo a qual o sujeito assumiu domínio da língua ao ponto de poder falar por si mesmo – ou até mesmo pela humanidade em sua própria pessoa. Na ideia da maioridade se articula um programa educacional que abarca uma história da educação da boca desde o primeiro gole até a última vontade, desde o grito primordial até o discurso parlamentar. É por isso que os destinos orais do ser humano estão intimamente vinculados ao decurso das épocas modernas.

Filosofia da história é, por natureza, sempre também filosofia da educação, contanto que descreva processos normativos que levem do estupor para as alturas da língua mundial e da impotência para a autoajuda abrangente. No ponto de fuga da ideia da maioridade temos uma fantasia de autossuficiência radical e de desligamento definitivo da influência material e psíquica dos outros. O sentido da educação burguesa consiste em influenciar os indivíduos de tal forma que surja neles a ideia de que sempre teriam desejado a maioridade – independentemente de qualquer influência. Nesse contexto, é fácil entender por que os psicoterapeutas se entendem errado quando compreendem o traço fundamental de sua profissão como algo médico. Qualquer olhar neutro os reconhece como educadores, e se tiverem que ser educadores de um tipo especial, eles o são porque lidam com pós-formações e pós-educações – como professores de uma escola para alunos da vida com necessidades especiais; no máximo, junta-se ao perfil do educador o perfil do advogado, quando o psicoterapeuta apoia seus clientes no processo que reivindica o restabelecimento daquelas chances de vida que, em biografias regulares, levam àquilo que costumamos chamar uma existência plena. O *Leitbild* do sujeito com maioridade visa ao ideal do adulto que – a poder de uma autarquia oral dupla – seria capaz de falar por si mesmo e de manter-se vivo por força própria.

Nesses dois objetivos intimamente entrelaçados da educação persistem não só os restos do ideal da sabedoria estoica, são cunhadas neles também figuras fundamentais já problemáticas da gramática filosófica da antiga Europa; aquele que fala do ser humano com maioridade recorre, esteja ele ciente disso ou não, ao conceito aristotélico da substância e à sua prescrição dinamizada no conceito moderno do sujeito. Em seguida, tentarei mostrar que a história da filosofia em sua forma básica política e em sua ala terapêutica vem carregada com uma herança problemática de abstrações falsas. Sua tradução para a psicoterapia moderna teve que levar a distorções do campo psíquico.

Isso é outra forma de dizer: a crise da filosofia da história e do sujeito, que cunhou a segunda metade do século XX, toca também o campo terapêutico. Ao reconhecimento dessa crise está vinculada a tese segundo a qual a psicologia filosófica se aproxima de uma virada que reforma seus conceitos fundamentais – com consequências imprevisíveis para tudo que diz respeito à maioridade e oralidade. A teoria do ser humano como ser por meio do qual ele fala assume forçosamente uma forma mediúnica radicalizada. Na transformação de uma teoria da substância ou do sujeito para uma psicologia da mídia, alcançarmos uma crítica do substancialismo oral – e visões de uma teoria medial ou mediúnica da personalidade com uma essência quase pneumatológica nova.

A fim de caracterizar essa mudança, deveríamos evitar a expressão "mudança de paradigma", justamente porque aqui não é o paradigma, o padrão de pensamento, que, por meio de sua virada, libera uma outra visão das coisas, mas porque uma conversão do pensador se faz necessária para que uma experiência nova do espaço psíquico possa se abrir para ele. Aludo aqui a um tipo de procedimento metanoético que equivale a uma análise filosófica de instrução; ele só pode se manifestar numa supervisão filosófica do trabalho conceitual psicológico. Esse tipo de análise lógica de instrução[120] identifica o aspecto geral nos processos de ajuda psíquica estabelecendo uma mediunidade analítica – poderíamos dizer também: uma escola do conhecimento de transformação e de transgressão de limites. Nesse contexto, é preciso ressaltar que a psicologia não é possível como "ciência burguesa" se pensar de forma burguesa significa pensar sob a premissa da aparência de delimitações do eu bem definidas entre pessoas privadas com maioridade. A psicologia exige, a partir de seu "objeto", uma lógica excêntrica e indiscreta, pois a "alma" só pode ser pensada e discutida adequadamente como efeito de uma penetração e concordância íntima; o objeto da psicologia é algo não concreto, uma não coisa, que só é real como sopro do psíquico no psíquico, como violação ou salto de uma esfera psíquica para outra.

No que segue, quero sugerir uma definição esferológica do psíquico e caracterizar o objeto das falas psicológicas como uma grandeza medial, que só "funciona" na medida em que ela pode ser ocupada, penetrada e abalada por coisas de mesmo tipo.

Almas seriam então, segundo a imagem, casas cuja habitação não pode ser regulamentada segundo o direito burguês de aluguel e posse, mas que são ocupadas e liberadas por ocupadores de casas e outros espíritos ocupadores e inspiradores num jogo flutuante de ir e vir[121]. Essa "visão" medial do campo psíquico pressu-

---

120 Elementos de uma análise lógica de instrução são sugeridos principalmente em: SLOTERDIJK, P. *Weltfremdheit*. Frankfurt a.M., 1993. • SLOTERDIJK, P. *Im selben Boot* – Versuch über die Hyperpolitik. Frankfurt a.M., 1993. Nessas análises, trata-se sempre de uma lógica de intimidade pré-objetiva e pré-objetual; ela se caracteriza por meio de uma virada tripla da teoria do imaginário (i. e., da barreira sistêmica da língua psicanalítica) para a psicoacústica; da teoria da relação do objeto (i. e., da barreira lógica do regresso psicanalítico) para a esferologia; da teoria dos impulsos para a teoria da excitação.

121 Uma crítica das teorias das relações de objetos deveria e pode demonstrar que os chamados objetos são, na verdade, ocupantes.

põe duas coisas, que por ora, só podem ser postuladas, mas não explicadas: uma ontologia histórica do ser humano como aquele ser que não pode vir ao mundo; e uma cinética antropológica que descreve o ser humano como um ser que muda de elemento – ou seja, como o animal que sempre, onde quer que "emerja", traduz do líquido para o sólido e do não dito para o dito[122].

Da primeira precondição segue que os seres humanos, visto que não podem vir ao mundo, possuem, desde o início da "história quente" – da qual fala Lévi-Strauss – e das sociedades imperiais de classe, um alto risco de nascimento deficiente físico; no sentido ontológico, as pessoas nascidas de forma deficiente seriam os seres humanos na medida em que não conseguem entrar na casa do mundo – se é que a antiga sugestão holística de caracterizar o mundo como uma casa que pode ser habitada por todos os membros de um todo imperial jamais existiu de forma legítima. Os nascidos deficientes são inquilinos problemáticos do ente, seres magoados cujos problemas de estadia costumam começar ainda antes da mudança para essa casa; elas formarão em suas construções falhas do mundo estilos cultural, nacional e pessoalmente típicos de um estar no mundo defeito e relutante – estilos que, no sentido técnico, possuem significados "sintomáticos". Aqui, o conceito do sintoma é ampliado, para além da dialética da manifestação e defesa, pela tensão ontológica entre apropriação do mundo e fuga do mundo – poderíamos dizer também, pela dimensão dupla de estar aí e estar ausente dos palcos dos dramas que determinam a vida; estilos de *Dasein* neuróticos são compromissos em que os indivíduos apresentam suas contas sobre a vantagem e a desvantagem de terem nascido. Por isso, podemos

---

122 O lema de Jó acima citado revela algo de ambas: lembra, de um lado, a antiga concepção da gênese como coagulação – o modelo primordial do concreto criado pela concrescência; de outro, apresenta nas acusações contra Deus em fala manifesta coisas até então indizíveis.

interpretar as neuroses como balanços negativos da experiência do mundo[123]. Da segunda precondição segue que os seres humanos, como criaturas de risco que trocam de elemento, podem falhar na transição, seja por não aprenderem corretamente uma língua e, consequentemente, serem incapazes de simbolizar sua paixão de modo suficientemente vívido, seja por não alcançarem a margem do mundo real, a *terra ferma* de atos adultos, permanecendo assim pessoas inundadas e varadas.

Diante do pano de fundo dessas alusões fica evidente que a psicoterapia precisa ser uma arte de indiscrições discretas; seu médio é uma sem-vergonhice delicada ou uma indiscrição comedida. Esses dois polos ou paradoxo de sua abordagem são inevitáveis, pois entre terapeuta e cliente não pode ocorrer uma relação burguesa como na solicitação de serviços fisioterápicos. Se fosse possível uma psicoterapia no estilo de uma reprogramação de computadores com funcionamento defeituoso, ela poderia ser transferida completamente para a atmosfera das prestações de serviços burguesas – e, há muito, existem abordagens evidentes desse tipo; ela poderia ser aplicada sem qualquer envolvimento como uma endoscopia ou um curso oferecido pelo empregador. Visto, porém, que a psicoterapia é, segundo a sua essência, a prática de uma animação posterior por meio da aproximação a um estado de animação comum, entende-se automaticamente que essa prática copsiquista ou medial só consegue se desdobrar verdadeiramente quando ela é posta em movimento por um verdadeiro milagre de indiscrição boa e transgressão vivificadora de limites.

Se contemplarmos a psicanálise clássica de Viena em suas constelações na história das ideias, encontramos nela uma cunha-

---

123 Essas reflexões são desdobradas em maiores detalhes em dois tratados do autor: "Was heisst: sich übernehmen? Versuch über die Bejahung"; e: "Wie wurde der Todestrieb entdeckt? Versuch über seelische Endabsichten mit ständiger Rücksicht auf Sokrates, Jesus und Freud", ambos em: *Weltfremdheit*. Frankfurt a.M., 1993.

gem filosófico-religiosa tripla, que poderíamos caracterizar como as fórmulas do pós-exorcismo, do pós-idealismo e do pós-judaísmo. Nessas expressões, o prefixo *pós* remete sempre a posições revisionistas em relação a um padrão, enquanto os substantivos demarcam formações na história das ideias de altíssima competência psicológica. O aspecto comum aos três é seu caráter mediúnico. Veremos como, nos parentes mais próximos da psicanálise, ou seja, nas tradições exorcistas, idealistas e judaicas, era transmitido ao longo dos tempos um conhecimento extenso dos segredos das relações inter e intrapsíquicas de entusiasmo e animação. O fato de que essas relações tão embaraçosas quanto fascinantes ainda não fazem parte da formação psicanalítica é tão preocupante quanto compreensível. Na medida em que o movimento psicanalítico mais antigo fomentou o mito da originalidade epocal de Freud, ele teve que se proteger contra os contínuos nos quais o conhecimento mais antigo de processos mediais era transmitido. Apenas um movimento psicanalítico suficientemente reconhecido e institucionalizado poderá se dar ao luxo de uma imagem desmitologizada de sua situação macrohistórica e de suas relações de parentesco tipológicas sem ter que temer associações denunciatórias.

É possível que o mal-estar frente aos parentescos seja mais motivado em relação ao exorcismo. A Modernidade, contanto que seja movida pela ideia demiúrgica da autonomização, teme nada mais do que o pensamento de que o indivíduo possa ser o palco de uma ocupação íntima, ou seja, de um domínio alheio ou de uma possessão que age a partir do interior[124]. É justamente aqui que a tradição católica do exorcismo, que, por sua vez, tem suas

---

[124] Arthur Kroker, o teórico cultural canadense, reintroduziu o motivo da possessão como chave para a realidade psicossocial da atualidade a partir de uma posição pós-moderna (cf. KROKER, A. *The Possessed Individual*: Technology and the French Postmodern. Nova York, 1992).

raízes no xamanismo pré-cristão, encontra o seu ponto forte. Segundo sua convicção e experiência, as almas são essencialmente "recipientes" ou becos, pelos quais instâncias e forças espirituais podem vagar ou que, em casos extremos, podem servir como bases e residências fixas para forças demoníacas invasoras. Onde era constatada uma ocupação maligna de uma alma, em termos tradicionais, uma possessão demoníaca ou diabólica, o exorcismo se refugiava na concepção de uma hierarquia de espíritos. Pois se existiam relações graduais entre os ocupantes, a expulsão de um ocupante inferior por meio de um superior se torna possível. As curas no exorcismo eram realizadas como processos análogos à purificação de um templo.

A alma era imaginada nem como teatro nem como fábrica – como é típico da idade moderna – mas como santuário no qual nenhuma outra imagem podia ser venerada senão aquela do Deus-homem; sua *imago*, por sua vez, precisava representar um Deus irrepresentável. O decisivo é que, sob essas premissas, a cura jamais pode ser concebida como negativa, como mera evacuação de um distúrbio. A expulsão dos espíritos maus sempre precisava ser completada pela entrada de um princípio claro, que, como guarda da alma purificada, se tornava seu novo inspirador e supervisor. O aspecto notável da tradição exorcista se encontra nesta circunstância: depois das curas exorcistas, o homem possuído jamais é entregue à desespiritualização: quando os espíritos atormentados espetaculares saem, não começam tempos de desorientação nem tempos da "autodeterminação" no sentido moderno; para o curado, inicia-se o regime discreto de uma espiritualidade mais alta, que se manifesta no sucesso nada espetacular da vida.

Em vista desses fatos, podemos dizer que a verdade do exorcismo se encontra menos na expulsão de demônios e mais no estabelecimento eficaz de uma hierarquia de espíritos no interior da alma possuída. Como o mais indiscreto dos procedimentos de cura, o exorcismo se oferece para organizar as relações de poder no interior de um outro *self*. Mas o exorcismo permanece discreto e respeitoso diante da individualidade do cliente, contanto que procure plantar na alma doente um motivo espiritual sobrepessoal – normalmente, ele ocorre como cura cristológica. Em vista das premissas da catarse exorcista, poderíamos dizer que a cura sempre pressupõe uma mudança de "possessão"; um ocupante obsceno da alma é substituído por um espírito discreto e generoso; este não introduz no jogo um interesse particular perverso pela alma individual, mas sinaliza uma empatia libertadora por ela. O "Deus verdadeiro" é aquele em cuja abstinência podemos confiar. Se admitirmos que, na ética da contratransferência psicanalítica, se alega e exige uma força de cura semelhante da simpatia direta, vemos claramente como a abordagem psicanalítica se movimenta num campo pós-exorcista – de um lado, na herança de uma concepção de uma hierarquia de espíritos estritamente monoteísta e, de outro, cunhado pela renúncia moderna à religião positiva. Como pós-exorcismo, a psicanálise retém de seu precursor no campo da cura da alma – poderíamos dizer também: da magia pastoral – apenas um motivo, que possui, também após a despedida de metafísicas doutrinais, uma relevância psicológica: o motivo da reanimação ou da reespiritualização, que promete substituir as obsessões paralisantes por paixões dignas da vida.

Não tratarei aqui do *intermezzo* de mais de cem anos do hipnotismo – um *intermezzo* que foi de extrema importância para o desenvolvimento da consciência moderna da transferência como meio do interpsiquismo curativo. Basta dizer que uma prática magnetopática e hipnótica entre Mesmer/Puységur e Freud tinha fornecido as provas para a eficácia da posição pós-exorcista. Ela revelou: Também numa cultura pós-cristã a operação de almas em outras almas não precisa ser assombração e especulação. Mesmo assim, o hipnotismo permanece sendo a consciência pesada da psicanálise. É seu privilégio inquietante ter aproximado sondas eficazes ao modo de ser do psíquico. Mas a razão pela qual o freudianismo teve que se apresentar não só como pós-exorcista, mas também como pós-hipnótico é uma pergunta que, por ora, excluiremos da nossa reflexão[125].

Se voltarmos nossa atenção para a segunda fonte do sistema psicanalítico, a filosofia do idealismo alemão – sobretudo nas cunhagens de Fichte e Schelling – veremos transparecer o esquema da alma a ser animada e do espírito a ser espiritualizado no nível mais alto de generalização. Poderíamos dizer: segundo a lógica idealista, a região da alma ou do espírito só é constituída pela invasão do psíquico no psíquico ou do espírito no espírito. Com isso, a lógica da indiscrição alcança um grau insuperável de generalidade. Segundo a concepção idealista, "pensar" ou "ser uma alma espiritual" nada mais significa senão abrir-me para a invasão por um princípio que age por meio de mim. Nesse sentido, idealismo é um processo da entrega a uma tomada, ou melhor: a uma penetração por um princípio pensante, animador, vivificador e espiritualizador, que tem sido chamado espírito, vida, ideia ou Deus.

Aquele então que se interessa pela lógica geral das transgressões de limites entre "unidades" pessoais ou pela forma geral de invasões de sistemas psíquicos por outros não pode fazer coisa melhor senão estudar as teorias de espiritualização do idealismo alemão. Lá, encontramos – na forma de uma teologia filosófica – o máximo de invasões em formas bastante explícitas. Pois a tarefa mais nobre do pensamento do idealismo, a chamada reflexão absoluta, consiste na proeza de compreender-se a si mesmo como sintoma local de Deus; pensar no sentido eminente significa um compreender compreendido, um ver visto; também aqui po-

---

125 Para o complexo mesmerismo-magnetismo-hipnose, cf. SLOTERDIJK, P. *Der Zauberbaum* – Die Entstehung der Psychoanalyse im Jahr 1785. Frankfurt a.M., 1985.

deríamos substituir os particípios "compreendido" e "visto" pelas formas mais fortes de "penetrado" e "transparecido" a fim de demarcar a medialidade da ocorrência da visão e da apreensão. Não sou eu quem vê e compreende, é antes uma força de visão e compreensão que jorra do Absoluto que age por meio de mim. Se eu pudesse deixar-me cair completamente em Deus, eu não seria mais eu mesmo, mas totalmente "ele por meio de mim". A teopsicose perfeita seria o caso ideal da animação bem-sucedida.

Como forma mais elevada da filosofia da religião, o idealismo alemão tira as últimas consequências da mediunidade metafísica; esta tinha – desde Platão até Hegel – subordinado todas as almas individuais sob a monarquia do Deus uno. No monoteísmo, todos os indivíduos são, como *personae*, máscaras do caráter de Deus. O espírito absoluto, digamos: Deus ou a vida, se realiza como um princípio de indiscrição total: é uma fonte de insistência e penetração desenfreada que (apenas ou principalmente) está em outros e por meio do outro em si mesma. A vida compreendida de forma idealista é pura penetração – é mais indiscreta do que uma mãe superprotetora, para a qual seu filho seria sempre emocionalmente transparente sem qualquer ponto cego.

As consequências desse modelo de pensamento monoteísta e psicoteológico são, para a conceção pós-idealista da região da alma, extraordinárias. Dele resultam dois conceitos, sem os quais o pensamento psicológico dos séculos XIX e XX permaneceria incompreensível: de um lado, a ideia do inconsciente como sombra esquecida, mas recuperável da vida psíquica consciente, de outro, a concepção da subjetividade como subjetividade dupla de eu e *self*.

Este último ponto pode ser explicado facilmente: Se o eu é realmente uma função local de um espírito absoluto, a alma só pode ser pensada a partir daquilo que a anima; e o espírito individual, apenas a partir daquilo que o espiritualiza.

Contanto que a subjetividade idealista se constitua como subjetividade dupla, podemos analisar a função do eu à luz da pergunta se e em qual medida ele se disponibiliza para a penetração pelo *self*. O idealismo seria assim um tipo de psicanálise filosófica que desvela a egoidade como uma resistência contra o *self* profundo – sendo que a resistência só pode ser interpretada como um divino roubado, pervertido e inconscientizado, portanto, como uma propriedade esquecida, como um sintoma de uma história de alienação.

A comunicação do idealista com seus próximos precisa, devido à abordagem fundamental de seu sistema, ser de uma indiscrição quase insuperável; ele olha para a possessão das outras almas e se torna cúmplice de sua morte ainda em vida. Essa análise do cadáver do próximo é a psiquiatria mais dura. Cada ênfase do eu, por mais que se apresente como energia saudável, seria o rastro de uma ocupação por algo morto[126].

O eu que se ressalta a si mesmo sempre já seria, num sentido específico, perverso; a perversão teologicamente interpretada como egoísmo no absoluto se refere ao diabólico. Diabólico é o morto que agrada e prefere a si mesmo; uma terapia idealista seria a convocação do egoísta para a vida vivificadora e o chamado para a ressurreição dentre os mortos. O eu descrito de modo idealista seria bem-sucedido apenas como função não ressaltada do *self*. Um eu bem-sucedido, assim poderíamos dizer segundo Fichte, é uma centelha discreta no olho de Deus[127].

---

126 A autópsia do ser humano desespiritualizado foi repetida pela forma mais dura no séc. XX pelo autor T.W. Adorno. No famoso aforismo 36 "A saúde para a morte" das *Minima Moralia* (Frankfurt a.M., 1979, p. 70) ele diz: "Falta pouco e poderíamos considerar aqueles que, não se esgotam na demonstração de sua força e vivacidade, cadáveres preparados, aos quais não se comunicou a notícia de sua morte por motivos políticos-populacionais. No fundo da saúde dominante está a morte. Todos os seus movimentos se parecem com os reflexos de seres cujo coração parou".

127 Sobre a diferença entre espiritualização nula (narcisista) e verdadeira no idealismo e em outras formações de motivação maníaca, cf. tb. SLOTERDIJK, P. *Weltfremdheit*. Frankfurt a.M., 1993, p. 46-45.

Em tempos recentes, Gehlen, Marquard, Macho e outros mostraram que a psicanálise é uma forma despontencializada, "depravada" [*heruntergekommene*] do idealismo alemão[128]. Para o século XIX tardio, "*herunterkommen*" significa descer da alta coluna da reflexão absoluta e a desistência da pretensão exaltada de caracterizar indivíduos burgueses por meio da medialidade teológica[129]. Na verdade, a psicanálise só consegue se encontrar numa posição pós-idealista e *eo ipso* pós teológica. Seu público típico é uma clientela que consiste em clientes desespiritualizados, retirados do contínuo da metafísica e religião clássicas. Disso resulta, como que automaticamente, a nova tarefa de reformular a dualidade eu/*self* por uma via não teológica. Como sabemos, Freud acreditava poder se livrar dessa tarefa naturalizando o *self* sob o título das "pulsões". Outros psicólogos, Jung em primeiro lugar, procuraram sua salvação na reformulação de teologia manifesta em autoensinos criptoteológicos do tipo gnóstico. Os representantes da psicologia pré-natal derivam seu conceito do *self* dos ecos da pré-existência intrauterina[130]. O melhor caminho parece ser o daqueles analistas que interpretam o *self* como sedi-

---

128 Cf. GEHLEN, A. Über die Geburt der Freiheit aus der Entfremdung. *Archiv für Rechts- und Sozialphilosophie* Jg. 40, H. 3, 1952, p. 338-353. • MARQUARD, O. *Transzendentaler Idealismus, Romantische Naturphilosophie, Psychoanalyse.* Colônia, 1986. • MACHO, T.H. Was denkt? Einige Überlegungen zu den philosophiehistorischen Wurzeln der Psychoanalyse. *Philosophie und Psychoanalyse.* Viena, 1992.

129 A perda da medialidade religiosa é compensada na cultura burguesa por um mediunismo estético e empreendedor: não precisamos ser padres para sermos artistas; a estética do gênio do séc. XIX interpreta o ser humano artístico como médio da "natureza" criativa; não precisamos ser padres nem artistas para, como empreendedores, sermos médiuns de um processo de enriquecimento global, i. e., do progresso civilizatório. Mas aquele que não pode ser padre, nem artista, nem empreendedor está predestinado a se tornar paciente; paciente é aquele que sofre sem poder repassar suas tensões.

130 Cf., entre outros, JANUS, L. *Wie die Seele entsteht* – Unser psychisches Leben vor und nach der Geburt. Hamburgo, 1992.

mentação interna de interações bem-sucedidas de crianças com as mães e outros bons espíritos – de interações, portanto, nas quais a vida em crescimento vivencia e adquire a unidade dinâmica de diferenciação e integração. Isso inclui naturalmente também a herança pré-natal. A palavra *"self"* sob condições pós-idealistas seria então uma abreviação para a expectativa segundo a qual, na interação com uma mãe suficientemente boa numa cultura suficientemente motivada, pode surgir uma criança suficientemente espiritualizada.

Mas independentemente de como a relação entre eu e *self* possa ser interpretada numa cultura não teológica: para a prática psicoterapêutica permanece o embaraço de efetuar aquela discreta indiscrição imprescindível para um pós-animação bem-sucedida de estruturas atrofiadas do eu e *self*.

No que diz respeito à terceira área fonte do movimento psicanalítico, o judaísmo ou mosaísmo, ela põe em pauta não a lógica de uma indiscrição transferencial profundamente arraigada – como era o caso nas duas influências anteriormente citadas – mas a pergunta pelas promessas implícitas do *Leitbild* na prática psicoterapêutica. Também nelas se esconde um elemento de transgressão de limites, na medida em que os terapeutas após Freud se aproximam intimamente de seus clientes num palco moral a poder das implicações mosaicas – muitas vezes, sem que prestassem contas a si mesmos em relação a isso.

Tocamos aqui o traço mais negado e mais radicalmente equivocado do empreendimento freudiano. Ambos, a negação e o equívoco, podem ser entendidos em parte a partir do envolvimento da psicanálise nas turbulências do antissemitismo e na fragmentação das identidades judaicas no século XX. O próprio Freud contribuiu muito, por meio de sua fobia diante da caracterização de seu projeto como *jewish science*, para o ofuscamento dos perfis judeus em sua obra. Décadas de esclarecimento foram necessárias para que essas relações pudessem ser examinadas com a serenidade necessária.

Desde os trabalhos de Yerushalmi e outros, podemos partir do pressuposto de que o rótulo "ciência judaica" em algum momento passará a ser aceito como um tipo de autodescrição humorística pelos membros da profissão. No futuro, freudianos de todas as nacionalidades se apresentarão sem quaisquer complexos como filhos de Israel *honoris causa*. A razão dessa virada pouco tem de misteriosa. A psicanálise do tipo vienense deve, a despeito de todos os seus momentos gregos e egípcios, ser decifrada em última instância como uma psicologia do êxodo. Ela transporta o mito constituinte de um povo do êxodo judaico do Egito para aquela cura analítica individual, interpretando a vida passada do cliente como egípcio-neurótica e representando a vida futura como uma questão de partida para uma Canaã libidinosa. A alcançabilidade da terra prometida não oferece outra garantia senão a promessa obscura que foi negociada entre Deus e Moisés.

A psicanálise como prática individualizada do êxodo repete com cada cliente um esquema que, até hoje, marca a história do povo judeu. Cada paciente reproduz realmente um êxodo privado mais ou menos discreto do Egito sob a liderança de psicoterapeutas que, normalmente, não admitirão que são sucessores mosaicos. Cada paciente é Israel na caminhada de 40 anos pelo deserto formador do eu – um deserto que, como espaço de sofrimento, é também a zona da purificação e da esperança. Dizem que atravessá-lo sob tormentos é melhor do que permanecer na confortável morte da alma no Egito. Pacientes que demonstram dúvidas no sucesso de sua cura, repetem a murmuração dos filhos de Israel contra a duração incompreensível de suas caminhadas, e quando, eventualmente, alguns pacientes modernos negam qualquer competência de seus terapeutas, eles citam inconscientemente aqueles israelitas que, depois de décadas de caminhadas, começaram a duvidar da competência de liderança de Moisés. A famosa murmuração demarca na história das ideias a descoberta da resistência. De resto, ninguém pode negar que, no comportamento de Freud em relação a funcionários dissidentes, retorna a conduta de Moisés em cópias bastante precisas. Na época, e também no século XX, o empreendimento "Êxodo" era importante demais para ser entregue aos caprichos de colaboradores marginalizados, por mais talentosos que tenham sido.

O êxodo como padrão da partida analítica implica a ideia orientadora da diferença radical entre uma vida falsa e uma vida verdadeira; falsas são as possessões por divindades maternas desclassificadas e demônios indiscretos, verdadeiro é a inspiração sob a lei do Deus uno do sopro; falso é o conforto da morte no Egito, verdadeiro é o esforço vivificador da caminhada pelo deserto interior. Uma psicoterapia, concebida sob a analogia mais ou menos velada da ética monoteísta de uma sobriedade sagrada, não ferirá tanto a integridade de seus clientes se ela professar explicitamente a grandeza e severidade que subjaz à imagem do homem na religião do êxodo. Ela invade o espaço do cliente apenas quando não sabe o que faz quando o inicia no seguimento das ideias de cura freudianas já codificadas. Ela se torna uma transgressão de limites inconscientes quando os terapeutas, juntamente com seus clientes, entram tropeçando no espaço mosaico, que eles não reconhecem nem buscam. A psicanálise pode se tornar uma forma inconsciente de sedução quando encoraja seus clientes a desenvolver um orgulho pela vivacidade reconquistada, sem prestar contas do fato de que a psicanálise do grande estilo vienense gera, *de facto*, uma forma críptica de eleição. Quem conseguiu alcançar a "grande análise" se une ao povo eleito dos ex-neuróticos, que, a partir de então, passam a viver com um chamado erótico-psicológico entre os não curados – semelhante aos piedosos reanimados por seu Deus entre os zumbis babilônicos dos tempos de seu exílio.

A psicanálise reflete de modo inconfundível a natureza dupla do judaísmo moderno, que, de um lado e mais do que nunca, é um povo perseguido e ao mesmo tempo eleito, de outro, porém, nada mais quer saber de seu papel especial e deseja sair de seu roteiro teológico como um estado nacional totalmente normal. O movimento psicanalítico é, gostaríamos de dizer, consequentemente ambas as coisas – uma organização terapêutica profissional totalmente normal do tipo da Sociedade Psicanalítica Alemã com uma autoimagem secular e uma missão terapêutica laica, mas também uma congregação do êxodo com regras de sucessão mosaica e um *pathos* latente da eleição. Essa ambivalência, que, normalmente, é transmitida ao cliente de forma não específica e não demarcada, contém um grande potencial de indiscrições e seduções – que raramente é criticado e dificilmente pode ser evitado, pois permanece ligado à subsistência do próprio movimento. De resto, o "êxodo" da terapia moderna se tornou tão abstrato que nada mais restou da história sagrada além do esquema: uma clientela amorfa é acompanhada por uma liderança amorfa para um destino amorfo, onde ela deve se deleitar com os frutos de uma eleição amorfa – essa mais valia de uma cura adquirida.

Para encerrar, quero desviar a atenção das nossas reflexões das fontes do movimento psicanalítico na história das ideias e voltá-la para uma história real das formas da alma e de seus tipos de deformações.

A ideia de que uma filosofia da história da neurose seja possível implica a tese segundo a qual as almas são estruturas históricas e que sua mudança estrutural não precisa estar totalmente fora do alcance da visão de uma psicologia histórica. A fim de permitir a apresentação dessa tese, sugiro dividir a história mundial da alma em três épocas ou regimes, que se distinguem por meio de diferenças típicas nos processos dominantes de animação.

O primeiro regime psico-histórico seria o das civilizações de bandos, nas quais os seres humanos experimentam sua animação de forma imediata por meio da participação na vida de seu coletivo. O bando é o grupo primário formador de pessoas que, como incubadora física e psíquica, regula os dotes de seus membros. "Ser animado" significa no regime do bando: estar em sintonia com a micrototalidade do grupo; poderíamos descrever os bandos como as primeiras configurações de útero social a poder da qual os seres humanos, como seres "vindos ao mundo", são incluídos num interior comum, numa esfera psíquica coletiva. Até hoje, o ser humano como animal de bando irremediável – e qualquer grupo psíquico um pouco bem-sucedido prova isso – possui a tendência de mergulhar numa esfera coletiva músico-grupal e de desfrutar no interior dessa alma esférica de bando euforias conspirativas como modelo de uma vida social bem-sucedida[131]. A expulsão dessa psicosfera doadora de vida é o protótipo das neuroses da humanidade antiga; seu modo de cura correspondente é o xamanismo; por mais diversificados que possam ser suas manifestações culturais, seu padrão básico é que o xamã devolve almas individuais soltas ao contínuo psicosférico da sociedade do bando[132]. É por isso que os candidatos a xamã em todas as culturas precisam treinar a mobilidade livre de sua alma, para serem capazes de seguir as almas perdidas até seus exílios solitários para lá convencê--las a retornarem para a casa das almas da comunidade.

Se pudermos acreditar nos relatórios etnográficos, não existe uma análise moderna que consiga chegar aos pés da severidade das iniciações dos xamãs. A devolução xamanista das almas perdidas reside, segundo seu traço fundamental, no registro de uma

---

131 Sobre a psicologia de bandos cf. tb. SLOTERDIJK, P. *Im selben Boot* – Versuch über die Hyperpolitik. Frankfurt a.M., 1993, p. 14-26.

132 Cf. COULIANO, I.P. *Out of this World* – Otherwordly Journeys from Gilgamesh to Albert Einstein. Boston/Londres, 1991; p. 33ss.

grande terapia de psicoses. Ela encena um ritual de cura psicossomático indistinguível de uma operação sociossomática. A qualidade uterina da psicosfera do bando como um todo se vê ameaçada quando membros individuais sofrem perdas de almas, por isso, o todo sempre está interessado em reintegrar seus membros ameaçados. Nessa visão, a cura começa como sociossomática: ela age como cirurgia psíquica no corpo coletivo ferido. Nessa ordem, todos os espíritos são espíritos comuns, e a animação só pode ser o efeito do comum no individual. A forma de pensamento dessa formação é mediúnica. Espíritos e deuses entram e saem de indivíduos como velhos parentes e sábios ancestrais: por isso, esse regime deve ser chamado regime da antiga mediunidade.

O segundo regime psico-histórico surge da sinergia de formações políticas de reinos e abstrações monoteístas (ou universalistas). Seu surgimento transforma os distúrbios neuróticos em epidemias que se estendem por Estados e reinos inteiros; entendemos isso facilmente se interpretarmos o neuroticismo como forma de perda da alma, que pode ocorrer na expulsão do indivíduo das psicosferas de seus grupos primários, e como uma carga excessiva psíquica que ocorre tipicamente quando várias inspirações ou doutrinas incompatíveis reclamam para si o mesmo indivíduo.

Na verdade, a inclusão de populações inteiras em grandes unidades políticas pelo turbilhão da abstração monoteísta é um choque psicosférico sem igual. Ela exige de um grande número de indivíduos um tipo de re-animação, poderíamos também dizer: uma mudança de possessão, na qual um motivo local de animação e motivação até então dominante deve ser substituído por um outro princípio "mais elevado". A história da religião mais antiga processa essa evolução com a formação de graus no reino dos espíritos; deuses altos começam a se sobrepor a mundos espirituais intermediários e inferiores – como se os princípios da hierarquia e do feudalismo fossem impostos também no Segundo Mundo, ou seja, na esfera das invisibilidades animadoras.

A era em que essas tendências começaram a se impor com uma evidência irreversível é chamado de "tempo do eixo" pelos historiadores das ideias, que, com isso, recorrem a uma expressão cunhada por Karl Jaspers[133]. Esse tempo divide o contínuo da evolução humana naquele antes e depois ao qual o europeu, também como ateu, ainda alude quando divide o seu calendário mundial em anos antes e depois de Cristo. Desde o tempo do eixo, todas as pessoas deste planeta vivem, cientes disso ou não, nessa estrutura temporal dramática que reconhece a oposição entre o antes e o depois de um X; a função do X é exercida por um evento epocal, transformador. O núcleo de todos os Xs é aquela racionalizadora revolução do espírito que impõe às almas do tempo posterior uma nova forma[134]. Poderíamos definir esse neopsiquismo das altas culturas após o tempo do eixo como meta-entusiasmo para expressar que as almas das pessoas pós-tempo dos eixos só podiam vir a si mesmas por meio de uma re-espiritualização – principalmente em Israel, no Egito, na Pérsia e na Grécia. O platonismo – com toda sua herança socrática – é o monumento dessa virada.

Os dois milênios e meio antecedentes são, porém, do ponto de vista patográfico, ao mesmo tempo o grande reino das patologias monoteomorfas – ou seja, daquelas doenças que tiveram que surgir em virtude da re-animação das psicosferas dos bandos e das tribos em altas teologias dos reinos religiosos e das cidades filosóficas.

---

133 Cf. JASPERS, K. *Vom Ursprung und Ziel der Geschichte*. Munique, 1949 [8. ed.: 1983]. Cf. tb., neste volume, p. 40.

134 Sobre a força formadora de calendários desses "eventos" de virada na Antiguidade europeia, cf. SLOTERDIJK, P. "Die physikalische Machtergreifung". Palestra no congresso "Natur im Kopf", Stuttgart, 25/06/1993.

Se entendermos a psicosfera dos novos impérios e novos grandes mundos formalmente como *ekklesia*, ou seja, como "igrejas" no sentido não específico, a era das cidades e dos impérios é, *eo ipso*, um mundo eclesiopático. Nela as almas se transformam em palcos de guerras entre deuses, como, por exemplo, nos gregos da era heroica de guerras entre divindades iguais, ou nos gregos tardios, nos judeus e nos romanos e germanos cristianizados a guerra entre um alto deus central e um mundo demoníaco rebelde. Não há dúvida de que o posicionamento freudiano do eu entre os poderes do superego e do id representa um reflexo distante desse cenário de guerras entre os deuses das altas culturas.

Nessa época, a arte da cura se estabelecerá inicialmente como psicagógica teológica; ela é bem-sucedida quando consegue explicar às almas uma nova constituição na qual o alto deus conseguiu transformar os espíritos que o antecediam em entidades que lhe pagam tributos pacíficos. A história da civilização judaico-cristã mostrou, porém, que a monoteização da psique como um todo é um projeto inacabável. A construção de uma psicosfera de inclusão mundial bem-sucedida e amável jamais será completa e é, se pensarmos bem, uma impossibilidade total devido aos seus paradoxos internos. Nem mesmo as Igrejas conseguiram se transformar em comunidades convincentes de santos, sem falar do resto da humanidade profana fragmentada em seus milhões de zonas de espíritos locais.

Visto que, na alta cultura após o tempo do eixo, o princípio da animação é um Deus único que tudo abarca, que só consegue se impor por meio da expulsão de outros deuses e de outras animações, deveríamos chamar a época de seu regime psico-histórico o regime da mediunidade intermediária. Isso aponta para aquela ordem de animação na qual a orientação pelo divino Uno não pretende ser uma possessão, mas se apresenta justamente como libertação de todas as espiritualizações antecedentes e pré-obsessões.

É claro que o princípio de animação monoteísta precisa ser pensado como corrente una que atravessa as almas dos indivíduos; por isso, também o monoteísmo só pode ser pensado de forma mediúnica. Onde indivíduos acreditam que neles se realizou a penetração total pelo Uno sem resto de resistência, as culturas desse tipo falam de iluminação ou esclarecimento. Essas expressões pretendem simbolizar que a animação por meio do uno não possui sempre a qualidade paradoxal de uma tarefa irrealizável, mas, em casos individuais privilegiados, pode levar à consumação ainda em vida. O valor limite da alma animada na era da mediunidade intermediária é, portanto, a iluminação como teopsicose mística. Curiosamente, ela quer ser vista não como fenômeno patológico, mas como forma extrema de cura.

A partir do final do século XVIII, novas formas da cura da alma anunciam outro regime psico-histórico. Também a psicanálise como forno lógico do processo de transição para a psicosfera pós-monoteísta apresenta em sua emergência e na história de seu decurso caráter sintomático para a transição epocal para a terceira era mundial da neurose[135]. A primeira coisa que chama atenção é algo que poderíamos descrever como um tipo de implosão do espaço psíquico; as novas almas parecem ter se tornado – de um modo ainda não tangível – inabitáveis, como se nenhum espírito – seja ele demoníaco ou altamente teológico – pudesse entrar ou passar por elas. A psicosfera pós-monoteísta parece, de repente, estreitar-se

---

135 Observou-se repetidas vezes que a psicanálise se dirigia a um círculo de pacientes que, no final do séc. XX, começa a desaparecer. Isso permitiria deduzir a natureza conservadora do projeto psicanalítico original – ela seria, portanto, uma arte de cura para o "mundo de ontem", ela exerceria tarefas conservadoras em relação à psicopatologia da alta cultura em extinção. "Depois da revolução cultural" se estabelece sob um nome antigo uma terapêutica que, em parte, já é completamente nova.

radicalmente, como se o automático tivesse começado a substituir o psíquico. Julia Kristeva fala em seu livro com o título *Les nouvelles maladies de l'âme* (Paris, 1993) sobre uma nova sintomática, que parece ser comum à maioria das formas recentes da doença psíquica: um mutismo e uma dificuldade onipresente do psíquico de se representar e formar espaços de expressão. Aquilo que, nas tradições da humanidade, tinha se apresentado sob o conceito da "alma" sempre tinha se destacado por uma força especial de geração de espaço interior. O amplo espaço do universo xamânico se manifestava na capacidade de fazer viagens internas, que tinha como precondição um tipo de trânsito psicocósmico. Restos disso subsistiram até as subculturas das drogas do final do século XX. A característica das almas do tipo das altas culturas, por sua vez, era sua necessidade de conquistar para si mesmas o espaço amplo de uma arena, na qual os deuses de todos os tipos podiam travar as suas batalhas; elas conheciam a sensação do espaço interior do templo do mundo, do fórum interior ou do parlamento dos partidos das pulsões. Nessa ordem, "alma" se referia à capacidade de interiorizar um universo de forças antagônicas e cultivá-las como que num palácio dos conflitos. Por isso, a ideia da vivacidade psíquica na era da mediunidade intermediária sempre apresenta uma tendência para a grandeza[136]. A alma é uma instância patética, ou melhor: uma instância megalopatética. Ela precisa, para manter a sua forma, da força para a formação de hierarquias tanto quanto da força para o equilíbrio. No que diz respeito à "alma na era tecnológica" – para usar aqui uma expressão famosa de Gehlen – pesa nela sobretudo uma tendência antimedial. Ela quer ser tudo, menos um "teatro": por isso, a *coolness* é o metassintoma da época[137]. Os "médiuns"

---

136 Cf. SLOTERDIJK, P. *Der Zauberbaum* – Die Entstehung der Psychoanalyse im Jahr 1785. Frankfurt a.M., 1985, p. 28ss.

137 Essa tese deveria ser reavaliada à luz das exposições de Hinderk Emrich sobre o retorno da histeria no séc. XXI (cf. a palestra de H. Emrich, *Wie kommt das*

deixam de ser entendidos como grandezas pessoais e passam a ser sistemas técnicos por meio dos quais mensagens podem ser transportadas em infinitas multiplicações para inúmeros recipientes. Os recipientes também não querem ser instâncias mediúnicas, querem ser "eles mesmos". "Ser si mesmo" se compreende como consumo não espiritualizado das próprias possibilidades de vivência – como consumo final de chances e recursos por seus proprietários. No máximo como portadores de criatividade, os sujeitos modernos ainda reclamam para si características mediúnicas, aqui, porém, não como médiuns de inspirações transitórias e não próprias, mas como inspirações originais, ou seja, como tendo sua origem no Criador.

O que, então, significa psicoterapia numa era em que uma revolução midiática de tipo desconhecido afeta todas as relações inter e intrapsíquicas de modo imprevisível? Nenhum terapeuta atual – e não importa sua escola – tentaria definir a cura como tentativa de inserir uma pessoa nas correntes de animação de psicosferas intactas, de contínuos culturais e grande tradições. Quase todos consentiram de alguma forma em alimentar o desejo de um "ser si mesmo" "substancial". Vitalidade desespiritualizada invadiu como uma imagem enganosa de saúde o mercado psicoterapêutico. Em vista dessas tendências, creio não ser supérfluo ressaltar que a psicoterapia implica, desde sempre, um posicionamento em relação ao niilismo vitalista dominante. Os psicoterapeutas que merecem ser chamados assim deveriam resistir às tentações da psicologia dos autômatos e à tendência da cultura de massa para o esvaziamento do mundo interior em todas as suas manifestações. Todo encontro terapêutico com o outro é uma prova da possibilidade de animação dos indivíduos por meio de seu convite para uma psicosfera ampliada.

Ich zum Du, 2002); se entendermos a histeria como um efeito para a encenação sob a direção de um *self* falso, poderíamos entender todo o campo dos sintomas de *coolness* como neo-histérico e, nesse sentido, como teatral.

8
Latência

Sobre o escondimento *

1 Emergência da cripta

A antropologia histórica trabalha há bastante tempo com a suposição segundo a qual conceitos seriam os sedimentos lexicais de atos. Quanto maior a difusão de um conceito, no sentido tanto intracultural quanto transcultural, mais geral parece estar presente o ato nele sedimentado e esquematizado. No que segue, parto da suposição de que, desde a cristalização do gênero *homo sapiens,* jamais existiu uma cultura (compreendida como processo geracional de replicação de conteúdos étnico-semânticos) na terra, inclusive as tradições extintas, que não dispôs de algum conceito de escondimento, esquivamento e invisibilidade. Nesse sentido, todas as culturas seriam, *per se,* instâncias "cripotológicas" – não porque dispusessem desde sempre de escritas secretas, mas por que todas elas estavam condenadas a manipular o oculto no sentido mais amplo da palavra. A "cripta", entendida como símbolo do escondimento, representa uma categoria de universalidade de pensamentos elementares[138] – ela é o reverso inegável do mundo

---

* Orig.: "Latenz". In: GUMBRECHT, H.U. & KLINGER, F. (orgs.). *Latenz –
Blinde Passagiere in den Geisteswissenschaften.* Göttingen, 2011.
138 Cf. neste livro, a nota 25.

iluminado, no qual ocorre a estadia cotidiana das comunidades humanas. A contraprova para o *Dasein* dos seres humanos à luz do evidente se apresenta na morte fetal. Ela apresenta aos primeiros observadores um enigma ontológico: O que devemos pensar sobre esses seres que, de seu primeiro escondimento em suas mães, passam diretamente para o segundo escondimento nos túmulos sem passar pelo âmbito iluminado? Se mortes fetais podem ocorrer, o que, então, significa o modo de ser dos mortais que não nasceram mortos? Significa, evidentemente, que os seres que conseguem se firmar na luz do *Dasein* se veem postos entre duas escuridões, a despeito de sua orientação pela esfera esclarecida. Samuel Beckett: "Elas parem sobre o túmulo, o dia resplandece pro um instante [...] Do fundo do túmulo, o coveiro prepara suas pinças". O dia de Beckett é a vastidão iluminada entre duas noites ontológicas. Não há dúvidas de que a maior abstração protometafísica da razão humana primordial consistia na fusão das duas escuridões, da escuridão das origens do nascimento e da escuridão do desaparecimento moral, em uma única esfera coerente da invisibilidade. Muito antes da articulação de conceitos metafísicos explícitos, o logos arcaico une o escondimento do "de onde" e o escondimento "para onde" em um âmbito comum de escuridões que comunicam entre si. Ao vincular o mistério das mulheres a mistério do túmulo, o pensamento elementar, que deseja se pensar em inteligências humanas, gera um "outro lado" fascinógeno abrangente. Mais tarde, a metafísica filosófica e as altas religiões o racionalizam na forma de um além organizado – seja o lugar sobrecelestial de Platão, cujos conteúdos se parecem com um léxico, seja o Reino de Deus, que se parece com um concílio dos santos. Esse "outro lado" carregado de poderes criativos e ameaças de morte forma a nuvem escura da qual irrompe o raio do esclarecimento. Não é por acaso que a palavra-chave da sabedoria de Heráclito é: *physis kryptestai phieli* – "a natureza (verdadeira) ama se esconder". No conceito da *physis* da filosofia antiga, o escondimento é pensado pela primeira vez *como* escondimento. De repente, a cripta repleta de tesouros do devir e do desaparecer passa a ter um nome que pode ser lido como um endereço. Assim que ele é publicado, os ladrões de túmulos sabem onde precisam procurar.

2 Operação maximamente invasiva

Os atos que levam à concepção do campo do escondimento são idênticos com os atos da *skepsis* primária, contanto que a palavra derivada *skeptikós* descreva originalmente o adulto que investiga com um cuidado um pouco maior e *skepsis* se refira, por ora, à contemplação analisadora de um fato não esclarecido. Eles consistem num testemunho ambivalente referente aos protodramas da natureza. O escondimento como tal é descoberto pelo ato da observação autóptica em nascimentos e surgimentos em geral e também pelos atos do "não desviar o olhar" quando a vida se apaga e do "seguir com os olhos" o desaparecido. Assim, o pensamento em situações limites é, primeiramente, um martírio (do grego, *martys*, a testemunha) do incompreensível.

O conhecimento popular de convívio com o escondido emerge mais cedo e, sobretudo, em situações do dia a dia, nas quais a inteligência humana se depara com a diferença entre a primeira e a segunda visão da mesma coisa. Essas situações ocorrem principalmente nos âmbitos de ação da caça e da cozinha, pois tanto aqui quanto lá existe a oportunidade de fazer experiências com o desnível entre uma primeira aparência e um resultado posterior. Caçar e cozinhar são operações maximamente invasivas cujos agentes não se contentam com o *status quo* das coisas. Os caçadores não descansam antes de terem contestado com sucesso a ambição do animal de levar uma vida em escondimento. Eles "revelam" a caça quando a desmembram e extraem dela o invisível – os músculos, os órgãos internos, os ossos, sim, eles até veem a pele da criatura por dentro. O gesto de tirar a pele é um dos gestos mais arcaicos de um esclarecimento invasivo, que quer ver o outro lado de tudo. Para ele, virar do avesso e devorar são a mesma coisa. Não é à toa que o mito conhece esse ato abominável, a exposição do corpo de músculos, quando é praticada no ser humano, como execução do mal extremo. Quando a pele é o véu orgânico sobre os órgãos, desvelamento e assassinato passam a ser a mesma coisa.

A operação maximamente invasiva dos caçadores encontra sua continuação nos atos dos cozinheiros. Também os agentes ao fogão insistem em mostrar como é possível extrair daquilo que é dado algo completamente diferente. Nas panelas mais antigas, aquilo que intragável em estado cru é transferido para um estado tragável quando é cozido. Em pilões, o trigo é desmascarado como farinha – a pulverização é outro caminho de transformar o intragável em algo tragável. As cascas mais duras são quebradas para extrair a fruta escondida. O esconde-esconde da natureza é desmascarado, os caminhos misteriosos da violência levam para o seu interior.

3 Encaixamento com geração de latência

Civilização é o processo em cujo decurso o escondido feito substitui o escondido encontrado. Para reis e imagens de deuses, o início das altas culturas inventa uma invisibilidade criada pelo homem, que consegue competir com o mistério das fabricações da natureza.

Heródoto escreve sobre as residências dos reis persas, a fortaleza Ekbatana: "Os muros são construídos de tal forma que sete muros cercam a cidade e que um círculo de muros ultrapassa a altura dos outros apenas pela altura dos pináculos. Ao todo, são sete os círculos, e dentro do último se encontram o castelo real e a câmara de tesouros. A circunferência do muro externo é tão grande quanto a cidade de Atenas. Os pináculos do primeiro muro são brancos; os do segundo, pretos; os do terceiro, de cor púrpura; os do quarto, azuis; os do quinto, vermelhos claros; os do sexto, prateados; e os do último, dourados"[139]. Na sala do trono do prédio mais central reside, como uma estátua divina imóvel em seu trono, o grande rei, oculto aos olhos do mundo, a encarnação do mistério real de seu reino. Seu esquivamento corresponde à elevação de seu nível de majestade: como grande rei, ele governa não mais sobre seu povo; ele reina sobre reis que governam os povos. Ele proclama seus decretos com uma voz tão baixa que seus chanceleres e ministros precisam aproximar seus ouvidos da boca do monarca para entender suas declarações iluminadas.

Desse esquivamento artificial da grande potência parte a tese mística segundo a qual os buscadores de Deus precisam escalar inúmeros degraus para alcançar o íntimo dos mistérios divinos. Ainda no século XVI, Teresa de Ávila defenderá a doutrina persa tardia segundo a qual a alma só alcançará a união com Deus na sétima câmara do *Castillo interior*. E também como Agostinho se dirige a Deus em oração: "Tu és para mim mais íntimo do que eu o seu para mim mesmo" [*interior intimo meo*] se deve à topologia política dos palácios dos grandes reis e à sua técnica de encaixamento interiogenética. Quanto mais elevada a ideia de majestade, mais longos os corredores que conscientizam o visitante da pequenez de seus passos; quanto mais poderoso o monarca, maior o número de pátios e antessalas, que humilham o visitante. A criptoarquitetura imperial culmina na construção de túmulos para aqueles senhores que não conseguem abrir mão de seus delí-

---

139 HERÓDOTO. *Historien*, I, 98.

rios de escondimento nem mesmo no além. Entre eles, destaca-se Qin Shi Huangdi, o primeiro imperador da China, que, por volta de 210 a.C., foi sepultado num gigantesco complexo subterrâneo. Supostamente, 700 mil trabalhadores o construíram em 30 anos. O corpo do monarca se encontra sob uma colina artificial, cercada de uma dúzia de adros enormes, cujo maior mede 2.500 por 1.000 metros. Cada adro representa uma fortificação, cuja tripulação parece preparada para defendê-la contra invasores. Em alguns átrios laterais, há exércitos completos de guerreiros de terracota para a última batalha. A cada caixa armada segue outra ainda mais distante. No retângulo mais central descansa o corpo do imperador num caixão lacrado – supostamente intocado até hoje, porque os arqueólogos ainda não dispõem de técnicas suficientemente seguras para a recuperação do corpo indubitavelmente embalsamado. Na verdade, a arqueologia política da China é cúmplice de uma tradição cosmológico-imperial que recua diante da perspectiva de tocar no centro de legitimação hermético da própria cultura. O não desvelamento dos restos mortais de Qin Shi Huangdi preserva a China no estado carismático de um império latente.

4 Amarrotamento e desdobramento

O Esclarecimento extrai seu zelo da rebelião contra o escondido criado: Aquilo que foi escondido por uma classe de pessoas pode ser revelado por outra classe de pessoas. A Modernidade psicopática começa com a indisposição de se subjugar a mistérios fabricados. Quem mais vem a sentir os efeitos disso são os livros sagrados, sobre os quais os reveladores afirmam com retidão férrea que eles seriam a obra de autores humanos. Nenhum ditado transcendente subjaz a esses escritos, nenhum mistério insondável se manifesta neles. "Conhecemos a melodia, conhecemos o texto, conhecemos também os senhores autores." Com a *reductio ad auctorem* termina a época da metáfora do mundo mais poderosa, que formou o modo ocidental de "estar no mundo". Depois dela, o mundo se apresenta a nós como um livro criptografado por Deus. Aprendemos a ler algumas de suas passagens, mas a maior parte ainda é indecifrável. Durante muito tempo, tudo indicava que as pessoas eram obrigadas a se contentar em copiar as partes legíveis do livro do mundo, assim como costumavam fazer os copistas das Escrituras Sagradas nos mosteiros medievais.

Desde, porém, que o livro não resiste mais à profanação – e a ampliação moderna da zona de escrita e leitura torna isso inevitável – recai uma suspeita de poder sobre tudo que parecia se esconder na forma de livros. Os modernos acreditam, com razões mais ou menos boas, que nós, quando escrevemos, não copiamos um texto sagrado do ser redigido uma vez por todas. Caso nossos escritos sirvam para algo, isso acontece apenas porque se aventuram em terrenos inexplorados. Isso só é possível, porque não existe uma versão primordial do texto do próprio ser, mas apenas reescritas constantes, nas quais se expressa o rejuvenescimento continuado do ente. Mas se já o mundo não é um livro, que possa ser folheado eterna e humildemente por uma inteligência católica, como devemos imaginá-lo? O mundo poderia ser uma folha de papel dobrada de forma infinitamente complicada e amarrotada de forma infinitamente densa, que, após o desamarrotamento primordial, aos poucos se desdobra. Sob o estímulo do pensador barroco Leibniz, o acontecimento do mundo pode ser imaginado como um drama ontológico e cognitivo, no qual o dobramento original infinitamente compacto do ente é aberto graças a um desdobramento complementar. Aquilo que acreditávamos ser música das esferas poderia ser o barulho do papel do mundo que é progressivamente desdobrado. Sempre que as dobras da bola de papel se abrem, aparecem na superfície ampliada do corpo amarrotado novas clareiras, novas assinaturas, novas objetividades, novas ocorrências públicas.

A pesquisa da ciência está inevitavelmente envolvida nessa atualidade que se desdobra. Quando, então, os escritores acreditam, com todo respeito de seus antecessores, que são capazes de anotar aqui e ali algo novo, eles podem apresentar razões para essa suposição quando estiverem presentes como autores pesquisadores no trabalho de desdobramento, por meio do qual o até então implícito, o até então invisível e o até então nunca dito é trazido à luz do explícito. Se fixarmos a imagem do desamarrotamento do dobrado como afirmação fundamental sobre o *Dasein* pesquisador, entendemos como a prosa científica pode se transformar numa mídia em que a prosa do mundo é continuada.

5 Cálculo integral intuitivo

Os etimólogos explicaram como as línguas dos povos antigos alcançaram conceitos pré-filosóficos do mundo por meio da metaforização de concepções concretas. Assim, por exemplo, a palavra russa "*mir*" representaria a transferência da concepção "aldeia" para a concepção "mundo"; a palavra grega "*cosmos*" transfere o conceito "joia", "adorno", "ordem" para o todo do universo; no "*mundus*" latino reconhecemos a cova redonda de sacrifícios potencializada como símbolo do mundo; a palavra alemã "*Welt*" é deduzida do verbo do antigo alemão alto "*waltan*", dominar, como se o universo fosse um condado maior.

Na verdade, os conceitos pré-filosóficos do mundo têm mais em comum com os conceitos filosóficos do que as reconstruções etimológicas demonstram. Não são apenas resultados de metaforizações e amplificações, a poder das quais a imaginação consegue realizar o salto para o todo. Em cada conceito de mundo se encontra o traço de um cálculo integral arcaico, que não poderia ser executado sem um conceito de latência, por mais vago que este seja. Aquele que diz "mundo" executa *uno intuito* diversas operações mentais, das quais só costumamos perceber o resultado sem explicitar o caminho até ele. À luz da análise proto-ontológica, a palavra "mundo" designa o produto de um cálculo espontâneo, que leva em consideração o fato de que também o intelecto humano farto de experiências não pode saber tudo que é o caso. Aquilo que se abre para ele é sempre a soma de um horizonte limitado de percepções e conhecimentos. O fenômeno "sabedoria" deve ter iniciado na era da humanidade pré-antiga com a conscientização do fato de que, por trás do horizonte, continua o contínuo das coisas potencialmente experienciáveis. Já que os *realia* por trás do horizonte não podem estar manifestos e presentes, a consciência sábia é encorajada a sempre levar em conta a possibilidade da atualização daquilo que não está manifesto agora.

Um primeiro pré-conceito de latência surge por meio de um desenho de contorno, que delimita o campo vago desse X não atual, não presente, mas possivelmente atualizável como grandeza e núcleo de incitação de poderes de ação desconhecidos.

Esse X começa nas margens da zona esclarecida. Ele emite sinais que evidenciam que o desconhecido não é um nada, mas um algo no estado inacessível ao conhecimento. Sabemos de deuses e perigos por meio de sinais anunciadores. A operação que esboça o contorno do X não pode ser expressa pela figura fundamental da filosofia de identidade $A = A$, cuja tarefa era remeter a diferença entre o elo esquerdo e o elo direito da sentença por meio do poder mágico do sinal de igualdade à identidade. A integração primordial do mundo ocorre por meio de uma operação ontologicamente mais rica, a poder da qual o esclarecido, conhecido e manifesto (A) é adicionado ao escuro, desconhecido e latente (X) e é resumido num símbolo compacto de totalidade (M, mundo): $A + X = M$. Nessa adição, que já é um cálculo integral primitivo, transparece uma injunção ético-epistemológica primária: Lembre-se de que, quando você sabe algo, você não sabe o suficiente para ver o todo. Aquilo que se expressa na sentença religiosa: "Teme os deuses!" resulta, após sua tradução para o filosófico, na máxima: "Sei que nada sei". E também a sentença délfica: "Conhece-te a ti mesmo!" se articula nesse registro, pois significa: Não se eleve a si mesmo, mas coloque-se no centro entre o velado no alto, que se abre apenas para os deuses, e o velado no baixo, ao qual apenas os animais e os demônios têm acesso! Ao mesmo tempo, o pensamento antigo tinha percebido um deslocamento constante da zona de latência. Assim lemos em Xenófanes: "Nem tudo os deuses revelaram aos homens desde o início, mas, procurando, eles encontram, com o tempo, o melhor".

Aqui vem à luz um primeiro indício do acontecimento que os modernos, após a descoberta da técnica da descoberta, chamarão de pesquisa. Heidegger determinou a própria técnica como um modo do desvelamento, dando a entender que, no fundo, ela equivaleria a um crime organizado contra a latência.

A observação heideggeriana, crítica da pesquisa, foi, muitas vezes, interpretada como abandono reacionário dos benefícios da racionalidade moderna. Na verdade, ela revela seu sentido construtivista apenas quando investigarmos o sentido imunitário do cálculo integral ontológico primitivo, que quase se tornou explícito na forma de pensamento desperto para o jogo de escondimento e descoberta. A fórmula $A + X = M$ implica não só uma advertência ético-epistemológica ao respeito diante do desconhecido, que não é nada. Ela revela no próprio conceito de mundo uma ocorrência universal de integridade. Ela pensa o ser como mediação autocuradora. A operação "$A + X$" não se refere a uma adição simples, ela designa uma "complementação" no sentido literal da palavra: O mundo complementado pelo escuro é tudo no qual a possibilidade de uma vida bem-sucedida permanece contida.

O produto de A e X representa uma integralidade que concede uma promessa de imunidade do mais alto nível. Assim, podemos reformular a metafísica clássica como imunologia geral. Mesmo que, na esfera A, se manifestem inúmeros casos de fracasso, a esfera X já oferece os antídotos contra o exagero do fracasso. A filosofia da latência é a última convocação da fé segundo a qual a maldição aparente não tem a última palavra.

9
O imperativo místico
Observações sobre a mudança de forma do religioso na Modernidade*

1 As Confissões extáticas de Martin Buber como sintoma da época

> A é um virtuoso, e o céu é sua testemunha.
> Franz Kafka.

Em 1849, quando Søren Kierkegaard redigiu suas reflexões *Sobre a diferença entre um gênio e um apóstolo*, ele conseguiu marcar, com certa clareza feliz, uma diferença decisiva para a economia espiritual da civilização moderna. Designamos uma sociedade como moderna quando ela admite um pluralismo de fontes de inspiração – digamos: um mercado de confissões. Nele podem se encontrar pessoas que se entusiasmam e se inspiram com coisas diferentes; chamamos de "medieval" aquela cultura que se define por um monismo da inspiração; nela, o "Uno necessário" possui o monopólio de agir como fonte de entusiasmos legítimos.

---

* Orig.: "Der mystische Imperativ". In: *Mystische Weltliteratur, gesammelt von Martin Buber*. Munique, 2007 [prefácio].

Enquanto a Idade Média permanecia no poder na Europa, todos os entusiasmos estavam condenados a se apresentar como apostolados cristãos – ou seja, como ofícios de fala pós-pentecostais, que, em última instância, são alimentados pela única fonte autoritária da proclamação da verdade: os evangelhos e a comissão missionária cristã segundo Mt 28,19. Por isso, não existe um "gênio" medieval – se gênio significa: manifestar-se por outra razão de entusiasmos senão o evangélico[140].

Circunstâncias pós-medievais surgem apenas quando, sob o título romano do *"genius"*, inspirações extracristãs invadem o mercado; então a fé cristã perde em seu próprio território o privilégio de não ter que contar com uma observação externa[141]. Antes do Esclarecimento, o diabo era o único a possuir a liberdade de observar o homem cristão em sua fé. Com a Modernidade, irrompe uma verdadeira era diabólica.

Em virtude daquilo que os historiadores se acostumaram a chamar "Reforma" e "Renascimento", um número cada vez maior de cristãos se vê na posição de observadores externos diabólicos da fé de outros cristãos. A era das guerras religiosas nos deu uma ideia do custo da imposição do pluralismo de inspirações à cultura ocidental; apenas após a catástrofe dos séculos XVI e XVII, a demonização do observador é delimitada ou até mesmo suspensa;

---

140 Por isso, os poetas épicos e líricos precisam ter o cuidado de abafar o sentido próprio de seus textos por meio de fórmulas cristãs iniciais e finais; ainda Marsílio Ficino vê razões para ocultar seu comentário ao banquete de Platão, um louvor neopagão ao Eros, com uma fórmula de agradecimento ao Espírito Santo. – O alcance da concepção medieval do monismo inspiracional se evidencia também no fato de que ainda no séc. XX o filósofo da religião Eugen Rosenstock-Huessy interpretou a universidade europeia como um instituto apostólico, que remeteria não à academia de Atenas, mas ao ofício de instrução paulino.

141 O fato de que também teólogos medievais nunca conseguiram se livrar completamente do fantasma do observador externo que não consente se evidencia também na preocupação de São Tomás de Aquino de formular uma de suas sumas da doutrina cristã, a *Summa contra gentiles*, em 1259; a apologética revela os pontos neurálgicos do monopólio.

com a fórmula da paz religiosa de Augsburg de 1555, *cuius regio eius religio*, firma-se um compromisso histórico entre demonização e tolerância daquele que possui outra fé ou outro entusiasmo – um compromisso cujos efeitos se estendem até o século XXI[142].

As manifestações já irreprimíveis de outras fés ou outros entusiasmos abrem caminhos para a coexistência sob o conceito das "confissões"; ao mesmo tempo, os primeiros mercados de livros e ciências preparam um pluralismo inspiracional que, a partir do século XVIII, se define agressivamente como "Esclarecimento"; a partir daí, o Esclarecimento se oferece como *via regia* de tolerância sobreconfessional. Um mercado de entusiasmos relativos substitui a guerra civil das confissões absolutizadas. Entusiasmos que adentram um mercado precisam se preparar para observadores externos que não consentem; o *pathos* da tolerância, que, desde o século XVIII, acompanha o Esclarecimento, se fundamenta no esforço novo de proclamar as próprias doutrinas de tal modo que a impossibilidade de coagir o consentimento do observador é aceita de antemão. Entusiasmos burgueses subjazem à regra segundo a qual o fiel deve acreditar em si mesmo e em seu programa sem poder exigir o consentimento dos outros. Assim se admite a diferença entre público e congregação – aplauso e coconfissão se separam, sinceridade e impressionabilidade de uma confissão se transformam em um valor autônomo em relação à sua "verdade". Por meio do "esclarecimento", as paixões religiosas públicas se transformam em interesses religiosos privados – e em talentos poéticos. É por isso que "confissões" podem, então, assumir a forma de obras reunidas. Ao mesmo tempo, as funções quase religiosas são transferidas para o mercado literário; ele re-

---

142 Onde tais compromissos não são alcançados ou aceitos, como, p. ex., no Islã e em subculturas ocidentais veterocatólicas ou protestante-fundamentalistas, persiste o monismo inspiracional estruturalmente medieval, juntamente com a demonização do observador externo.

presenta o Uno e o comum de todas as inspirações na medida em que ele consegue, como que num panteão, oferecer espaço a todas as confissões proclamáveis. O aspecto especial do mercado de confissões burguesas da Modernidade se evidencia no fato de que, a princípio, ninguém é impedido de professar sua fé, mas ninguém pode ser obrigado a participar de um culto. Por isso, a religião se apoia, "após o Esclarecimento", na cooperação entre formas confessionalmente domadas de religiosidade positiva e um ateísmo piedoso em função crítica. Poderíamos até falar de um jogo combinado entre religião civil e ateísmo civil, contanto que entendamos a religião civil como confissões delimitadas e ateísmo civil como a resistência contra a impertinência medieval da penetração por uma doutrina sem ressalvas. Apenas os dois juntos, confissionalismo e ateísmo, garantem às sociedades modernizadoras a constância de seus sucessos na geração de formas psíquicas aptas para o mundo.

Nos meados do século XIX, quando Kierkegaard se pôs a redefinir a diferença entre gênio e apóstolo, ele estava lidando com uma sociedade burguesa que já tinha percorrido a maior parte do caminho de uma cultura do apostolado até uma cultura da genialidade. Por isso não surpreende que o perspicaz "escritor religioso" – como Kierkegaard se chama a si mesmo – encontra a diferenciação entre apóstolo, que fala a poder de uma missão absoluta, e gênio, que dá provas de seu próprio poder artístico, como uma fruta amadurecida. Apóstolos só são possíveis como mensageiros de Deus – gênios são veículos de si mesmos; se o apóstolo é impulsionado por um mandado inquestionável, o gênio celebra a sua produtividade como fim em si mesmo, ele vive no deleite de sua "natureza" e da autossuficiência humorística da própria força; o Deus do apóstolo sempre é superior a este, no caso do ser humano genial, ele só pode ser superado pela própria criatividade que hoje não sabe com o que ela surpreenderá a si mesma e o seu mundo no dia seguinte.

Não há dúvida de que as simpatias de Kierkegaard pertenciam ao tipo apostólico, no qual opera de forma irrestrita a seriedade do ofício doutrinal cristão – trata-se, porém, de simpatias que não conseguem negar que Kierkegaard se sabia condenado a ser um gênio – um mero escritor que *não* sentia os plenos poderes do mandado apostólico.

É notável que o autor, que identificou o contraste entre gênio e apóstolo com uma clareza definitiva, não foi capaz de executar essa diferença em sua própria pessoa. Com a diferenciação surge imediatamente um novo tipo de indiferenciação. Com Kierkegaard sobe ao palco o tipo híbrido cristão/pós-cristão do "escritor religioso". Nele, uma mistura paradoxal de tendências assume uma forma que será celebrada pela filosofia de vida posterior sob o predicado de "gênio religioso". Como "gênio", Kierkegaard se transforma em testemunha de sua própria incapacidade de ser apóstolo; como escritor, sua missão passa a ser a contestação do direito de proclamação das Igrejas cristãs desespiritualizadas. O caso de Kierkegaard serve como exemplo que mostra como a consciência da genialidade obstruiu o apostolado, enquanto a infeliz ambição apostólica estragava o deleite próprio do autor em sua produtividade genial.

A obra da vida do filósofo da religião judeu Martin Buber (nascido em 1878 em Viena, falecido em 1965 em Jerusalém) representa um ato posterior no drama dos paradoxos da religião, para o qual as reflexões de Kierkegaard tinham fornecido o título. Os primeiros escritos de Buber – sobretudo a famosa coleção de literatura mística mundial, publicada pela primeira vez em 1909 sob o título programático *Confissões extáticas* por Eugen Diederichs em Jena com cinco edições até 1984 – representam um marco na história do problema do tipo de autor que, nos séculos XIX e XX, se apresentou na arena como "gênio religioso".

Não existe expressão mais apropriada do que essa para caracterizar a essência e a aura da autoria de Buber nos anos antes de sua "virada" dialógica. A fama precoce de Buber se fundamenta em seu talento de se apresentar como virtuoso de variadas devoções perante um público "religiosamente 'musical'"[143], disposto a receber proezas do íntimo com aplausos. É claro que esse mesmo público – composto de clientes dos movimentos de reforma da vida, da teosofia, do nietzscheanismo e das filosofias anarquistas – estava disposto também a se entusiasmar com a mensagem segundo a qual não importava tanto o que o indivíduo acreditava especificamente, mas que o espaço interior humano se mantivesse aberto como uma tela para projeções variáveis.

Para o jovem Martin Buber, o virtuoso judeu da religiosidade da década do Jugendstil, pode ter sido a coisa mais natural transitar entre as línguas do hassidismo polonês, da Modernidade sionista e do classicismo burguês-humanista. Quem partisse exclusivamente da impressão que Buber causou como editor das *Confissões extáticas*, imaginaria um autor igualmente distante de todas as formas da religião teísta, seja ela judaica, muçulmana ou cristã; sua coleção expressa um culto aparentemente metarreligioso da vivacidade psíquica – sendo que essa vivacidade, típica para o pensamento vitalista e juvenil, se opõe radicalmente a tudo que significa sociedade, instituição e comércio. Vivência é a palavra fundamental dos cultos da religião da vida e da crítica à civilização; seus adjetivos inevitáveis são "autêntico", "íntimo", "primordial", "de sentimentos verdadeiros". Uma pessoa que usasse a palavra "vivência" por volta de 1900 se referia à redenção do mundo

---

143 A formulação foi cunhada por Max Weber, que descreveu a si mesmo como "religiosamente não musical" (cf. BAIER, H. et al. (orgs.). *Gesamtausgabe Abteilung*. Vol. 17: Wissenschaft als Beruf (1917/1919). Tübingen, 1992, p. 106).

mecanizado[144]. "Vivência" é livramento da maldição burguesa: da obrigação de ser uma "pessoa fechada"[145] que já não reivindica mais qualquer tipo de alma.

E o editor de 31 anos de idade das *Confissões extáticas* parece não se interessar por nada além da redenção por meio da vivência. Sua voz se perde no coro dos panteístas e místicos da união completa, que, em meio a um mundo burguês cada vez mais endurecido e frio, falavam da fusão do eu com o todo cósmico. O distintivo de Buber se revela no máximo em certa religiosidade asvérica, que, em nome da vivência autêntica, participa da fé de confissões alheias e se funde em uniões místicas distantes. A religiosidade genializada se confirma em sua congenialidade de testemunhos de "todos os tempos e povos". Se não soubéssemos de outras fontes que, já naquele tempo, Buber tinha se apresentado como porta-voz do sionismo cultural[146] e se tornado conhecido como redescobridor e popularizador do hassidismo – um movimento extático de piedade que florescia nas congregações judaicas da Polônia nos séculos XVIII e XIX[147] – teríamos que classificar o autor de *Êxtase e confissão*[148] como representante do neopaganismo panteísta-monista, que, por volta de 1900, reunia seus elementos do misticismo alemão-medieval e do *Assim falou Zaratustra*, de Nietzsche. A isso corresponde a terminologia básica helênica do texto de Buber, cujo horizonte é determinado por expressões como entusiasmo, êxtase e mito.

---

144 Como documento típico do anseio por redenção da mecanização por meio da vivência, cf. RATHENAU, W. *Zur Kritik der Zeit*, 1911.

145 ROSENZWEIG, F. *Der Stern der Erlösung*. 3. ed. Frankfurt a.M., 1990, p. 230.

146 Cf. BUBER, M. *Drei Reden über das Judentum*. Frankfurt a.M., 1911.

147 Cf. BUBER, M. *Die Geschichten des Rabbi Nachman*. Frankfurt a.M., 1906. • BUBER, M. "Die Legende des Baal Shem". In: *Ekstatische Konfessionen*. Op. cit..

148 Este é o título do ensaio introdutório às *Confissões extáticas*. Buber não incluiu o texto na edição de seus escritos reunidos.

Como gênio religioso, Buber manifesta o paradoxo de um apostolado sem conteúdo definido; sua posição é a de um mensageiro sem remetente – um apóstolo para o além em geral; ele se apresenta na posição bizarra do mensageiro de uma transcendência anônima, que não traz outro apelo senão a lembrança de que, "também hoje", são possíveis testemunhos para a transcendência – de uma transcendência já não mais específica, como, por exemplo, a dos muçulmanos, do ioga ou dos mórmons, mas da transcendência em si, da "transcendência *sans frase*". "Voltamos nossa atenção para o nosso interior e não sabemos de que mar ouvimos o rumor"[149].

Visto a partir do polo místico, todas as manifestações do íntimo são, inevitavelmente, "projeções" inadequadas do indizível sobre a exterioridade da língua; em comparação com o indizível, todas as línguas são línguas estrangeiras.

Na interseção dos indizíveis de todos os povos e tempos está o indivíduo moderno – eloquente e *ineffabile*: apesar de incapaz de apresentar quaisquer conteúdos de fé próprios, ele, na dimensão interior, se sabe parente de todas as testemunhas positivas da animação mística; antecipando-se à observação externa não crente, ele se observa a si mesmo no ato da "fé" e da confissão e se descobre como o abismo no qual dogmas se dissolvem e do qual jorram as projeções. Nesse sentido, individualidade e religiosidade se tornam sinônimos. Vazio e assustador, o eu religioso moderno se assenta na proximidade dos maiores significados – agora, ele entende tudo. A poder de seu vazio, o indivíduo se transforma em membrana da "transcendência *par excellence*"; nela tudo que vem de dentro encontra uma ressonância. Em meio ao surgimento da sociedade da massa, forma-se uma ordem invisível de aristocratas da vida mais íntima. Em solidão seleta, cada membro

---

149 BUBER, M. "Ekstase und Bekenntnis". In: *Ekstatische Konfessionen*. Op. cit.

da ordem impossível se sente próximo dos indizíveis de todos os tempos. O virtuoso religioso, que estremece diante de sua própria animação, se relaciona à abundância dos testemunhos em prol da "transcendência" como um músico ao teclado, ele se transforma em corpo de ressonância até mesmo do íntimo mais distante – razão suficiente para que os seguidores das ortodoxias vissem em Buber também o seu adversário[150] – como os representantes daquela nova determinação que tentavam transformar o desespero da polivalência moderna em uma virtude: a virtude da decisão por uma única posição defendida com todo o *Dasein*.

Os novos decididos do século XX não gostaram da perspectiva de serem nivelados em uma esfera de "vivências primordiais do espírito do mundo", que reivindicavam ser todas igualmente verdadeiras e válidas. O colaborador posterior de Martin Buber, o filósofo Franz Rosenzweig, teria dito que um ser humano decente não brinca com as 99 possibilidades que existem, mas agarra aquela única que ele é. Certamente, isso foi dito também *pro domo*, pois Rosenzweig representava o caso não atípico daquele século do judeu "convertido" para o judaísmo[151]. É possível, também, que ele tenha dito isso contra o próprio Buber; sabemos das aversões de Rosenzweig ao "subjetivismo místico" do autor famoso e

---

150 Um autor católico de resenhas chamado Wilhelm Oehl coloca o dedo no ponto crítico: "Uma filosofia pan-psíquica de identidade parece ser o mais profundo de seu pensamento. Ou seja, aquele monismo tão incentivado pela editora Diederich. É evidente que B. se distancia bastante do nosso pensamento católico, por mais que ele valorize o misticismo cristão e, no sentido restrito, católico. A palavra de Harnack: 'Um místico que não se converte ao catolicismo é um diletante' dificilmente se aplica a B" (*Allgemeinen Literaturblatt*, ano XX, Viena/ Leipzig, 1911, p. 75).

151 Para o fenômeno ainda atual da rejudificação do judaísmo, cf. KEPEL, G. *Die Rache Gottes* – Radikale Moslems, Christen und Juden auf dem Vormarsch. Munique 1991, cap. 4. Devo ao tradutor húngaro de Franz Rosenzweig, ao filósofo György Tatar, a informação de que o conceito judaico de conversão se refere exatamente a isso: retornar do distanciamento da fé e então ficar "em casa".

de sua avaliação avassaladora do "livro horripilante" – como ele chamou as *Confissões extáticas*.

Quando Rosenzweig conheceu Buber, entendeu que o *ingenium* de Buber era mais substancial do que ele tinha suposto originalmente. O aparente "subjetivista místico" revelou ser uma testemunha íntegra de uma situação religiosa epocal e um veículo judeu genuíno de seu tempo[152]. Justamente como virtuoso ingênuo da polivalência religiosa, Buber manifestou em suas primeiras obras nada menos do que aquela "mudança estrutural da revelação" que, inevitavelmente se apresenta na entrada das religiões positivas e regionais na era da observação mútua generalizada. Até mesmo os monoteístas precisam agora conviver com o "poliglotismo de Deus". Uma vez que a nova situação do pluralismo da revelação é reconhecida como tal, os até então diabólicos observadores externos da minha religião se transformam em companheiros de destino diante de um embaraço global das "pessoas religiosas". O desenvolvimento de Buber reflete com precisão sua receptividade para a problemática nova na história do espírito. A tão citada virada "do misticismo para a dialógica" mostra como Buber fundamentava antropologicamente o vínculo entre religiosidade própria e religiosidade alheia – o "ser humano" transcende desde sempre em direção do outro, e é apenas na *inter*-humanida-

---

152 O único que o supera nesse aspecto é Franz Kafka, que Harold Bloom, seguindo as dicas de Gershom Scholem, tenta entender como criador de uma nova cabala herética. A fórmula posterior de Buber: "Não tenho nenhuma doutrina, mas estou tendo uma conversa" precisa ser lida em conjunto com a parábola de Kafka da brincadeira infantil "Rei e mensageiro": "Eles tiveram que escolher: Queriam ser reis ou mensageiros do rei? Ao modo das crianças, todas queriam ser mensageiros. Por isso, existem tantos mensageiros. Eles correm pelo mundo e passam – já que não existem reis – uns aos outros as mensagens agora sem sentido. Eles querem pôr um fim à sua vida miserável, mas eles não ousam fazer isso por causa de seu juramento" (BROD, M. (org.). *Hochzeitsvorbereitungen auf dem Lande und andere Prosa aus dem Nachlass*. Frankfurt a.M., 1993, p. 66). Buber e Kafka representam o dilema de uma "religião de mensageiros" (Max Weber) no ponto zero de sua comissão.

de, na qual ocorre uma criação recíproca, que o indivíduo adquire a si mesmo[153].

Seguindo o fio da meada dessas descobertas, Buber transforma seu judaísmo helenizado em um "humanismo hebraico". Depois de sua "virada", Buber pôde proclamar o "diálogo" como essência do religioso e declarar-se seu proclamador. Agora, ouvimos não mais exclusivamente o coro dos confessores místicos, mas as vozes do outro, contanto que tenhamos um "encontro verdadeiro" com ele. O talento religioso se estende do místico para o dialógico, do estado de exceção solitário para o cotidiano da vida que ouve.

Diante desse estado das coisas, Buber passa a vislumbrar uma vitória tardia do apostólico sobre o genial; o virtuoso da religiosidade deixa de ser uma testemunha excêntrica de sua excitação multifacetada e se transforma em apóstolo da doutrina do diálogo – não só apenas do diálogo entre ser humano e ser humano, mas ainda mais entre o indivíduo e aquilo que lhe confere sua transcendência: o "outro" como tal. Como proclamador dessa quintessência do judaísmo, Buber se transforma em representante exemplar de seu povo *eo ipso* apostolicamente virulento.

Suas ideias sobre o Renascimento judeu na Palestina, que seria necessário para o bem de toda a humanidade, se apresentam hoje como paródias amargas sobre o Estado israelense.

No "diálogo autêntico" com outros, é inevitável que eu encontre também pessoas "de outra fé", que, em outros povos e tempos, desenvolveram outros jogos linguísticos do "convívio" com a transcendência. Assim que tomo conhecimento de formas substanciais da "outra religiosidade", estou condenado a permitir

---

153 Com sua teoria do poder ser si mesmo como dádiva do encontro com outros, Buber alcança, a partir das precondições judias, aquilo que, antes dele, apenas a cristologia de Kierkegaard tinha prometido: um conceito da chance de um "ser si mesmo" não endurecido – fora do alcance da maldição da autopreservação.

que outros observem a minha própria confissão. Ou os seguidores da outra fé são parodistas diabólicos da minha religião, caso em que eles não são dignos de meu reconhecimento; caso, porém, mereçam meu respeito, eu sou obrigado a transcender o meu próprio abrigo confessional em direção ao campo aberto da "religiosidade em si" – assim como preciso primeiro ser democrata no sistema parlamentar antes de escolher um partido.

Nesse sentido, as *Confissões extáticas* reunidas por Buber subsistem, a despeito de certas ressalvas referente ao procedimento de seleção e intervenções editoriais[154], como grande documento da nova mentalidade e história do espírito; elas demarcam, a despeito de alguns tons agora insuportáveis da apresentação de Buber, uma etapa no caminho da desdiabolização do observador externo da fé. Elas defendem sua posição como testemunho da resistência contra o esvaziamento do mundo interior na cultura medial moderna. Com sua tendência impressionista e inclusiva, elas atribuem ao misticismo um papel eminente na "mudança estrutural da revelação"; após o estudo da coleção de Buber entendemos o papel potencial do misticismo como vanguarda do encontro com o estranho.

2 Religião na era do experimento

> *O deus mais insuportável seria aquele que fosse como nós o desejamos.*
> Elias Canetti.

Segundo o dito histórico-filosófico de peso do metafísico Hegel, a Idade Média era, em sua substância, a era da "consciên-

---

[154] Já os primeiros leitores de Buber protestaram contra sua aleatoriedade na concessão do predicado "confissão autêntica"; causa estranhamento, p. ex., a decisão de Buber de reproduzir documentos em versos como paráfrases em prosa, como se a prosa fosse sempre mais próxima da "vivência autêntica" do que o verso.

cia infeliz"; nela o espírito humano se via condenado a buscar o altíssimo como uma distância inalcançável; a infelicidade necessária do espírito em seu nível católico teria sido ter o divino como um objeto de temor e anseio fora de si mesmo. Na visão sistêmica, porém, a Idade Média europeia precisa ser descrita como uma era da consciência feliz; nem antes nem depois o cristianismo fez uso tão autoconsciente de seu privilégio de ver sem ser visto e de pregar sem precisar ser instruído.

As vozes críticas da Antiguidade tardia foram caladas em sua maioria e agora assombram apenas na forma de ataques distantes à consciência apologética cristã; os novos ímpios ainda não estão às portas, muito menos na própria casa; os teólogos ainda podem dormir tranquilos com a certeza de que tudo que precise ser dito sobre o cristianismo é dito por ele mesmo – em fórmulas definitivas que prometem permanecer verdadeiras até o juízo final; ainda não estão impressas as vozes daqueles que, como estranhos ou alienados, confrontarão o cristianismo com sua opinião.

Com a irrupção da Modernidade terminam os tempos felizes do autocentrismo medieval. As antigas cidadelas da fé se apresentam agora vulneráveis às muitas observações e descrições externas. Na Modernidade, a religião está sob o signo da vulnerabilidade perante a observação por não membros[155]. Aqui se mostra que as religiões são figurações sensíveis à observação; o sopro gélido das percepções externas pode destruir facilmente as flores delicadas da credulidade; normalmente, a fé floresce melhor

---

155 Trata-se, é claro, de uma vulnerabilidade com espinhos. O cristianismo forma, desde o séc. XVII, especialistas em neutralização de descrições alheias – sobretudo entre os jesuítas. Tais descrições representam, há muito tempo, um gênero próprio: "Crítica da religião". Em 1979, o jesuíta Karl-Heinz Weger publicou um léxico de autores (Freiburg i. Br.) que apresenta um inventário da "crítica da religião desde o Esclarecimento até a atualidade" em 93 artigos, "de Adorno até Wittgenstein". A obra pode ser lida como um compêndio daquilo contra o qual precisamos nos imunizar se quisermos "crer" como até então.

quando ela pode climatizar-se a si mesma. E é justamente essa proteção climática "medieval" chega ao fim na era do mercado dos livros e do pluralismo midiático[156]. A fé de forma alguma inabalável na soma das improbabilidades que se chama cristianismo precisa agora, de forma neoapologética, afirmar-se de uma esperteza infantil: a partir de então vale que a "substância" da fé passa a ser aquilo que sobrevive ao ceticismo da percepção externa. Daí o grande movimento de recuo da confessionalidade moderna aos axiomas teológicos e "núcleos" antropológicos. Sob a pressão da observação externa cética por filólogos, pesquisadores de mitos, psicólogos e sociólogos, a religião cristã é dissecada. Dois séculos de Modernidade, i. e., de descrições externas frias do cristianismo além da admissão de entusiasmos alternativos, sobretudo em nome das artes e da humanidade, bastaram para transformar uma potência onipresente de dois milênios em uma grandeza residual, que faria bem se consentisse em se instalar como um "subsistema" entre subsistemas – ao lado de sistemas educacionais, jurídicos e medicinais – num nicho funcional da sociedade moderna. Nos países centrais da Modernidade, as grandes comunidades religiosas se veem reduzidas ao papel de prestadores de serviço, que, com seus recursos especiais, cuidam das necessidades vagas de sua clientela – principalmente na dotação de sentido de situações limite. Hoje, Igreja é uma empresa para a autoadministração da melancolia provocada pela impossibilidade de Igreja. A maioria das populações modernas se aproxima com a corrente fundamen-

---

156 Um desenvolvimento que Niklas Luhmann descreveu como "diferenciação da religião" garante que ela não termine completamente (cf. *Gesellschaftsstruktur und Semantik*. Vol. 3: Studien zur Wissenssoziologie der modernen Gesellschaft, Frankfurt a.M., 1989, p. 249-357). A religião "diferenciada" é religião eclesial após o choque da Modernidade; ela continua a sua autoclimatização concentrando-se em manter constante a temperatura em seus próprios aposentos – na medida do possível. Para visitantes vindos de fora, o resultado parece *prima vista* charmoso, depois abafado e inapropriado para estadias prolongadas.

tal do processo moderno de civilização de uma individualização abrangente das formas de vida e se prepara para as manifestações informais e privadas da religiosidade residual.

Em sua obra filosófico-religiosa, o filósofo norte-americano William James conferiu às tendências da individualização da religiosidade uma expressão clássica. O título de seu ensaio *The Will to Believe* [A vontade de crer] (Yale e Brown University, 1896) sinaliza a nova situação da fé que, futuramente, não poderá mais ser entregue a indivíduos em grandes pacotes dogmáticos[157] – pelo menos não com a expectativa de sucesso amplo. Quando indivíduos soltos ainda optam pelas hipóteses religiosas, eles o fazem com a postura daquele que experimenta um remédio promissor – como teste de efeitos positivos de uma medida terapêutica.

Aquele que articula a vontade de crer não o faz porque se firmou em convicções sólidas, porque "convicção" se tornou um recurso raro. Além disso, a "convicção" se tornou tão tênue que, agora, ela só consegue sustentar uma única pessoa. Por isso, a religião individual num mundo que submete tudo ao experimento – i. e., a um exercício da desfundamentalização e reformação – é a forma adequada da "relação" com a transcendência. Como James reconhece, a fé lida sobretudo com pessoas na era do ceticismo e do experimento. O sujeito cético, que se livrou das condições dogmáticas, reconhece na cultivação de um sentido religioso vago uma vantagem existencial. Aquele que já fez suas experiências com o efeito refreador do ceticismo – isso significa aqui: de sentimentos de falta de sentido em virtude da auto-observação – sabe que "crer em algo" desbloqueia o indivíduo e libera

---

157 Onde essas entregas são tentadas, como, p. ex., com o Catecismo da Igreja Católica de 1992, os conflitos são inevitáveis. Aquilo que o Vaticano apresenta como instrumento válido e legítimo a serviço da comunidade eclesial precisa ser vaiado pelas mídias da sociedade secular como compêndio da presunção dogmática (cf. GREINACHER, N. Römisch statt katholisch – Der neue katholische Weltkatechismus ist ein Desaster. *Süddeutsche Zeitung*, 09-10/01/1993, n. 6).

suas energias. *"In hoc signo vinces"* – se você crer, você também fará parte dos vencedores: Com a ajuda dessa regra psicológica, a alma moderna que duvida pode animar-se a si mesma.

Com William James, ainda revestida de nobre reflexão, inicia-se já no final do século XIX a americanização do religioso. A religião se transforma em vitamina metafísica, em uma dieta mental, em antidepressivo e tônico para o coração, em um fator de uma automedicação e autocomissionamento abrangente.

A partir de então se passam menos de cem anos até as fitas cassete de meditação e os aparelhos de indução artificial de estados de relaxamento "místico" profundo das *mind-machines*. Sob o signo do auto-hipnotismo e da autoprogramação neurolinguística, ocorre uma irrupção significativa da tecnologia do campo psicorreligioso. Torna-se público o que, antigamente, era de conhecimentos exclusivo dos monges e outros atletas da religiosidade: Também a fé é uma questão de exercício; fé e treinamento de fé dão na mesma.

Esse segredo não pôde ser escondido da Modernidade psicológica. Futuramente, a boa forma transcendental fará parte da autogestão dos protestantes anglo-saxônicos liberais e brancos – e daqueles que querem imitá-los. Correntes neorreligiosas do tipo autógeno surgem agora em escala global; os interessados encontram em todos os lugares os meios para compor sua dieta religiosa pessoal. Contra a dor de ser uma pessoa moderna, todas as reservas das tradições espirituais são ativadas – sufismo ou cabala, gnose ou Upanixades, o Tao ou o Grande Espírito. Tudo que permite à alma entoar as melodias de fé de culturas estrangeiras é bem-vindo.

E também a religiosidade – assim mostram estas reflexões – não permanece intocada pelo espírito experimental e construtivista da Modernidade. Assim, até mesmo a "função" mais respeitada da consciência humana se vê submetida a um novo paradigma –

poderíamos chamar isso de auto-hipnotismo refletido ou ilusionismo endógeno[158]. Visto que, sob as condições modernas, não podemos mais confiar na antiga herança, precisamos de recursos novos até mesmo na religiosidade. Assim, a religião – compreendida aqui como "religiosidade em si" – se aproxima muito do eu estratégico e suas tramas. Em relação aos candidatos da transcendência, os contemporâneos já não se comportam mais como seguidores ou súditos, que permanecem fiéis porque não conhecem outra coisa, mas como eleitores ou clientes, que examinam vários produtos e escolham o melhor. Na verdade, os maiores jogadores da cena religiosa ocidental, com a exceção de poucos ultraortodoxos, caem vítimas daquilo que Peter L. Berger chamou a "coerção à heresia"; contanto que entendamos como "herético" a conduta daqueles que escolham de um cânon completo, i. e., "católico" de doutrinas apenas aquelas partes que lhes agradam – *hairesis*, grego: seleção – nesse caso, os modernos estão, quase sem exceção, condenados à heresia[159]. Especialmente aquele que, hoje, procura uma possibilidade de se aliar a uma ortodoxia convincente corre o perigo de seguir uma seita excêntrica. Membros de sociedades liberais e laicas já nascem numa atmosfera de rebelião fundamental contra o preconceito, o cânon e o dogmatismo e não dispõem mais da experiência do acolhimento numa caverna de tradições

---

158 Tentativas de uma consolidação desses exercícios de pensamento altamente experimentais foram feitas principalmente pela escola da neo-hipnose de Milton Erickson na metateoria do "pensamento positivo". Cf. tb. HOFSTAEDTER, D.R. *Metamagicum* – Fragen nach der Essenz von Geist und Struktur, Stuttgart 1988. Tentativas metapsiquiátricas sérias de conceitos desse tipo se encontram, entre outros, em EMRICH, H. *Psychiatrische Anthropologie* – Therapeutische Bedeutung von Phantasiesystemen. Munique, 1990, esp. p. 141ss.: "Systemtheoretische Anthropologie – Auf dem Wege zu einer Strukturtheorie des Bewusstseins auf der Basis eines nichtreduktiven Monismus". • KAFKA, J.S. *Jenseits des Realitätsprinzips* – Multiple Realitäten in Klinik und Theorie der Psychoanalyse. Berlim, 1991.

159 Cf. BERGER, P.L. *Der Zwang zur Häresie* – Religion in der pluralistischen Gesellschaft. Freiburg i.Br./Basileia/Viena, 1992.

ortodoxas. Se, em tal situação, alguém procura algo que lhe dê apoio, ele precisa construir pessoalmente um sustento a partir daquilo que não tem fundamento. Para usar uma imagem mental do filósofo japonês Nishida: ele é obrigado a construir em alto mar a jangada com a qual pretende navegar.

O princípio da ironia romântica, descoberto no início do século XIX pelos poetas românticos, alcançou agora a religião. Sob a fria luz da observação externa crônica e da auto-observação, hoje só consegue permanecer religioso aquele que encontrou um caminho de crer de olhos abertos. "Religiosidade em si" é a produção gradual da fé durante o experimento com a fé. É, porém, possível que alguém que se permite crer no fim é abandonado pela fé.

3 Arena mundial e espaço não marcado

> *O melhor é, ainda em vida, tornar-se morto e fazer o que se quer.*
> Shido Bunan.

Na redução do cristianismo, do judaísmo e de outras tradições históricas à "religiosidade em si", os componentes irredutíveis das figurações de fé vêm à luz como elementos ou "radicais" puros. Entre esses radicais, há muito, o misticismo vem atraindo uma atenção especial. Nos círculos de conhecedores do sobrenatural, ele é visto como a matéria-prima das religiões; após a dedução de revestimentos mitológicos e particularidades regionais, ele seria o conteúdo último ou fermento mais interior das religiões[160]. Daí o movimento em direção ao ecumenismo místico

---

[160] Outros candidatos ao papel de "radicais", no sentido de elementos fundamentais ou funções elementares do religioso, são: dialógica, operações sacrificiais; fundação de identidade corporativa; missão; autoexperiência; humor; poesia; interpretação de catástrofes.

acima das religiões positivas irremediáveis. A redução à vivência mística realmente oferece a vantagem de privar o fundamento de todas as formas dogmáticas de proclamação; isso favorece o individualismo das condições modernas.

Hoje, aquele que fala a terceiros sobre estados místicos o faz, no caso típico ideal, sobre sua vivência nem como gênio nem como apóstolo, mas como testemunha de uma ocorrência na linha de frente da transcendência. O testemunho – ao relatar uma transcendência fresca à necessidade mais aguda da "religiosidade em si" contemporânea – fornece indícios de que as portas da revelação não se fecharam definitivamente dois mil anos atrás com a redação final dos evangelhos ou de outros escritos sagrados; a religiosidade de experiência mística expressa que seria inaceitável se transformássemos todas as vivências posteriores em meros epígonos da autorrepresentação clássica de Deus perante os homens – em posterioridade sem acesso a uma experiência original da "verdade". O misticismo representa a pretensão das gerações atuais à igualdade com o auge da revelação[161]. Ele protesta sobretudo contra a primazia epifânica do passado, defendida por todas as ortodoxias: Na época, assim proclamam as tradições canônicas, o Absoluto se manifestou desvelado, hoje precisamos nos contentar com as cópias da epifania irrepetível. O misticismo é a aposta de que existe a continuação da revelação daquilo que, no passado, se manifestou, aqui e em outros lugares, de modo inesquecível. Sem *revelatio continua* não existe posição mística. Se houvesse um

---

161 A tendência de facilitar o acesso ao misticismo se expressa, p. ex., no título típico da obra de Michael Barnett, *Der Himmel ist um die Ecke* [mais ou menos: O céu te espera na esquina] (Zurique, 1988). Um escrito da fase pós-mística de Martin Buber, por sua vez, fala da raridade extrema de experiências que podem ser interpretadas como manifestações diretas da transcendência: *Gottesfinsternis* [Eclipse de Deus]. Zurique, 1953.

chavão que unisse todos os místicos de todos os tipos, só poderia ser este: *Apocalypse now* – revelação também agora[162].

Sob a perspectiva da revelação continuada, podemos apontar uma segunda vantagem do misticismo, que o torna especialmente apto como radical numa era pós-confessional. Se as religiões tradicionais de todo tipo giram em torno da interação entre habitantes mortais "deste mundo" e poderes e entidades de um segundo mundo, é evidente que as religiões positivas entram em crise assim que esse segundo mundo como um todo se transforma em objeto de dúvida. Isso é uma característica da Modernidade. Membros de civilizações modernas estão cada vez mais indispostos a reconhecer porque eles deveriam continuar a executar a operação metafísica básica da humanidade passada (a duplificação do mundo "neste mundo" e em seu além), como se nunca tivesse ocorrido o movimento do "Esclarecimento". O que é "Esclarecimento" senão uma ordenação do além? – a começar com a reforma platônica do céu e o nirvana budista até a introversão da psicologia profunda das "projeções" metafísicas? O telegrama histórico-metafísico de Nietzsche "Wie die wahre Welt endlich zur Fabel wurde" [Como o mundo real finalmente se transformou em fábula] (*Crepúsculo dos deuses*, 1888) resume brilhantemente o resultado dos esclarecimentos; o mundo real de Platão se dissolve como neblina no sol moderno; e também a história de fantasmas mais longa, a fala do Deus uno que se comunicava com este mundo por meio de filhos e profetas, chega ao fim em algum momento. O torpor metafísico do homem precisa, em algum momento, ceder a uma clareza pós--histórica; todos os caminhos da inteligência não preconceituosa

---

162 Jacques Derrida articulou resistência em numerosas variantes contra o preconceito metafísico segundo o qual o absoluto pode adquirir presença em revelações, p. ex., em: *Apokalypse: Von einem neuerdings erhobenen apokalyptischen Ton in der Philosophie* – No Apocalypse, not now. Viena, 1985.

acabam levando para um ponto em que o mundo volta a ser tudo que é o caso – "deixamos o céu para os anjos e pardais"[163].

Diante desse pano de fundo, o radical religioso do misticismo se destaca de forma especial em sua insistência irredutível. Depois do esvaziamento, do apagamento do além positivo, resta à vida desperta a evidência de que ela é dada apenas em conjunto com todo o resto que é o caso. É possível que eu não seja tudo que é; é, porém, inegável que estou incluído em algo, que é tudo que existe – eu estou, como dizem o Evangelista João e, depois dele, todos os existencialistas, "no mundo"; onde eu estou se evidencia que a ocorrência mundo continua de forma incompleta. Enquanto eu existir, todas as coisas que são o caso têm a oportunidade de se manifestar a mim. Não preciso mais de revelações especiais dirigidas a mim vinda de um segundo mundo para me lembrar do risco de ser requerido pela evidência de algo. Quando as concepções do além são afastadas, potencialmente tudo que é o caso pode se tornar, num sentido especial, fenomenologicamente poderoso e prenhe de revelação. "O aspecto místico não consiste em *como* o mundo é, mas *que* ele é"[164].

As consequências mais claras foram tiradas pelos grandes artistas modernos; e também os de segunda e terceira classe nos mercados de arte especulativos participam no novo estado, que permite inserir a revelação do "ser" em cada coisa presente. Isso precisa ser levado a sério: agora, o indivíduo é o céu no qual ingressam o mundo e as coisas quando se apresentam a ele em seu "que". Apesar de cada indivíduo ser, em termos modernos, até

---

163 Cf. HEINE, H. *Deutschland – ein Wintermärchen*, cap. I. Em seu ensaio "Warum man Atheist sein muss" (*Club Voltaire*. Munique, 1963, p. 66ss.), Max Bense formulou de forma essencial a chegada do esclarecimento consequente no ateísmo cosmológico e existencial.

164 WITTGENSTEIN, L. *Tractatus logico-philosophicus*. Frankfurt a.M., 1963, p. 114. Cf. a palestra de Wittgenstein sobre ética, na qual ele fala da "surpresa diante da existência do mundo" (Frankfurt a.M., 1989, p. 14s.).

a última fibra de seu ser, um filho do mundo e nada além do mundo, ele é, ao mesmo tempo, o lugar no mundo diante do qual ao mundo desaparece, mas também se esgota. É por isso que os místicos autênticos da atualidade – sobretudo os artistas – falam do desaparecimento do mundo e da aparência nua e impenetrável das coisas; o fato de que os restantes, mais especificamente os tradicionalistas do misticismo da velha escola europeia, ainda buscam sua salvação em citações do Mestre Eckhart e de Jan van Ruysbroeck, é outro assunto.

Se o misticismo na Modernidade precisa ser compreendido como valor limite de uma experiência do mundo normal – e não como irrupção assombrosa de um além pleno em nosso mundo – precisa ser possível ou tentada uma descrição do ser humano que reconheça os estados místicos como direito universal de nascença.

Uma antropologia do místico precisaria explicar a naturalidade dos estados místicos com sua raridade. Isso pressupõe uma análise da lembrança humana que torne plausível por que o ser humano, apesar de ser um "místico nato", no decurso de sua aquisição do eu, se esquece de seu dom fundamental, e por que, quanto mais ele se emaranhar nas versões vulgares da vida adulta, mais radical é seu esquecimento; precisaríamos mostrar também que determinados indivíduos retomam esse "dom" quando reocupam o estado do cérebro *anterior* aos processos de aprendizado direcionados para o mundo – por exemplo, após um trauma, sob influência de substâncias químicas ou por meio do exercício meditativo da fuga do mundo cotidiano das concepções.

A ominosa morte mística é uma metáfora para o cérebro desperto no estado da lembrança de seu silêncio pré-linguístico – o que, para a personalidade interna normal do barulho e da tensão, significa a ruína. Estados místicos podem, empiricamente, ser resumidos em dois grupos: existe o misticismo dos estados de exceção, que extraem o sujeito em momento de transfiguração extraordinária de sua constituição normal e lhe causam o embaraço de comunicar posteriormente a transfiguração experimentada; existe, porém, também um misticismo da continuidade, no qual cada momento desperto na vida dos sujeitos é impregnado de uma radiação de uma indecisão contínua.

Não pretendo transformar essa dualidade em objeto de uma disputa sobre "misticismo verdadeiro e falso"; para a antropologia do místico, a ocorrência de ambos os fenômenos é informativa. Se a interpretação teórico-mnemônica do misticismo pretende alcançar a força explicativa desejada, a teoria faria bem em posicionar os dois tipos do cérebro místico – aquele que tende para o estado de exceção e aquele que é capaz de permanecer indiferente – numa mesma escala comum. Precisamos, então, um conceito de um contínuo da lembrança mística do nada, i. e., do estado do cérebro anterior à inscrição de diferenças radicais, e também um conceito da catástrofe da lembrança extática e repentina do outro estado[165].

Essas exigências são cumpridas por uma teoria do ser humano que reconhece no *homo sapiens sapiens* não só um animal que aprende e, de alguma forma, se torna adulto, mas também um ser que muda de elementos: um animal que, por meio do destino de seu gênero, está fadado a passar do estado líquido para o estado sólido:[166] A direção de aprendizado primária do mar para o continente se manifesta em todo o gênero no estabelecimento de estruturas relativamente sólidas do eu. Nos mitos das altas culturas, os heróis representam a luta típica dos membros do gênero pela

---

165 Está incluído aqui também o fenômeno ainda não suficientemente esclarecido de que existe um "público" para textos místicos, indivíduos que não conhecem nem as pequenas nem as grandes mortes por experiência própria, mas que, mesmo assim e com todo direito, afirmam se sentir tocados pela frequência dessas comunicações.

166 Sobre mudanças de elementos e comoção humana profunda no sentido de "vir ao mundo", cf. SLOTERDIJK, P. *Weltfremdheit*. Frankfurt a.M., 1993.

autoafirmação em uma "terra sólida" que, no tempo histórico, se revela como palco de guerra e trabalho. Mundo é a arena de paixões inescapáveis. O "ter que ir à terra" a partir do líquido infantil é, para os adolescentes dos tempos das altas culturas, tipicamente uma escola dura. "*Dasein* significa exercer um papel" – o "papel" é o de sujeitos heroicos em suas "grandes tarefas" e em suas lutas inevitáveis por chances de viver. No cérebro desses indivíduos se estabelece um estado marcado pela presença constante do palco do conflito e de sua posição nele. Para o ser humano na arena, vale a imagem interior do estado do conflito como o próprio mundo; para ele seria uma novidade inédita se aparecesse alguém que defendesse a tese segundo a qual o mapa não é a terra – a imagem do mundo não é o mundo, a autoimagem não é o eu. Esse tipo de mensagem equivaleria ao convite de abandonar a arena e encerra a guerra dos portadores do eu. Quem quiser transmitir esse tipo de mensagem precisa demonstrar que o mundo não é uma arena e não é um campo de batalha que deveríamos invadir com a melhor armadura para o eu; ele precisaria demonstrar que aquilo em que vivemos, a despeito de todas as ilusões de arena, permaneceu uma corrente homogênea, um contínuo oceânico, no qual as diferenças se inscrevem com a mesma permanência como escritas em água[167]. Justamente isso seria a mensagem mística – não mais como uma notícia de um além positivo no sentido de uma ontologia de dois mundos, mas como informação antropológica elementar. Os místicos são os informantes contra-heroicos do ser humano; eles não são cúmplices da afirmação do eu na realidade

---

167 Não é à toa que a grande doutrina da Índia, o Bhagavad Gita, seja comunicada num campo de guerra antes da batalha – não com a mensagem moral de transformar o guerreiro num iogue pacífico, mas para transformar o homem relutante num guerreiro que possui o consolo da indiferença ao matar seus parentes na batalha. A permanência na indiferença em meio à turbulência sangrenta vale, sobretudo nos primórdios das mensagens místicas, como prova importante da iluminação, i. e., da permanência do outro estado; daí também a atenção especial dada à morte tranquila do mestre.

da arena. Eles procuram enfraquecer a ontologia da arena como tal. E fazem isso demonstrando que o algo em que nos encontramos nada mais é do que um espaço não marcado, no qual nenhuma diferença que faça uma diferença pode estar em vigor – muito menos uma diferença que justifique lutas de vida e morte na linha das batalhas da posição do eu.

O espaço não marcado, em seus testemunhos historicamente mais impressionantes, teve nomes que pertencem às grandes imagens ilusórias da humanidade: paraíso, Reino de Deus, terra branca – em línguas elementares: céu e oceano. Essas designações preservarão sua dignidade quando descrições mais frias ocuparem seu lugar. O estado místico se revela como lembrança do cérebro de seu estado antes de sua luta pela identificação do algo em que ele está destinado a viver. O "ser em algo" flutuante do cérebro pacífico lembra a si mesmo do início fluído de sua história. Quem o vivencia consegue se movimentar instantaneamente no outro estado, por mais que o abale a evidência de que ele é possível "apesar de tudo". É por isso que o misticismo se torna mais impressionante na medida em que ele recebe o apoio da consciência adulta madura, a despeito da qual ele se impõe. "Misticismo para iniciantes" é banal porque iniciantes só podem ser místicos – cada feto pode confirmar isso. A lembrança mística se torna impressionante quando seu sujeito é um adulto exposto a todo o peso da vida. Nesse caso, o indivíduo se transforma em encarnação da improbabilidade segundo a qual o dote do interior mais antigo pode ser tão vivo no auge das tensões civilizatórias quanto na caverna intrauterina. No estado fetal original, existência significava o ouvir enstático[168] do "som do mundo"[169] e o crescer na corrente sanguínea dupla de mãe

---

[168] Na ciência da religião, o conceito "ênstase" serve para designar um tipo específico de transe.

[169] Cf. TOMATIS, A. *Der Klang des Lebens*: Vorgeburtliche Kommunikation – die Anfänge der seelischen Entwicklung, Hamburgo/Reinbek, 1987.

e filho[170]. – O fato de ecos desse modo de ser retornarem também em adultos suficientemente sólidos é o escândalo psicológico do gênero misticamente dotado. Se lembranças do íntimo mais antigo são capazes de emergir numa psique capaz de transitar no mundo e de lhe apontar, como uma bússola para a bem-aventurança, saída de seu emaranhamento, isso nos transmite uma noção daquilo que se exigia do tipo ideal de um adulto espiritual na alta cultura. Dar estrutura ao maleável no sólido – ser forma para o informe – com essas e outras fórmulas os mestres místicos do Oriente e do Ocidente estabeleceram uma norma para iluminações adultas. Explicar o misticismo como mera "regressão" do sujeito para estados pré-eu seria regressivo – uma capitulação diante das tendências culturais que reduzem e fecham o espaço interior[171]. O misticismo nos leva a

---

170 Os distúrbios patológicos da vida fetal e simbiótica podem se refletir em versões sombrias da vivência mística; tanto na Índia quanto no Ocidente existe um tipo de misticismo isolador, cuja componente suicida é praticamente impossível de ignorar; ele destila uma supertestemunha ou só observador que distancia totalmente o mundo e que vivencia o cosmos como uma máquina monstruosa e indiferente de vida e morte, à qual ele se recusa a pertencer. O humor do olhar totalmente meditativo oscila entre os valores limites "grande teatro" e "paisagem de morte da alma". Isso corresponde ao misticismo do esquizoide, daquele que já morreu no ventre materno e ali se fixou – pensamos aqui nos grandes lógicos místicos como Shankara e Wittgenstein. Para o conceito do "misticismo isolador" em oposição ao misticismo da união universal, cf. ZAEHNER, R.C. *Mystik, religiös und profan* – Eine Untersuchung über verschiedene Arten von aussernatürlicher Erfahrung. Stuttgart, p. 185ss.

171 Por isso, as reflexões aparentemente aguçadas de Ken Wilbers sobre a "confusão pré-trans", i. e., sobre a não diferenciação entre transcendência e regressão, na psicologia espiritual da chamada New Age, acabam errando o alvo. A possibilidade de emergência da "lembrança" do estado anterior às experiências que fazem diferença é justamente não regressiva, mas pressupõe desempenhos significativos da personalidade e da cultura. A preocupação de Wilbers de separar nitidamente o transcender do eu do regredir para antes do eu é um reflexo de seu positivismo evolucionista. Segundo ele, o espírito humano deve passar por todas as séries desde o estado fetal até o divino – se ele não se deter no ego sutil. Uma psicologia menos ingênua da transcendência pressuporia uma teoria da regressão progressiva e uma lógica da emergência posterior do primordial (cf. WILBER, K. "Die trügerische Verwechslung von 'Prä' und 'Trans'. In: WILBER, K. *Die drei Augen der Erkenntnis* – Auf dem Weg zu einem neuen Weltbild. Munique, 1988, p. 119-172).

refletir, justamente numa sociedade cada vez mais descuidada; ele é a elevação progressiva da "lembrança" extrema para a consciência da realidade desdobrada. Talvez isso nos dê uma noção daquilo que educação num mundo de ineducáveis poderia significar.

10
Imperativo absoluto e categórico*

Senhoras e senhores,

Permitam-me introduzir as seguintes breves observações sobre a intensificação dramática dos perigos que ameaçam o processo global atual com uma confissão: Sou grato por esta oportunidade não frequente de um autor de trabalhos filosóficos – que, além disso, a despeito de todas as suas tendências francófilas, tem seu lar numa tradição não francesa – poder dirigir a palavra a um círculo tão proeminente de personalidades políticas que aqui está reunido. Naturalmente, essa gratidão se dirige em primeira linha ao anfitrião deste evento – mas inclui também o círculo dos meus colegas, que me encorajaram a participar desta apresentação do Collegium International diante do senado da nação francesa.

Eu não ousaria dirigir a palavra aos senhores se não tivesse me tornado parte de uma iniciativa lançada poucos anos atrás pelo ex-*premier* francês Michel Rocard e à qual pertencem figuras tão extraordinárias da vida intelectual e política contemporânea como Fernando Henrique Cardoso, ex-presidente do Brasil, René Passet, iniciador do Fórum Social Mundial de Porto Alegre, Edgar Morin, grande mestre da sociologia europeia, Michael Doyle, conselheiro do ex-secretário geral da ONU Kofi Annan e cientis-

---
* Orig.: "*Absoluter und kategorischer Imperativ*", manuscrito de uma palestra proferida em francês, Paris, 15/06/2009.

tas sociais e econômicos importantes como Amartya Sen e Joseph E. Stiglitz, para mencionar apenas alguns poucos.

A fim de deixar clara a minha intervenção desde o início, quero, desde já, antecipar a tese: política e filosofia compartilham, hoje e como também já no tempo das fundações gregas, um forte ponto comum: ambas representam, cada campo à sua maneira, a arte de se preocupar com o mundo como um todo. Isso vale mais do que nunca na situação atual. Temos motivos muito sérios para comparar a situação atual com a situação do tempo após 1945.

Em retrospectiva às catástrofes vividas, alguns dos maiores espíritos daqueles anos falaram de uma era do medo, evocada pelo poeta britânico-americano W.H. Auden em seu grande poema *Age of Anxiety*, mas falaram também de uma era da reconstrução – imprescindível após as destruições das Guerras Mundiais. Em analogia a esses grandes diagnósticos de longo alcance, precisamos fazer uma afirmação dupla sobre o nosso tempo: De seu modo, ele também é evidentemente uma era do medo – uma era da preocupação global e, além disso, uma era da desorientação, ao mesmo tempo, porém, podemos interpretá-lo também como uma era das provocações construtivas, como era das viradas mais ousadas contra o decurso habitual das coisas.

No que diz respeito ao lado filosófico da arte de se preocupar com o mundo como um todo, ou melhor: de permitir que sejamos afetados pelas grandes preocupações do mundo, ela, a princípio, só pode consistir na superação do clima da desmoralização que se propagou na existência de inúmeros contemporâneos – uma desmoralização que tem suas fontes no gigantismo assustador dos desafios atuais, tanto quanto na desproporção inquietante entres os fins e os recursos da política e na inconsequência e incoerência avassaladora da fala e da ação das classes responsáveis. Quando se trata de se contrapor à desmoralização, isso só pode acontecer por parte da reflexão filosófica numa formulação de uma diretriz para a ação que, a despeito de todas as confusões pragmáticas, oferece uma orientação suficientemente forte.

Quero lembrar que, no final do século XVIII, Immanuel Kant acreditava ter encontrado esse princípio orientador – ele o expressou em seu famoso imperativo categórico que diz em uma de suas formulações: Comporte-se de tal maneira que a máxima do seu agir possa servir sempre como princípio de uma legislação geral. Com essa máxima, Kant pretendia reconciliar o egoísmo dos interesses privados com as exigências do bem-estar comum e assim viabilizar a coexistência de todos os seres racionais no quadro jurídico da sociedade burguesa.

Meio século depois, Karl Marx – sob a impressão da miséria das classes trabalhadoras da Europa – modernizou o imperativo categórico clássico na tese revolucionária segundo a qual cada ser humano teria a obrigação indispensável de abolir todas as condições nas quais o ser humano seria um ser pobre, miserável, desprezível e abandonado. Temos o direito de interpretar as sinergias antagônicas do liberalismo e do socialismo nos séculos XIX e XX como expressão de um esforço comum de realizar esse imperativo poderoso.

Outros cem anos mais tarde, houve novamente movimento na questão referente à formulação adequada da máxima ética: Foi o filósofo Hans Jonas que, em face da crise ecológica emergente na década de 1970, atualizou o imperativo categórico ao carregá--lo com impulsos futuristas e político-naturais: Aja sempre de tal modo que as consequências de suas ações permaneçam compatíveis com a sobrevivência da vida humana autêntica.

Contento-me aqui com a constatação de que essa série de redações do imperativo categórico revela uma dramatização crescente. Kant e Marx são ambos ainda filhos da fé europeia na história: Eles estão impregnados com a convicção de que o ser humano é um ser histórico que, no tempo que lhe é dado, realiza o moralmente necessário – contra todas as resistências que atrasam o moral e politicamente correto. Num mundo kantiano e num mundo marxista, sabemos sempre exatamente o que devemos fazer – e podemos confiar que as condições amadurecem: o correto só foi adiado, mas jamais pode perder sua atualidade.

As coisas se apresentam de maneira bem diferente no imperativo redigido por Hans Jonas. No mundo da preocupação ecológica, existem prazos impostos por processos físicos externos – e ao contrário do que acontece na história humana, onde sempre podemos esperar uma segunda ou terceira chance para recuperar o que foi ignorado até então, domina aqui a lei da irreversibilidade.

Permitam-me, senhoras e senhores, lembrar um documento redigido muito recentemente que expressa o reconhecimento da inadmissibilidade do adiamento, que pertence ao novo imperativo ecológico. No final de maio de 2009, um grupo de ganhadores do Prêmio Nobel se reuniu em Londres para refletir sobre a atualização do imperativo ecológico. No final de seu encontro, eles apresentaram o *St. James's Palace Memorandum*, batizado segundo o nome do local de sua reunião, que renova as exigências de uma nova política climática e uma agenda resoluta para a preservação das reservas naturais mundiais. O que chama nossa atenção nesse documento, é seu tom inquietante e impaciente de suas exigências: Um grupo de cientistas de maior renome, que não pode ser acusado de expressões histéricas e apocalípticas, assumiu o risco de falar aos responsáveis do mundo de uma maneira que só pode ser interpretada como alarme incondicional. Os autores do apelo londrino não se interessam apenas pela lista conhecida de exigências de medidas que devem levar a uma Grande Transformação – na linguagem de Edgar Morin: a uma metamorfose da qual poderia surgir um novo padrão cultural, também a formulação de um tratado climático universal, a transição para tecnologias sem carbono e a proteção das florestas tropicais. O que impressiona nesse documento é o ímpeto com o qual ressalta a necessidade de agir *agora*. A palavra-chave nessa redação mais recente do imperativo ecológico é: a urgência do agora [*the urgency of now*]. Essa partida em direção à ação responsável global só pode ser bem-sucedida por meio da formulação de um novo conceito de solidariedade concreta com implicações universais. Tentarei mostrar como um conceito desse tipo poderia ser formulado – com expressões de uma imunologia sistemática geral. A imunologia geral parte do axioma segundo o qual a vida é a fase bem-sucedida de um sistema imunológico – a expressão "vida" se refere aqui não só a organismos biológicos, mas também à existência histórica de culturas, povos, instituições. Imunidade significa originalmente a proteção do direito sob a qual os portadores de funções sociorrelevantes se encontram – isso aponta para o vínculo profundo entre comunidade e imunidade: já a jurisprudência romana tinha reconhecido: não existe *communio* sem estruturas apropriadas de *immunitas*. Cada sistema imunológico é uma expectativa de ferimento ou uma defesa institucionalizada contra danos.

Por isso, nos seres humanos, devemos contar sempre com a existência de três níveis sincronizados de sistemas imunológicos: a imunidade biológica protege os organismos individuais de invasões e ferimentos típicos à espécie, enquanto a imunidade social é garantida por meio de simples sistemas solidários (como hospitalidade e assistência comunal) e por meio da jurisprudência. Essas instituições expressam o reconhecimento de que o ser humano é um ser que só pode florescer no elemento do apoio mútuo e sob a proteção de leis que impedem a injustiça. Na maioria das culturas, essas formas de ordem são acompanhadas de sistemas imunológicos simbólicos ou rituais, que, na Europa, são convencionalmente chamados de "religiões": elas equipam o ser humano com palavras e gestos que o ajudam a superar momentos de impotência e desesperança. Os sistemas imunológicos simbólicos compensam a morte e garantem a tradição das normas comuns da sequência geracional.

Os tipos jurídicos e religiosos dos sistemas solidários e imunológicos humanos ultrapassam o horizonte do egoísmo orgânico. Apesar de praticarem, como todas as estruturas imunológicas, também a diferenciação entre o próprio e o alheio, eles praticam o próprio não mais apenas biologicamente, mas culturalmente – seja como povo ou grupo étnico, como comunidade e sequência geracional dentro dessa comunidade. Assim, a imunidade implica nesse nível sempre um forte elemento de altruísmo cultural. Na medida em que os indivíduos aprendem a agir como agentes em sua cultura, eles abrem mão de vantagens privadas para servir à vantagem do grupo maior. Culturas e povos só conseguem se impor na corrente do tempo se conseguirem levar o indivíduo a entender que sua imunidade privada só pode ser obtida dentro de uma coimunidade social efetiva. Coimunidade é, por isso, a palavra-chave para a compreensão de todas as histórias de sucesso políticas e sociais. Com sua ajuda, torna-se compreensível como os seres humanos conseguem cooperar em grupos maiores. O cálculo coimunológico explica por que é preciso sacrificar algo num nível inferior se o objetivo é conquistar algo num nível superior. Nisso se fundamentam todos os sacrifícios e impostos, todas as maneiras e serviços, todas as asceses e virtuosidades.

A situação mundial atual é, evidentemente, determinada pelo fato de não oferecer aos membros da "sociedade global" uma coimunidade eficiente. No nível mais alto, não existe um sistema solidário operativamente convincente, mas apenas a guerra clássica dos grupos de interesse – a existência de uma instituição como a ONU e outros fóruns globais não pode mudar nada nisso. As unidades de coimunidade eficientes podem, como nos tempos antigos, ainda ser encontradas em formatos menores: elas são familiais, tribais e nacionais. Até mesmo os impérios atuais obedecem ainda à lei da exclusividade, diferenciando convencionalmente entre o próprio e o alheio. Nessa situação, domina a competição habitual – ou a guerra de todos contra todos. Os sistemas parciais rivalizam segundo uma lógica implacável, que transforma os ganhos imunológicos de uns em perdas imunológicas de outros. Cada sistema parcial busca a sua própria vantagem, mas o todo permanece desprotegido e exposto às pilhagens dos combatentes.

A derrapagem catastrófica dos processos globais torna necessário refletir sobre a criação de uma unidade solidária abrangente forte o bastante para servir ao todo impotente como sistema imunológico – àquele todo desprotegido que chamamos natureza, terra, atmosfera, biosfera, antroposfera. O imperativo categórico atualizado por Hans Jonas precisa, por isso, ser aguçado mais uma vez: a diretriz do agir nestes dias diz consequentemente: Aja de tal forma que os efeitos de suas ações incentivem a criação de um sistema solidário global ou, no mínimo, não a impeçam. Aja de tal forma que a prática até então comum da pilhagem e da externalização possa ser substituída por um etos da proteção global. Aja de tal forma que, para o interesse de todos, os efeitos de suas ações não causem adiamentos adicionais na virada imprescindível. Precisamos admitir que não será fácil seguir esse imperativo. Ele exige que cada indivíduo seja tão impaciente quanto possível e tão paciente quanto necessário.

Mas o que é a história do mundo senão o resultado de hábitos de sofrimento e exigências de felicidade e satisfação?

11
Novidades sobre a vontade de crer
*Observação sobre a dessecularização**

110 anos atrás, o filósofo de Harvard William James fez sua famosa palestra no clube filosófico das universidades de Yale e Brown, na qual ele defendeu diante da assembleia noturna de seus colegas o direito fundamental à fé. Sua argumentação não tratou daquela liberdade religiosa da qual falam as constituições dos Estados nacionais modernos. O que James pretendia apresentar era uma fundamentação para a legitimidade dos indivíduos contemporâneos de, em prol de sua orientação de vida prático-moral, realizar o salto em uma postura de fé aceita livremente – James cunha aqui expressões estimulantes como *"our right to adopt a believing attitude in religious matters"* e *"the lawfulness of volontarily adopted faith"*[172]. Num ensaio posterior, ele resume suas reflexões sobre a *Vontade de crer* na tese patética: "A fé (*faith*) permanece um dos direitos de nascença inalienáveis do nosso espírito"[173]. O filósofo James se interessa em primeiro lugar por uma resposta

---

* Orig.: "*Neuigkeiten über den Willen zum Glauben*" [manuscrito de uma palestra, Bochum, 10/02/2007]. In: SCHWEIDLER, W. (org.). *Postsäkulare Gesellschaft* – Perspektiven interdisziplinärer Forschung. Freiburg i.Br., 2007.

172 "The Will to Believe (1896)". In: McDERMOTT, J.J. (org.). *The Writings of William James* – A Comprehensive Edition. Chicago, 1977, p. 717.

173 Ibid., p. 737.

liberal ao intelectualismo dominante, que tinha declarado imoral aceitar quaisquer sentenças de fé na base de evidências insuficientes. James responde que todos os seres humanos são mais ou menos "absolutistas instintivos" e que também os empiristas teóricos rígidos, quando se trata de coisas práticas da vida, seguem seus dogmas pessoais como "papas infalíveis": *"they dogmatize like infallible popes"*[174] – uma sentença que ilustra como, 25 anos após o Vaticano I, um norte-americano protestante empregou de forma criativa o dogma escandaloso da infalibilidade. James foi o primeiro a reconhecer: Não só o papa, mas cada ser humano da Modernidade é condenado a um tipo de infalibilidade. O absolutismo instintivo, porém, sempre é acompanhado, como James ressalta, por uma carência de evidência lógica. Já que, em questões de vida e fé, o ser humano não pode esperar até encontrar todas as evidências, ele tem o direito e até mesmo a obrigação de vencer o abismo entre o duvidoso e a consciência por meio de um salto para a preposição mais crível ou, como diz James, a hipótese mais viva e de construir sobre ela a felicidade de sua vida.

Aquilo que chamamos de fé se apresenta à luz dessa análise como uma forma do atropelamento esclarecido na formulação de axiomas orientadores da vida. Quem quiser pode ouvir nessas teses um eco transatlântico das sondagens de Nietzsche no espaço de uma nova cibernética do *Dasein* individualizado. Também Nietzsche se interessava em suas reflexões sobre a arte da vida para indivíduos pós-cristãos pela primazia da vontade sobre o conhecimento e pela supremacia dos interesses imunológicos, mesmo que ele tenha frustrado suas próprias abordagens à biologização da função da verdade por meio de um etos hiperbórico da bravura diante das verdades indesejadas – defendendo assim na

---

[174] Ibid., p. 724.

melhor tradição filosófica da antiga Europa a primazia do conhecimento sobre os interesses vitais.

Abaixo, pretendo desenvolver a suposição segundo a qual o novo discurso religioso que atualmente se propaga pela Europa nada mais significa do que uma aproximação dos europeus aos padrões norte-americanos referentes à regulamentação das nossas economias pessoais de convicção. O contexto psicopolítico para essa abordagem é fornecido pela privatização da indústria seguradora, que podemos observar há algum tempo também na Europa.

Do ponto de vista sociológico, a religiosidade dos norte-americanos – espantosa para nós – é um reflexo ao fato de que, nos Estados Unidos, nunca houve a formação de um Estado social de garantia geral, razão pela qual os cidadãos são obrigados permanentemente a buscar um seguro privado. Basta entender que "Deus" – se pudermos falar sobre esse destinatário em termos de alienação sociológica – representa a mais alta instância das seguradoras privadas para entender imediatamente por que a demanda de religião aumenta também entre os europeus num tempo do Estado social enfraquecido.

Se levantarmos agora a pergunta por que existe uma sociedade "pós-secular" e se estaríamos vivendo nela, seria lógico, caso formos europeus, lermos jornais e vivermos no ano 2007, responder com um simples "muito provavelmente", visto que, atualmente, estamos recebendo sinais de todos os lados midiáticos e acadêmicos que nos sugerem uma reatualização do religioso – pelo menos na forma comercial da "religião global". Essa reação testificaria, porém, uma conduta jornalística, não a virtude intelectual chamada distância, mais especificamente distância de sugestões. Os jornalistas são, contanto que surfem na onda da plausibilidade, sempre "jornalistas incorporados", também quando eles não acompanham tropas norte-americanas no campo de batalha, enquanto os intelectuais – nesse ponto semelhantes aos estudiosos – costumam se empenhar por uma "des-incorporação" das teses que emergem dos assuntos atuais – caso me permitam essa adoção pouco elegante da expressão inglesa *disembedding*. Faz parte do etos dos jornalistas a convicção de que a atualidade está sempre certa – Por que, então, também não a atualidade religiosa de hoje, assim como valia para os revolucionários de 1917 e 1933 a máxima do historismo absoluto: O tempo sempre está certo? Para os intelectuais, porém, jamais deveria ser permissível responder diretamente a perguntas sugestivas, como também jamais lhes é permitido acompanhar um evento simplesmente pelo fato de ele ocorrer.

Sua obrigação é fazer perguntas contrárias: Por que queremos saber isso? E: Em que suposições e insinuações se apoia a formulação da pergunta? Por fim: Em que companhia nos metemos se optarmos pelo pró, pelo contra ou pelo empate?

Espero ser evidente que eu pretendo me manifestar na linha de uma resposta intelectual. Por isso, coloco o termo "pós-secular" entre aspas e, por ora, identifico como sua característica apenas o fato de que ele pertence, evidentemente, ao vocabulário de uma grande narrativa com cuja ajuda determinados palestrantes da atualidade pretendem se datar segundo uma ruptura mental perceptível.

Inicio minhas reflexões com a tese segundo a qual vivemos numa "sociedade" completamente histérica – contanto que a expressão "histérica" designe o dom de vivenciar metáforas na própria pele, de sintomatizar boatos e concretizar grandes narrativas sugestivas e convicções próprias. A histeria é a constituição psicopolítica inevitável de populações midiatizadas. Em decorrência das formas de vida nacional-estatais, ela se impôs em todos os lugares em que os seres humanos tiveram que aprender a viver na corrente de comunicações permanentes construídas pelas mídias e a se adaptar às mudanças temáticas rítmicas dos espíritos do tempo. Se a histeria – o paradigma da neurose no século XIX – hoje desapareceu dos consultórios dos psicoterapeutas, isso se deve também ao fato de que o seu motivo, a autoprodução mais ou menos não autêntica para os olhos de um observador poderoso a ser seduzido, se transformou em normalidade no mundo midiatizado. Sugestividade é, agora, a obrigação máxima do cidadão. As mesmas disposições que, cem anos atrás, eram consideradas anormalidades clínicas são, hoje, atribuídas à competência midiática.

Nesse contexto, precisamos lembrar que a capacidade de histerizar os modernos representa, para o tempo mais recente, uma modificação típica da religiosidade, contanto que implique a modernização da credulidade – poderíamos também dizer: a flexibilização da conduta dogmática. O que descrevemos desde 1800 com a linda e inteligente palavra alemã *"Zeitgeist"* [espírito do tempo] se refere a nada mais do que ao reflexo da modernização psicossemântica que, normalmente, discutimos sob o nome romantismo (sendo, talvez, apropriado lembrar a sonora definição de Rüdiger Safranski: romantismo é a continuação da religião com meios estéticos). A vida no espírito do tempo implica a mudança do *habitus* da chamada fé firme para uma sugestividade livre e flutuante. De um lado, esta se expressava numa disposição ideológica perigosamente elevada dos modernos, de outro, no desdobramento da estetização invasiva em suas manifestações nas altas culturas e nas culturas de massa. Graças à educação estética, talvez não da raça humana, mas da sociedade civil, inúmeros indivíduos aprenderam, ao longo dos últimos 200 anos, a se adaptar com elevada mobilidade interior a uma massa crescente de presenças sensuais – obras de arte e ambientes figurados. Nestes eles experimentam intensidades "microevangélicas" que mudam constantemente. Diante do pano de fundo dessa corrente, formou-se, desde o século XIX, uma contramodernidade específica, especializada na resistência contra a liquefação da credulidade no espírito do tempo flutuante – aqui, quero caracterizá-la como posição da veterocredulidade.

Se formos debater aqui o conceito da "sociedade pós-secular", o primeiro comentário precisa ser que estamos lidando aqui com uma expressão clássica do espírito do tempo extraído da matriz histérica das credulidades liquefeitas. Ela convida seus usuários ao agir de uma grande narrativa, segundo a qual o presente representa o ponto de virada num drama histórico que se estende desde os primórdios até o dia de hoje. Como em todos os mitos da Modernidade, apresenta-se aqui um esquema narrativo que nos sugere a autodatação em uma sequência de três atos de estados de ordem e desordem. No nosso caso, o caminho narrativo nos leva do mundo pré-secular, em que a religião teria sido o aspecto dominante dos seres humanos, que impregnava tudo, para o mundo secular, em que a religião teria sido recalcada e esquecida, até o mundo pós-secular, cujos inícios nós temos o privilégio de vivenciar e no qual a religião retornou de seu exílio. Evidentemente, para os usuários desse esquema (e não importa se eles o usam de forma explícita ou oculta), trata-se daquilo que a histeria sempre pretende – a possibilidade de acoplar o sentimento de existência próprio a uma forte fonte de significado. Esta é explorada quando o agora vivido pode ser interpretado como eixo de uma virada epocal ou de uma revolução cultural.

O esquema mais eficaz para uma histeria ativa foi, como sabemos, fornecido por Karl Marx quando ele lançou o mito do retorno da sociedade sem classes. Também aqui se apresentava uma típica peça em três atos, no qual a sociedade original sem classes foi substituída por sociedades de classes para, finalmente, retornar para uma nova ausência de classes num nível mais alto. Formalmente parecido era o mito de Nietzsche do renascimento da tragédia: Segundo ele, a fundação das artes trágicas dos gregos foi recalcada pela sinergia dos poderes de nivelamento, chamados socratismo, cristianismo, ópera italiana e otimismo moderno, para finalmente, graças à intervenção genial de Richard Wagner, retornar como drama musical alemão. O elemento decisivo nessas narrativas triádicas é o tratamento do segundo ato: Normalmente, ele deve se apresentar como tempo intermediário ruído em cujo final nós – o coletivo histérico – nos encontramos, contanto que acreditemos nos intérpretes dos sinais do tempo. Os terceiros atos no esquema mítico, descritos como retorno e renascimento, pertencem a uma classe de eventos que, segundo sua lógica, só podem ocorrer após o fim dos tempos intermediários – sendo irrelevante para a estrutura narrativa se uma idade intermediária se estende por cinco mil anos (como a época das sociedades de classe de Marx), por dois mil anos (como o tempo sem tragédia), mil anos (como o período entre Antiguidade tardia e Modernidade) ou 200 anos (como a era da secularidade dominante, uma Idade Média sobre a qual alguns dos principais narradores de mitos garantem que teríamos chegado ao seu fim e que a era seguinte, o terceiro tempo, já teria começado).

A esta altura, não quero falar mais sobre a utilidade e a desvantagem de narrativas triádicas para a vida e me contento, por ora, com a afirmação que também a chamada "sociedade" secular, que supostamente seria substituída pela sociedade pós-secular, representa, segundo sua autocompreensão, um conglomerado de coletivos narrativos – mas a narrativa que ela utiliza apresenta uma estrutura completamente diferente das peças em três atos românticas e dialéticas.

A narrativa mais importante da sociedade secular em nosso contexto é, sem dúvida alguma, ainda o relato histórico da constituição das formas de conhecimento e vida hoje dominantes na nossa região do mundo, que subsumimos ao conceito geral do "Esclarecimento". Esse relato não narra um mero mito, mas documenta a crônica de uma luta de emancipação, em cujo decurso os cidadãos de "sociedades" absolutistas se libertaram da tutela dos representantes do primeiro estamento (o clero) e do segundo estamento (a nobreza). Essa luta foi acompanhada por uma mudança climática cognitiva, que incentivou nos indivíduos a capacidade de ação empreendedora e a reivindicação de autodeterminação política e moral.

Na medida em que, nesse conflito, a religião era percebida como aliada natural do feudalismo e do absolutismo, foi inevitável que a frente antifeudal do Esclarecimento republicano também erguesse uma frente antirreligiosa.

Se hoje acreditarmos reconhecer certo "retorno da religião" ou até mesmo sugerirmos uma virada para a "sociedade" pós-secular, isso revela primeiramente uma mudança da situação estratégica global. Visto que a "sociedade" moderna agora é completamente pós-clerocrática e pós-aristocrática, as antigas frentes da polêmica religiosa iluminista puderam e tiveram que se dissolver. O "Esclarecimento" combatente se cansou de suas vitórias no decurso do século XX; graças à sua consolidação, ele pode se dar ao luxo de permitir ao adversário enfraquecido de outrora o retorno para o meio da boa sociedade. Em seu *Dicionário dos lugares-comuns*, Gustave Flaubert ainda anotou sob o verbete "conversação": "A política e a religião devem ser excluídas dela" – e assim identificou as normas da interação civil para o seu próprio século. Mas hoje observamos numerosos sintomas que sugerem uma nova aptidão conversacional dos temas religiosos. No entanto, duvido que essas observações bastem para apoiar uma tese como a do retorno da religião.

A narrativa primária da cultura contemporânea de racionalidade permanece, a despeito de tudo, obrigada ao princípio da pesquisa progressiva e do acúmulo crítico do conhecimento, e mesmo que o lado polêmico do "Esclarecimento" tenha se acalmado, não existem indícios sérios de que o contínuo de pesquisa e reflexão tenha sido interrompido, o que nos liga com os pioneiros intelectuais da Modernidade, de certo modo até mesmo com os patriarcas do Esclarecimento filosófico nos gregos do século V a.C. – a despeito de todas as mudanças das gramáticas e dos vocabulários e a despeito de todas as mudanças dos paradigmas.

Nesses contínuos do aprendizado, acumulou-se uma abundância de conhecimentos que transformam de modo decisivo o *status* de tradições religiosas. Existem, fora de qualquer polêmica iluminista, crescimentos de conhecimento que impõem aos dogmas religiosos a coexistência desagradável com conhecimentos contraditórios e que os obrigam a reformulações. Entendo como dogma uma declaração que confere à relação humana com estados transcendentais uma formulação autoritária. Não quero me aventurar nos pântanos dos discursos que tratam da tensão entre fé e conhecimento e me contento com duas observações – de um lado, que, para os seres humanos de hoje e antigamente, no interesse de sua estabilidade cognitiva, é necessário permanecerem no contínuo do conhecimento de seu tempo, de outro, que, em vista da finitude do conhecimento, é razoável compensar o realismo dos conhecimentos positivos por meio de certo surrealismo – digamos: por meio do senso para o possível, extraordinário, maravilhoso e absurdo. Certo é, em todo caso, que, no decorrer da Modernidade, o continente do conhecimento se ampliou a custo da conduta religiosa em relação à transcendência – razão pela qual a imagem do mundo religiosa teve que abrir mão de grandes regiões que, outrora eram ocupadas por ela, e entregá-las ao pensamento secular e ao conhecimento intramundano.

Cito a seguir, de modo provisório e sem intenções sistemáticas, sete aspectos do fenômeno da transcendência, dos quais pelo menos os quatro primeiros podem ser traduzidos criticamente para categorias intramundanas, sem que o lado religioso tivesse mais a perder do que aquilo que costuma se perder na aquisição de um conhecimento melhor. Distingo quatro interpretações erradas do fato da transcendência de dois outros aspectos, dos quais eu não quero afirmar que eles estejam imunes a equívocos, mas que, em virtude de seu caráter objetivamente misterioso, resistem a uma projeção simples sobre contextos pragmáticos e naturais.

Sobre um sétimo aspecto, direi que ele, em virtude de sua indecisibilidade, se encontra além do alcance da diferença entre conhecimento e fé, sendo que, normalmente, é a fé que costuma tirar vantagem disso.

Comecemos com uma tese que Heiner Mühlmann formulou recentemente em um ensaio sobre culturas como unidades que aprendem na forma de uma pergunta resoluta, à qual segue uma resposta lapidar: "Como surge a transcendência? Ela surge pela incompreensão do lento"[175]. O autor continua: "Lento é um movimento que dura mais do que uma geração. Para observá-lo, dependemos da cooperação com pessoas que viveram antes de nós e com pessoas que viverão depois de nós"[176]. Visto que cooperações com gerações antecedentes e posteriores na história da humanidade só puderam ser realizadas pontualmente ou foram estruturalmente impossíveis, e, em todos os casos, permaneceram episódios precários, é compreensível que, durante a história do espírito mais antiga da humanidade, grande parte do lento foi relegada à transcendência, e isso significa aqui: para a não observabilidade. Lá, ela pôde, sem objeção, ser declarada assun-

---

175 MÜHLMANN, H. "Die Ökonomiemaschine". In: IGMADE (org.). 5 Codes – Architektur, Paranoia und Risiko in Zeiten des Terrors. Basileia/Boston/Berlim, 2006, p. 227. Poderíamos especificar essa tese no sentido de substituir "geração" pela expressão "fase de aprendizado da duração mediana de uma vida individual" – disso resultaria na dimensão retrospectiva a exigência de uma cooperação com o conhecimento dos ancestrais que não conhecemos (i. e., normalmente a partir dos bisavós), e prospectivamente a cooperação com a posteridade, que não vivenciamos mais (a começar pelos bisnetos).

176 Ibid.

to do planejamento de inteligências transumanas ou divinas. No momento, porém, em que as civilizações geram procedimentos efetivos para a observação do lento, o conceito do planejamento transcendente começa a ruir – e não importa se ele é chamado criação, predestinação ou história da salvação – e dá espaço a procedimentos imanentes para a interpretação de longos prazos, seja com os recursos das teorias evolucionárias biológicas ou sociossistêmicas, seja por meio de teorias de ondas ou teorias de ruptura, que permitem descrever oscilações e mutações no âmbito da *longue durée*. Em ambientes ortodoxos, nos quais a identificação com o conceito edificante de um planejamento transcendente ainda é muito intensiva, observamos resistências contra recursos de pensamento que levam à secularização do lento – de forma mais clara nos criacionistas norte-americanos, que fazem de tudo para imunizar sua doutrina da criação intencional repentina contra as ciências novas do dever lento e auto-organizador[177].

Com o próximo passo, passamos para a observação: A transcendência surge também da incompreensão do violento. Para explicar esse fato recorremos novamente a um conceito introduzido nas ciências culturais por Heiner Mühlmann – a vinculação da teoria do estresse com a teoria da formação simbólica determinada, como Mühlmann a explicou em seu livro epocal *Die Natur der Kulturen* (Viena/Nova York, 1996). A fenomenologia da grande reação de estresse no *homo sapiens* torna compreensível que e por que os estados vivenciados pelo sujeito do estresse se apresentam frequentemente como que de natureza transcendente.

---

[177] Aos criacionistas devemos a ideia surpreendente segundo a qual Deus teria criado o mundo por volta do ano 4000 a.C. de tal modo que ela se apresenta como infinitamente mais velha do que ela é (teorema da ilusão de antiguidade). Os custos espirituais dessa réplica genial ao desafio evolucionista são altos: Ela transforma Deus em *genius malignus*, que, na criação, fez de tudo para enganar os evolucionistas.

A intensidade dos processos determinados estritamente de modo biológico do próprio corpo consegue, no desdobramento pleno das reações, alcançar tamanha medida que o vivenciado só pode, com alguma plausibilidade, atribuída a poderes externos. O paradigma disso no nosso espaço tradicional é fornecido pela ira de Aquiles em Homero, aquela *menis Achileos*, que, durante milênios, era evocada pelos ambientes bélicos da antiga Europa como fonte numinosa de uma profissão nobre e cruel. É legítimo inserir essa ira heroica na sequência bélica das manifestações de êxtase, testificadas em numerosas culturas, êxtase este que pode ser comparado também com os êxtases proféticos. Do ponto de vista fisiológico, podemos reconhecer nesses episódios de furor heroico o resultado de uma identificação ofensiva do lutador com as energias que o inundam. Ele se insere no espectro dos entusiasmos dos berserkers, que inclui também a síndrome de Amok dos polinésios (acatada avidamente pela cultura de massa ocidental e copiada superficialmente) e a transfiguração extática dos guerreiros védicos e o ardor bélico dos heróis germânicos – poderíamos até associá-lo à expressão cunhada por Giordano Bruno dos *heroici furori*, se este não fosse demasiadamente espiritualizado no sentido de uma mania filosófica. O furor, do qual falamos aqui, se apresenta ao seu portador com necessidade psicológica como uma obsessão inspirada do alto, na qual se fundem a energia e o objetivo da luta numa intenção decidida. Enquanto perdurar a ignorância transcendental da violência e intensidade, é impossível reconhecer que aquilo que é vivenciado como inspiração de força surge de um desempenho próprio (formado psicossomaticamente) do organismo em estresse extremo – isso deve valer também para grande parte das excitações proféticas que se manifestam em falas excessivas e comentários sobre os textos sagrados.

De resto, a grande reação de estresse se manifesta não só no modo explosivo, mas também no modo implosivo. Um exemplo disso encontramos numa tourada recente em uma das maiores arenas de Madri. O matador errou, três vezes seguidas, o golpe mortal contra o touro – e então caiu num tipo de paralisia, na qual o animal ferido o teria matado se o matador paralisado não tivesse sido tirado da arena por seus colegas. A melhor explicação para a cena é se reconhecermos nela a inversão da grande reação de estresse e sua transformação em um choque de rejeição própria. Não há dúvida de que, naquele momento, a vergonha se revelou a ele como um poder do além. Mesmo que o lado fisiológico do acontecimento não pareça muito misterioso, seu aspecto espiritual permanece parcialmente turvo. Em termos religiosos, ele lembra a medida em que cabe ao Deus que julga a humanidade também o poder da rejeição. Certo é que a relação entre culpa, vergonha e estresse não pode ser pensada sem o furor de alguns sujeitos religiosos contra si mesmos, que ele tem suas raízes em mecanismos endógenos que podem ser explicados pela psicobiologia.

Grande parte daquilo que Rudolf Otto chamou de sagrado em sua famosa obra[178] é abarcada *de iure* pela esfera da teoria de estresse. Como um todo, o livro de Otto deve, a despeito de seus méritos no tratamento formal de seu objeto, ser considerado uma forma cerimoniosa da ignorância do violento.

Uma terceira transcendência resulta da ignorância daquilo que, aqui, pretendo chamar a autonomia do outro. Quero explicá-la rapidamente com a ajuda de um exemplo emprestado da literatura clássica do modernismo. No final da segunda parte de sua tetralogia *Joseph und seine Brüder*, 1934, Thomas Mann descreve como Jacó, após receber a notícia da suposta morte de seu filho preferido José, se lança num ritual de luto excessivo – ele se senta, como Jó, num monte de lixo em seu quintal e lança queixas

---

178 OTTO, R. *Das Heilige* – Über das Irrationale in der Idee des Göttlichen und sein Verhältnis zum Rationalen. Munique: 1987, p. 13-28 [1. ed.: 1917].

contra Deus e objeções contra o destino durante dias e semanas infinitas. Quando seu luto se acalma, Jacó se dá conta da inconveniência de seu comportamento – agora, ele começa a ver tudo como uma grande vantagem que Deus não reagiu imediatamente como um parceiro magoado àquilo que ele lançou contra ele no afeto, mas se ocultou em seu silêncio – Thomas Mann fala sutilmente da "animação miserável" de Jacó, que Deus ignorou com "paciência silenciosa".

É evidente que poderíamos interpretar o silêncio soberano de Deus, que, aqui e em outros lugares, os teólogos transformaram em escândalo, de um modo mais plausível. Trata-se, em primeiro lugar, de nada mais do que de um simples caso de incomunicabilidade, e uma série de precondições exigentes precisam ser cumpridas antes de podermos chegar à conclusão de que aquele que não reage é um interlocutor soberano. Nem sempre deixaríamos valer tal conclusão. Se contássemos a uma pessoa muda e surda a sua própria biografia, não deveríamos concluir de seu silêncio que ele prefere manter o seu comentário para si mesmo. Nesses casos, transcendência é uma interpretação exagerada da falta de ressonância. Ela resulta do fato de que os outros, a princípio e na maioria dos casos, independem de nós e, por isso, permanecem inalcançáveis para nós. Por essa razão, eles se encontram fora das fantasias de simetria que costumam caracterizar nossas concepções tradicionais de resposta, compreensão, vingança etc. Essa descoberta leva, caso seja aceita apropriadamente, ao nascimento de relacionamentos sensatos marcados pela higiene da distância entre pessoas concretas.

Com essas convenções termina a busca da loucura por um parceiro. Por isso, a primeira reação no encontro com uma inteligência que permanece livre também numa cooperação próxima é, naturalmente, a gratidão pela autonomia do outro. Nesse sentido, podemos entender "Deus" como um conceito que apoia o ser humano no exercício da experiência do distanciamento não manipulável do interlocutor.

Por fim, a criação da transcendência deve ser remetida à ignorância das funções imunológicas. Os sistemas imunológicos em geral representam materializações de expectativas de ferimento. No nível biológico, elas se evidenciam na capacidade da formação de anticorpos; no nível jurídico, na forma de procedimentos de compensação da injustiça; no nível religioso, na forma de rituais que superam o caos, que mostram ao ser humano como continuar quando, em termos humanos, não há mais como continuar. Do ponto de vista sistêmico, as religiões devem ser definidas como instituições psicossemânticas especializadas no processamento de distúrbios de integridade. Em seu centro está o processamento de sofrimento, morte e desordem. Esse feito, que vincula o consolo para o indivíduo com a estabilização ritual do grupo, é, muitas vezes, adquirido a custo de efeitos colaterais problemáticos. Os efeitos consoladores das religiões estão inevitavelmente ligados a atos ritualizados de fala e, assim, vinculados ao nível da generalização simbólica. O que deve agir como remédio precisa, ao mesmo tempo, se apresentar como ordem simbólica ou imagem do mundo. Contido nisso está o princípio de uma confusão de categorias com perigosa dinâmica própria, equivalendo à tentação de declarar que um anti-inflamatório é um poder divino. Além disso, é provável que vários sistemas imunológicos estabilizados coloquem em circulação as suas generalizações ao mesmo tempo. Ocorre então que estas se questionam mutuamente e até se negam parcial ou totalmente, dependendo da intensidade da pretensão de generalização inerente a um projeto religioso. No caso de colisões entre tais sistemas, a tarefa de comunicar certeza de salvação, de oferecer consolo ou de receitar à vida ameaçada ritmos e rituais ordenadores, é sobreposta pela necessidade de estar no direito. A fim de honrar tais conflitos precisaríamos imaginar que os usuários de Fluoxetina e os usuários de Diazepam se acusassem mutuamente de heresia para, no caso da não conversão do outro para ter a esperança de castigos no além.

Escolho aqui os nomes de sedativos dos quais sabemos que, de vez em quando, eles não alcançam seu efeito primário, causando, em vez disso, crises maníacas. Àquilo que, desde Paulo, chamamos "fé", adere um risco comparável. Os efeitos psicossemânticos desejados da fé, a estabilização psíquica e a integração social dos fiéis, sobretudo em situações extremas, estão vinculados a efeitos simbólicos que correspondem intimamente à reação maníaca. (Por isso, não podemos tratar levianamente o fato histórico de que os monoteísmos expansivos surgiram de estados de excitação maníaco-apocalíptica. A ignorância da função imunológica afeta de modo imediato a concepção de verdade. Enquanto a conduta pragmática pode se contentar com a tese de que verdadeiro é aquilo que ajuda, a conduta teórica insiste na tese segunda a qual a verdade só pode pertencer àquilo capaz de exigir submissão geral. O perigo polemógeno parte aqui da tendência zelosa de uma pretensão teórica equivocada.)

Depois desses argumentos, que, naturalmente, se inserem na tradição de *The Natural History of Religion*, 1757, de David Hume (apesar de não mais remeterem as ideias religiosas a "esperanças e temores", como o fazia o Esclarecimento clássico, antes sugerem uma história natural dos sofismas), menciono um quinto aspecto da transcendência o qual não podemos, em minha opinião, acusar de redescrições críticas do tipo imprescindível. Muitos autores observaram que a inteligência humana possui a capacidade de imaginar uma inteligência mais alta do que a sua própria.

Essa elevação, mesmo que executada muitas vezes apenas *pro forma*, é um movimento irredutível da inteligência para acima de seu próprio nível. Ela lhe atesta que a inteligência se compreende a si mesma corretamente ao se ver inserida numa tensão vertical, dentro da qual ocorre seu crescimento específico – contanto que opte pelo risco do aprendizado. A inteligência sempre vive num mais ou menos de si mesma, e orientar-se pelo polo do mais é um gesto com que a inteligência confessa a sua transcendência peculiar. A variedade desses gestos nas religiões monoteístas (expressa tipicamente como exigência do estudo da "Escritura Sagrada"), mas igualmente na filosofia clássica (para a qual vida, sofrimento e aprendizado são sinônimos), não precisa nos preocupar no nosso contexto atual.

Outro aspecto irredutível da conduta religiosa é tocado quando levamos em consideração as respostas de pessoas à provocação do pensamento por meio da morte. É sobretudo o aspecto topológico da questão da morte que abre uma visão para a transcendência em um sentido – na minha opinião – irredutível. Os mortais – para designá-los com seu título grego – se encontram, desde sempre, sob a pressão de imaginar um lugar para o qual os falecidos "foram" e para o qual eles também "se mudarão" *post mortem*. É incontestado que, nesse tema, o poder de imaginação floresce poderosamente com a invenção de ricos detalhes dos lugares no além de qualidade paradisíaca ou infernal – no entanto, essa constatação de forma alguma esgota o problema designado. Podemos admitir também que, entre a compreensão espacial dos vivos e suas imaginações sobre os "lugares" no além, não existe um simples contínuo. Visto que existe aqui uma forte descontinuidade, o lugar dos mortos permanece transcendente num sentido que precisa ser explicado. Ele representa uma grandeza radicalmente heterotópica – se quisermos dizer com isso que os falecidos "permanecem" num lugar que se esquiva da alternativa empírica entre outro lugar e nenhum lugar. Para esse outro lugar, a tradição oferece codificações muito distintas, que se estendem desde "com Deus" até "no nirvana" ou "na lembrança". Essas caracterizações podem ser ambíguas e pictóricas, mas elas são teimosas o suficiente para resistir a reduções levianas.

Por fim, quero falar sobre um sétimo significado de transcendência, que costuma ser acompanhado pela concepção segundo a qual uma instância do além, normalmente Deus, se volta para o ser humano em momentos extraordinários com uma postura de empatia ou graça, transformando-o em recipiente de mensagens interpretadas como revelações. Aqui não é o lugar para discutir as implicações do conceito da revelação. Certo é, porém, que essa expressão só recebe seu sentido dentro de um quadro de um modo de pensar baseado em muitas precondições, que poderíamos chamar a metafísica do remetente forte[179]. A ideia da revelação implica a concepção dramática segundo a qual um Senhor disposto a se comunicar se volte, por meio de ditados, que são presentes, ou por meio de presentes, que são ditados, e por meio de médiuns privilegiados, que podem ser profetas, legisladores ou visionários, para um grupo de recipientes para convencê-los a aceitar a sua mensagem. Revelação designa, portanto, a mensagem que, em virtude de seu modo de transmissão especial, obriga o recipiente à submissão grata. Visto nessa luz, o conceito da revelação pertence ao mundo do *homo hierarchicus*. Ele implica uma analogia entre a relação feudal, senhor e vassalo, e da relação de reconhecimento, objeto e sujeito, com um destaque claro à primazia do senhor e do objeto. O recebimento de uma revelação equivale, segundo esse modelo, à possibilidade máxima de passividade do vassalo. Em outros contextos, falaríamos de uma proposta à qual não podemos responder com um não. A vontade de crer se manifesta sob esses sinais como serviço e submissão. Entendemos imediatamente por que esse modelo, em culturas caracterizadas

---

[179] Cf. SLOTERDIJK, P. *Sphären II*. Frankfurt a.M., 1999, cap. 7: "Wie durch das reine Medium die Sphärenmitte in die Ferne wirkt – Zur Metaphysik der Telekommunikation", p. 667-787.

pela desvassalização, perde a sua plausibilidade tanto social quanto epistemológica. A ideia de que existiriam sujeitos que apenas recebem se revela como lógica e empiricamente insustentável. Consequentemente, a ideia de uma revelação na forma de ditado entra em crise. Não importa o que seja comunicado aos sujeitos e por quem, não conseguimos conceber isso sem uma contribuição própria destes. Podemos deixar em aberto se isso leva à primazia do recipiente, como acreditam alguns construtivistas. Mas por meio da virada para o sujeito a revelação deixa de ser passiva – e mais: ela se desprende do favorecimento dos contextos religiosos. Ela é percebida não só nas manifestações singulares de um remetente transcendente, como a encontramos num escrito sagrado – ela ocorre permanentemente, de um lado, a poder da abertura do próprio mundo, de outro, por causa da revelação exigida do até então oculto, que, em tempos recentes, é invocada como Esclarecimento, pesquisa e progresso do conhecimento. (Com sua fórmula "mistério sagrado público", Goethe tentou, como que pela última vez, formular um compromisso entre o respeito diante do tesouro de conhecimento das religiões do livro e a participação na revelação contínua da natureza, seja ela espontânea ou impulsionada pela tecnologia.) A pesquisa científica da Modernidade expressa o fato de que a era das revelações meramente passivas acabou. Na cultura moderna e ativista da racionalidade surgiu uma forte antítese à passividade antiga e medieval, que espera ser integrada pelos defensores do conceito mais antigo de revelação. Isso afeta de forma mediata e indireta também a ideia da "fé", contanto que nela o momento ativo ocupe o primeiro plano frente ao momento tradicional e passivo – é isso que William James destacou com sua reinterpretação voluntarista da fé. Não posso desenvolver aqui a ideia de que, com a invasão de motivos ativistas na religião, o fenômeno da Reforma tenha sido desencadeado – tampouco a ideia segundo a qual o fingimento histérico de passividade desencadeia o fenômeno da Contrarreforma.

Espero que as reflexões acima tenham deixado claro o meu argumento: Seria uma falácia fatal se fôssemos entender a fala da sociedade pós-secular como se o "Esclarecimento" – ou, para escolher um termo mais neutro: a cultura da racionalidade que se cristalizou na Europa do século XVII com seu conceito dos processos de aprendizado cumulativos e transgeracionais – tivesse sido apenas um tempo intermediário que chega ao fim na atualidade. O que realmente poderia estar chegando ao fim agora e merece terminar é o período em que certo ceticismo racionalista pôde se apresentar como poder dogmático. Sob sua primazia, as pessoas religiosamente analfabetas e metafisicamente não musicais se multiplicaram excessivamente, presas nos prédios da desespiritualização, entre os quais se encontram hoje também e infelizmente muitas universidades e até mesmo faculdades filosóficas.

O que nos faz pensar não é tanto a famosa pergunta sugestiva de Margarete a Fausto sobre qual era a sua relação com a religião (sugestiva, porque contém a exigência codificada de se casar com ela), é antes a sua inversão: O que vale para nós a obrigatoriedade daquilo que aprendemos fora das religiões – como herdeiros do Esclarecimento e como agentes da civilização contemporânea em seus aspectos técnicos, políticos, psicológicos e artísticos?

Parece-me que só poderíamos dar uma resposta na forma de que iteramos a relação entre Antigo Testamento e Novo Testamento na base do conhecimento do mundo moderno.

Seria puro niilismo – e derrotismo civilizatório – se quiséssemos afirmar que os europeus cristãos e as outras frações da humanidade não teriam aprendido e produzido nada de novo nos 1.800 anos desde a redação do Novo Testamento que, em termos de valor, equivale às escrituras sagradas mais antigas. Isso significaria blasfemar a inteligência geral. Na verdade, a iteração mencionada já foi realizada. Sabemos em autopercepção tranquila que não redigimos apenas comentários sobre uma revelação milenar, mas que participamos de um esclarecimento contínuo do mundo, aquém e além dos temas religiosos.

O arquivo da Modernidade transborda de obras e documentos de *status* tão evangélico quanto o dos testemunhos mais sublimes da tradição mais antiga. E mais, já vivemos, em nossa grande maioria, como se o Novo Testamento tivesse substituído por um Testamento Mais Novo. Faz parte da natureza desse Testamento que ele se mantenha velado religiosamente e, no máximo, fale de direitos humanos, ciências e artes sem querer formar uma Igreja além da comunidade daqueles que desejam aprender.

Como costuma acontecer em relações intertestamentárias, existem ricas ressonâncias tipológicas entre os corpos de escritos. O Novo Testamento consiste em numerosos elementos que cumprem e confirmam o novo, assim como o novo cumpria e confirmava o antigo, mas também numa plenitude de formulações inovadoras, que precisam ser lidas como ab-rogações de determinações anteriores. Se tivesse que resumir o conteúdo do Testamento Mais Novo, eu diria: Ele abarca o arquivo de tudo aquilo que a humanidade fragmentada em culturas não pode esquecer se ela quiser submeter seus destinos futuros a um conceito enfático de civilização.

12

Chances no monstruoso

*Anotação sobre a mudança de forma do religioso no mundo moderno na sequência de alguns motivos em William James**

Aquele que empreender a tentativa de comentar os destinos da religião e do religioso na emergência das condições modernas do mundo se vê imediatamente confrontado com um conceito que foi tratado por inúmeros autores como uma chave-mestra para obter acesso a todos os quartos da casa comum da humanidade euro-americana moderna: a secularização.

O que era, a princípio, apenas um termo jurídico que designava a posse mais ou menos violenta de bens da Igreja pelos órgãos do Estado nacional moderno após a Revolução Francesa, desenvolveu-se no século XIX em uma expressão que parecia se referir à direção do decurso do mundo como um todo – a direção verdadeira aos olhos dos progressivos e laicos, a direção errada segundo a convicção daqueles que perdiam com a modernização. Em meio católicos, falava-se da secularização como que de um crime epocal praticado pelo mundo humanista-narcisista moderno em sua revolta contra as origens dadas por Deus. Para os progressistas, a fala da secularização continha a promessa de

---

* Orig.: "Chancen im Ungeheuren". In: JAMES, W. *Die Vielfalt religiöser Erfahrungen*. Frankfurt a.M., 1997 [prefácio].

que a humanidade seria capaz de, por meio de trabalho e autodeterminação, se desvencilhar de sua pré-história religiosa e indigna. A burguesia esclarecida se acreditava no poder de desapropriar a massa não produtiva das posses espirituais e de entregá-la à humanidade mundana trabalhadora. Ao transformar os tesouros ociosos da Igreja em capital ativo, a secularização executou a modernização das riquezas.

Até mesmo o Vaticano teve que seguir essa tendência, sendo que, em seu salto para as práticas financeiras, ele adquiriu a fama de aprender rapidamente. A transição da forma de tesouro da riqueza para a forma do capital afetou necessariamente todos os outros âmbitos de valor. Em seguida, a secularização se transformou em chavão para a despedida de uma sociedade tecnológica e comercial de todos os modos de pensar que se baseavam em axiomas de passividade e submissão. Moderno é aquele que acredita poder fazer ao extremo algo diferente do que se entregar a Deus e a poderes mais altos. O homem moderno não quer sofrer o poder mais alto, mas sê-lo.

Como programa de secularização no sentido amplo, a fala de secularização anuncia a emergência de um tipo de ser humano que se comprometeu com um programa triplo: o do processamento que todo abrange, o da autoativação constantemente ampliada e o do prazer próprio intensificado no desdobramento de força. Para as pessoas desse tipo, Deus – como disse o pesquisador natural Laplace em sua famosa réplica a uma pergunta de Napoleão – se transforma em uma hipótese já desnecessária para seus negócios. Realmente se torna supérfluo num mundo bem equipado de ação, procedimento e vontade aquele Deus que, na tradição teológica, havia sido adorado como fonte primordial das dádivas da existência e dos atributos. Ele era o polo soberano necessário, ao qual se contrapunha uma humanidade constitutivamente fraca e sofredora. A fraqueza do ser humano era, como nos parece agora, a razão verdadeira da força de Deus. Um Deus sobre-forte, que, como Senhor do poder supremo e como razão primordial do acaso mantém o mundo dos humanos – a despeito de todas as lindas palavras dos teólogos sobre a liberdade humana – em suas garras heterônomas, precisava se transformar no grande inútil numa era de empreendedores e mobilizadores; justamente ele como Todo-poderoso se tornou estranho na terra, um perturbador extraterrestre da atividade civilizatória. A fim de sintonizar as frequências do decurso atual do mundo, um Deus compatível com a atualidade precisaria se apresentar como cúmplice na ativação e se transformar em um recurso transcendente do empreendimento – caso contrário, ele se tornaria um mero Deus dos intervalos, um Deus do relaxamento, um Deus para horas fracas e ruins. Onde as coisas que fazemos acontecem como que automaticamente, Deus ou é rebaixado a uma hipótese inútil – e vale para as esferas mais amplas da organização da vida moderna – ou ele precisa se submeter a uma transformação de sua figura da qual ele surge como patrocinador transcendente de sucessos imanentes.

Na visão histórica, essas metamorfoses estão vinculadas sobretudo com aquela anglicização e americanização da religião que, para William James, permaneceu um dos testemunhos mais nobres e informativo. Aquele que seguir os impulsos do autor pode obter, mais do que nunca, conhecimentos válidos sobre a dinâmica da fabricação de fé no âmbito de poder e influência dos impérios de língua inglesa. Além do significado jurídica primário e suas metamorfoses na revolução cultural dos séculos XIX e XX, podemos atribuir à expressão "secularização" também um sentido filosófico. Este se revela assim que entendermos secularização não mais apenas como apropriação de tesouros espirituais e sua transformação gradual de passivos em ativos, mas também a elevação do mundo como essência sem oposição do ente.

Secularização no sentido filosófico e ontológico significa a absolutização do *seculum* e a liquidação concomitante das duas grandezas transmundanas ou sobrenaturais não seculares, que, no modelo do ser da metafísica clássica, precisavam ser distinguidas e ser contrapostas ao mundo: Deus e alma. Assim que atribuirmos à expressão "mundo" no termo "mundanização" esse traço radical, ela passa a significar nada menos do que a impossibilidade de tolerar instâncias ontologicamente autônomas como alma e Deus ao lado do mundo. Assim implode o triângulo metafísico clássico formado por Deus, mundo e alma, e as distâncias temperadas entre os polos da totalidade trina são substituídas agora, de forma vaga e monolítica, um bloco absoluto, o "mundo" em si; apesar diferenciado em si mesmo e abarcar a nossa própria existência em sua complexidade multidimensional cintilante, ele não pode mais ser contraposto a um outro, a algo que lhe é superior ou reservado em relação a ele. Neste mundo bloco, tudo que sabíamos ou suspeitávamos sob os nomes Deus e alma é inserido na categoria dos efeitos do mundo. Agora vale: O mundo é tudo que é o caso; se Deus e a alma realmente fossem o caso, eles precisariam ser aspectos do mundo ou atributos do poder do mundo; se não forem o caso, eles são suspensos, permanecem a-casos e irrealidades. A diferenciação clássica entre mundo e alma e entre Deus e mundo não funciona mais em decorrência da secularização radical pós-metafísica. O mundo se emaranha numa bola na qual todas as distinções ocorrem nela mesma. Sob o signo da secularização moderna – talvez "ampliação" seria um termo mais correto – cresce o complexo mundial que tudo abarca e se transforma num monstro ontológico de forma quase incompreensível. Secularização ou mundanização seria, então – para além das implicações cultural-revolucionárias das modernizações – o título para uma transformação da imagem do mundo de extensões preocupantes. Com a aventura da secularização, a ala pioneira da humanidade atual, liderada pelo complexo euramericano, adentrou tecnológica, lógica e psicologicamente o território do novo e até então jamais tentado. Se quisermos citar um surto histórico-espiritual de força comparável, precisamos voltar até a emergência das altas culturas e para a cristalização das formas de pensamento do tempo do eixo de Karl Jaspers.

Mais ou menos três mil anos atrás, as altas culturas se apresentaram no palco da história como complexos evolucionais novos de formação de poder político e de exegese metafísica do mundo. Sob a perspectiva lógica, podemos compreendê-las melhor como experimentos monstruosos sobre a diferença entre alma e coisa, entre subjetividade e objetividade. Dessa diferença, que transformou o pensamento dual em potência mundial, derivam numerosas oposições que se tornaram determinantes para a organização da vida do espírito e da alma nas diferentes altas culturas com ênfases diferentes: o animado e o inanimado, o vivo e o não vivo, o fim e a ferramenta, a substância pensante e extensa, o espírito e a matéria, o indisponível e o disponível. Quanto mais energia as primeiras altas culturas investiam no desdobramento dessas diferenças, mais se inscrevia nelas a dinâmica cultural-revolucionária do pensamento dual em oposição às interpretações do mundo animistas e pan-psiquistas; mais se fazia valer nelas o destino das altas culturas de serem obrigadas a serem a superestrutura dominante sobre as formas de vida simpatéticas-naturais e artisticamente mais pobres. Todos os impérios, que surgiram e ruíram na terra eram torres num Babel dual; seus sucessos se fundamentavam numa revolta técnica e lógica contra a natureza outrora indominável e agora cada vez mais objetivada. Onde as altas culturas erguiam suas construções triunfais, isso ocorria por meio da elevação da subjetividade, da alma e do poder em aliança com seus deuses e fundadores sobre as camadas não psíquicas, instrumentais e servis de objetividades. No cerne das altas culturas age a consciência irresistível dos direitos dominadores do subjetivo, animado, divino sobre o objetivo, inanimado, extradivino. Todas as ferramentas, armas e máquinas mais antigas são, como tais, concebidas como objetividades inanimadas nas mãos de um senhor animado.

O dualismo das altas culturas encontrou sua expressão mais forte nas narrativas da criação ao modo do Gênesis judaico, onde a diferença ontológica entre alma e coisa ou entre sujeito e objeto é representado na imagem de um Deus cuja obra de seis ou sete dias caracteriza a supremacia radical do Criador sobre a criatura. Apenas o ser humano, como terceira grandeza e híbrido ontológico, relativiza a assimetria aguda entre criatura e Criador ao ser equipado num aspecto de seu ser com a semelhança do Criador. No Gênesis judaico, cristaliza-se o clássico triângulo metafísico: Deus-mundo-ser humano/alma em alta clareza estrutural; ela evidencia de forma perfeita como uma teoria dual da realidade total precisa proceder de modo fiel ao seu princípio; ela reconhece a forte subjetividade criativa de Deus, que, como produtor mais supremo é também senhor incondicional sobre todas as coisas, ao lado da subjetividade do ser humano chamado explicitamente para subjugar a terra. Não há dúvida de que, no que diz respeito ao seu estilo imperial, as altas culturas se distinguem altamente – Pequim não é Roma, Atenas não é Persépolis, Mênfis não é o México – e nem em todos os lugares elas alcançam os mesmos graus de dureza na objetivação das coisas e dos seres humanos; mas todas elas compartilham determinada medida de tecnicidade imperial na base de divisões duais. É verdade que em todas as altas culturas persistem depósitos insistentes de imagens do mundo animistas, que veem a desnaturalidade revolucionária e dominante das altas formas de poder e pensamento em parte com hostilidade aberta, em parte com recusa secreta; essa resistência antidual se evidencia não raramente na forma de sublimação dos misticismos de unidade, que se desenvolveram em diferentes lugares do mundo, da forma mais pura na Índia, no Japão e na Europa, como um tipo de animismo dos estudiosos; eles ensinam, às vezes em alto refinamento, regressos extremamente monistas por trás da interpretação dual do mundo.

Encontramos, porém, a maior convergência das altas culturas em suas tendências de justificar o sucesso do Estado e do senhor diretamente com a participação de Deus ou da razão inteligente do mundo nos destinos de sua estrutura imperial e de seu líder. Nos impérios, os senhores são, como seres humanos exemplares, aproximados da subjetividade divina, seja como filho dos céus ou como representante de Deus, enquanto os mortais comuns são rebaixados à vizinhança das coisas e das ferramentas. Na alta cultura, o *Dasein* leva necessariamente à crise antropológica permanente. Como que determinado por uma lei intransparente, os poucos agentes vitoriosos e criadores mediais se elevam no mundo histórico para o nível dos deuses e ditam palavras de poder e obras revolucionárias, enquanto os muitos parecem condenados a uma existência como coisas e ferramentas. A diferença entre almas e coisas ou sujeitos e objetos cria abismos também no universo das relações humanas, contanto que os seres humanos se encontrem sob o signo da desigualdade e do domínio de classes.

Na perspectiva aqui desdobrada, isso se apresenta como uma consequência necessária do fato de que, nas metafísicas das altas culturas, o direito do fortemente animado ao exercício do poder e o chamado da subjetividade para a dominação sobre o não subjetivo é conceitualizado. E também a ideia pedagógica da autodominação é apenas a aplicação desse desnível dual ao interior humano: um nobre interior deve mostrar a um escravo interior quem é o senhor.

Nas imagens animistas do mundo, o psíquico flutua de modo onipresente e parece não conhecer qualquer oposição externa. No dualismo da alta cultura, porém, leva a uma escassez radical de alma, subjetividade e poder. Quem os possui, permanece do lado ensolarado do ente; aqueles que permanecem no escuro não são vistos. E visto que a era da metafísica clássica possui, *cum grano salis*, a mesma extensão da escravidão e da exploração do homem pelo homem, possuímos uma evidência forte de como, nesse regime, se desdobrou uma subjetividade dominante sem quaisquer escrúpulos de igualar grandes maiorias de seres humanos às coisas e de excluí-las das chances da subjetivação e animação mais elevada. Entendemos sem quaisquer esforços por que, por meio dos efeitos dessubjetivadores do emprego do homem pelas altas culturas, foram provocadas religiões salvadoras. Sua única tarefa era manter intactas as chances de reanimação para os des-animados.

Se, a partir daqui, nos lembrarmos do programa de uma mundanização no forte sentido filosófico da palavra, entendemos os valores altos apostados no jogo da revolução da imagem do mundo e da forma de vida. A primeira coisa a chamar nossa atenção na máscara política da Modernidade é a democratização da pretensão jurídica à subjetividade; ligado a isso está o evangelho sem Deus da vontade de poder para todos. Ambos os axiomas alimentam a corrente individualista profunda do processo civilizatório moderno.

Onde, porém, todos os cidadãos da Modernidade buscam poder, expressão e prazer próprio, fazem-se necessários sistemas de ampla divisão de poder; estes precisam ser democráticos em sua forma e imperiais em sua substância. A imperialidade moderna se apresenta como policêntrica, tecnocrática, medial e difusa; ela se fundamenta no pluralismo dos desejos e em seu meio econômico, o mercado; ela transcende o princípio babilônico da construção da torre por meio do princípio pós-babilônico da interconexão. Visto como um todo, as civilizações modernas se despedem da figura do deus-homem no topo da pirâmide; o poder moderno deve se fundamentar no consentimento de baixo e não em carismas. Exceções dessa tendência são o papado como relíquia veteroimperial e as deificações espontâneas de líderes em cultos totalitários. Evidentemente, porém, as subjetividades modernas empoderadas em massa perdem num mundo absolutizado a possibilidade de se apoiar numa instância sobremundana. Elas precisam apostar em segurança própria por meio de direito, técnica e terapêutica.

Com isso, a segunda grandeza extramundana, a alma, perde seu fundamento na parceria com Deus. Onde o mundo se transformou em tudo que é o caso, aquilo que, antigamente, era chamado "alma" se transforma necessariamente em um efeito do mundo. A subjetividade desce para os corpos animados, para as instituições e, talvez, até mesmo para as máquinas superiores; de forma mais ou menos explícita, a alma desiste de suas ambições metafísicas e se insere na sequência de formas de mecanismos naturais, mesmo que como um milagre natural neuroinformático complexo. Em seguida, as dualidades clássicas das altas culturas como alma e coisa, sujeito e objeto, matéria e espírito perdem sua tangibilidade habitual. O alto e o baixo se tornam indistinguíveis, aquilo que parecia pertencer a um além é absorvido num aquém adicional; aquilo que o rei queria no passado, hoje um qualquer democrático deseja. Abre-se uma hiperimanência confusa, na qual as falas tradicionais sobre o transcendente perderam seu vínculo com o decurso do mundo; hoje, elas soam como folclores distantes ou como músicas para os ouvidos de senhores e servos, que não existem mais. No espaço hiperimanente domina um emaranhado excitado de desdobramento de força e desperdício de energia. As forças não possuem nenhuma meta objetiva, a determinação da meta se tornou uma função das próprias forças. Tudo quer continuar e se intensificar, mas os passos de intensificação não possuem sentido transcendente – formam, no máximo, "histórias". Assim, parece justificada a impressão segundo a qual os seres humanos dos tempos modernos seriam, mais do que nunca, incapazes de informar onde eles se encontram quando dizem que são habitantes de um lugar chamado mundo. O mundo – onde fica isso?

Hoje, astrofísicos e neurocientistas, com a ajuda de psicólogos e teóricos midiáticos, tentam responder a essa pergunta. Mas não importam as respostas que encontram: O lugar do ser humano não pode mais ser determinado como o ponto intermediário entre Deus e o mundo, como havia sido o caso nos dias do triângulo clássico-metafísico.

E também o mundo deixou de ser definido como aquilo que é impregnado por Deus e visitado pelas almas. O homem se encontra, num sentido ainda mais radical do que no passado, "no mundo" – mais radical porque "estar no mundo" deve significar hoje sempre também "ser do mundo". Enquanto era possível contrapor o mundo a um outro e destacá-lo de seu Criador como criatura, repousava sobre ele a luz da transcendência. Ele era um escrito divino redigido segundo as regras da gramática celestial – ou, para usar outra imagem: uma casa construída por um arquiteto do além. A glória do intelecto divino dava ao ser criado uma constituição de validade geral. Onde costumava entrar no jogo o monstruoso, este precisava ser atribuído ao próprio Deus; majestade e terror não podiam faltar ao Deus da alma feudal. Mas quando o mundo é compreendido como figuração autocriadora sem autor, como processo sem senhor, que avança de caso em caso até chegar a seres como nós, o nosso lugar no mundo não pode mais ser compreendido de forma transcendente. Nenhum Deus superior ao mundo nos oferece, como aliado do além, distância do mundo absoluto – nós caímos vítimas da atividade gigantesca do mundo. Sem ponto de recuo transcendental, estamos inseridos no monstro "mundo". Se quiséssemos entender a nós mesmos de forma consequente a partir dele, teríamos que confessar que somos resíduos de uma explosão incondicional, as crias de um desenvolvimento infinitamente ousado. Se nenhum Deus legislador, transcendental e solidário com um ser humano tem planos conosco, o mundo no qual estamos e do qual somos é um hipermonstro com tempo e espaço para a apresentação de suas criações. Do monstro dos monstros emergem pela serpentina grudenta da evolução os monstros mais determinados – desde o *tyrannosaurus rex* até o *homo sapiens* e o vírus do ebola.

No processo da Modernidade, podemos medir a posição dos filósofos na medida de seu papel na emergência daquela monstruosidade, que começa a se revelar ao pensamento radical como mundo totalmente mundanizado. Enquanto os teólogos ainda gozam do privilégio de interpretar o mundo como instituto de um Deus constituinte, os pensadores da Modernidade precisam ter em vista o mundo como um todo autoconstituinte. Nisso se mostra que toda aparência de ordem no mundo resulta de um experimento interminável do mundo consigo mesmo; em todos os experimentos transparece uma camada fundamental de desordem e estado ainda não constituído. Só existe um conceito ou nome apropriado para esse todo não constituído: o monstruoso.

Esse é o nome verdadeiro necessário para um todo do mundo sem além e que transcende apenas a si mesmo. Consequentemente, podemos dizer que o processo da secularização, em seu sentido radical, não pode ser outra coisa senão a revelação antecedente em sucessos e catástrofes daquele monstro que nos equipa e desgasta. Filosofia autêntica da Modernidade é a hermenêutica do monstruoso como teoria do mundo uno.

Uma das características da Modernidade é que seu órgão lógico, de certo modo sua cabeça ou cérebro, não é primariamente filosófico, antes possui a forma de ciência e pesquisa. O empreendimento tipicamente moderno para o processamento cognitivo do mundo monstro é a pesquisa no estilo científico: ela consegue examinar o monstro sem olhar para ele; ela trabalha no mundo sem tomar conhecimento de sua monstruosidade. Nesse sentido, Heidegger estava certo: A ciência não pensa – contanto que entendamos pensar como nada além da consciência extática da nossa exposição ao aberto. Talvez teria bastado dizer que a ciência não treme. Isso não deve ser entendido como sentença crítico-científica, mas como observação sobre a função constituinte da ciência e pesquisa em relação ao mundo despido da razão de Deus.

Na verdade, a Modernidade realmente criou, graças aos métodos e hábitos da cientificidade, um substituto viável para as garantias de ordem da teologia. Nesse sentido, foi correto ou possui um sentido inteligível que, no século XIX europeu, se formou um tipo de igreja cientificista que tentou acalmar seus contemporâneos afirmando que ela existia para substituir a antiga fé empalidecida por uma nova fé vital, pela contemplação científica do mundo. Aquilo que, aqui, é chamado "nova fé" é, do ponto de vista funcional, nada mais do que a imposição de ordem pela ciência e técnica ao mundo secularizado: a nova fé serve, como já a antiga, para tornar o mundo menos monstruoso para o ser humano. O primeiro passo para a instalação do ser humano no mundo monstruoso ocorre por meio da pré-interpretação do todo secularizado como algo que, a longo prazo, não pode guardar segredo diante da análise científica; o segundo passo é a declaração da disposição de crer nos axiomas do naturalismo evolucionista. A era da ciência natural se fundamenta no compromisso entre física e holismo – fazendo jus ao credo mecanicista das ciências duras sem perder totalmente o consolo das teorias clássicas da harmonia dos mundos.

Aquele que diz natureza e se refere ao mundo já contribuiu a maior parte para o adestramento do monstro; por meio da naturalização, o mundo monstruoso é, por meio de um ato constituinte, subjugado ao espírito das ciências. A natureza, a mãe, não pode, no final das contas, ser tão monstruosa. Dessa forma, Deus é, mesmo que não como substância, mas sim em sua função como constituinte, preservado para o mundo na "natureza" da visão científica do mundo.

No que diz respeito à secularização do psíquico, o século XIX testemunha a emergência de uma onda maciça de psicologias científicas que começam a levar a sério a tradução de fenômenos psíquicos para a linguagem do mecanismo. Entre os psicólogos filosóficos do século XIX, o europeu alemão Friedrich Nietzsche e o norte-americano William James ocupam uma posição de destaque, porque ambos, apesar de profundamente envolvidos no projeto de uma naturalização do psíquico, foram, ao mesmo tempo, pensadores genuínos da Modernidade, ou seja, intérpretes do monstruoso.

Já foi chamada atenção para os paralelos nos destinos intelectuais e pessoais de Nietzsche e James; observou-se seu emaranhamento nas doenças do século XIX, sua oscilação entre tons depressivos e heroicos e uma semelhança profunda entre os dois referente às suas lutas de defesa vitalícia contra os fantasmas vitorianos e darwinianos da decadência e fraqueza nervosa. Ambos estavam condenados a viver com a esperança de se tornarem médicos e se arrastaram durante muitos anos na impaciência paciente de homens que esperavam sua cura.

O fato de que espírito e dieta estão mais intimamente vinculados do que os positivistas saudáveis admitem: isso era para ambos uma certeza teórica e, ao mesmo tempo, pessoal. O que chama a atenção são, ainda, os paralelismos entre suas especulações sobre as funções úteis da ilusão e da fé e ainda mais a harmonia de suas doutrinas sobre a natureza secundária de concepções lógicas em relação aos processos primários energético-afetivos. Podemos constatar que os psicólogos Nietzsche James pagaram seu mais alto tributo aos espíritos do naturalismo. Seu parentesco, porém, alcança camadas mais profundas. Mesmo que Nietzsche James, cada um com seus recursos, tenham executado os imperativos naturalistas de seu tempo no âmbito do psíquico, analisado sob o nome artificial "psique" como rede extremamente complexa de mecanismos superiores, eles encontraram sua grandeza intelectual apenas onde eles transcenderam as objetivações do psíquico por meio da abordagem científica e avançaram para uma explosão filosófica do naturalismo. Quando isso acontecia, eles deixavam para trás a segurança do conhecimento e ousavam assumir uma postura em que o mundo indeterminado se revelava como monstruoso. E também como psicólogos, ambos eram pensadores autênticos da Modernidade, pois percebiam em seu objeto de observação mais do que o mero cientificismo conseguia enxergar. Quando falavam da psique, eles representavam, seguindo as regras da arte, mecanismos mais elevados, mas não se esqueciam em seus exercícios que essa psique é o *organon* do monstruoso. Mesmo que a "alma" fosse apenas um cenário mecânico, ela, mesmo assim, seria o palco em que ocorre a estreia do mundo diante do indivíduo que vem ao mundo. Nesse desempenho, também a psique objetivada permanece, para ambos os pensadores, o núcleo aventureiro da existência. Consequentemente, ambos avançam para uma ética da vida que experimenta. O conceito de experimento de Nietzsche se explica mais por meios de conceitos estético-políticos como força de sonho e vontade de poder, enquanto a vida que experimenta em James se refere à experiência própria moral e religiosa do vivo na exploração de suas "hipóteses vivas".

Os temperamentos e caminhos de Nietzsche e James se separam assim que começa a exegese passionalmente intelectual do monstruoso. Onde Nietzsche estipula solidão, elitismo e aguçamento a fim de incitar o ser humano para a existência como sobre-humano para povoar a terra cansada dos homens finalmente com deuses autógenos, James se comporta de forma moderadora, conciliante e republicano. Poderíamos explicar de modo exemplar a oposição importante para toda a Modernidade entre pensadores aguçadores e pensadores amenizadores na diferença de temperamentos entre Nietzsche e James. Para o primeiro, a verdade se revela apenas no auge da intensificação; para o segundo, a desintensificação é o caminho áureo. Enquanto Nietzsche veste a máscara de Zaratustra para se elevar a educador de príncipes do futuro e deseja criar o ser humano segundo a medida ou o excesso do monstruoso; James, o professor de Harvard, se comporta como um ministro de uma república ontológica na qual tudo, também o desagradável e excessivo, deve desfrutar de um direito de cidadão pelo menos fenomenológico. Esse é o sentido da luta de James em prol do empirismo como postura moral de abertura incondicional perante a amplidão de todo o mundo dos fenômenos.

Se fôssemos caracterizar a interpretação do monstruoso por Nietzsche com uma única palavra, esta só poderia ser: altura. No caso de James, essa palavra seria sem dúvida: variedade. Não é à toa que essa expressão aparece no título da obra principal de James sobre a filosofia da religião – *The Varieties of Religious Experience* – um título escolhido posteriormente que James só pôde formular quando, ao lembrar-se de seus dois ciclos de palestras de Gifford em Edimburgo em 1901 e 1902 e perceber que ele tinha alcançado algo grande. Então ele usou o título de seu livro para erguer sua bandeira filosófica e usou sua palavra confessional *variedade* para substituir o título originalmente previsto: *O apetite religioso dos homens e sua satisfação por meio da filosofia*.

Não deveríamos ignorar que James, quando fala de *varieties*, não está se referindo à variedade bem organizada tão cara aos filósofos, muito menos à "*Mannigfaltigkeit*" [diversidade, variedade] dos funcionários do idealismo alemão, mas à reunião aberta dos muitos num campo amplo que não é dominado por nenhum conceito geral. A variedade de James não é um convento sério dos fenômenos sob a presidência do conceito, mas um acúmulo das coisas, mais parecido com um *varieté* do que com uma organização sistemática. Na palavra *varieties* transparece um programa do pluralismo ontológico. É parte da aversão norte-americana de William James ao Absoluto da velha Europa, o qual ele acusa de prender toda vida na jaula do Uno. Sua claustrofobia no Absoluto fez com que ele preferisse dar aos monstros de variedade indeterminada a maior liberdade a permitir que o Uno o abraçasse. Onde James interpreta sua experiência do monstruoso de forma mais primordial, ele confessa com um otimismo forçado que a experiência genuína exige *eo ipso* o respeito diante da variedade do real; por isso, o empirismo só pode cumprir seu destino como empirismo grande angular. Isso exige certa coragem diante do incomum, a disposição de suportar aquilo que é raro, excessivo, patológico. Em seus dias de fama, James se entristeceu e se divertiu ao mesmo tempo ao ver como alguns de seus colegas, tentando manter sua postura de seriedade, balançavam a cabeça assim que percebiam como ele contemplava determinados fenômenos na escala do paranormal como telepatia, vidência ou redação automática. Para ele, isso nada mais era do que uma exigência da boa-educação empírica – e, ao mesmo tempo, uma oportunidade para professar seu credo pluralista contra qualquer tipo de coerção à unidade. Era justamente a impropriedade ontológica do paranormal que atraía seu sentido pluralista. Poderíamos dizer que o empirismo de James é um caminho norte-americano para a fenomenologia. Como cidadão livre, James queria viver numa república dos fenômenos, que não recusa a entrada a nenhum ente – pelo menos não com razões *a priori*. Nessa república fenomenológica, as coisas comuns e incomuns se relacionam de modo imediato ao monstruoso.

Se fizermos uma retrospectiva da contribuição dos grandes norte-americanos às rupturas revolucionárias no pensamento do século XIX, a importância de William James como portador de uma ação paralela transatlântica a Nietzsche, Bergson e Freud se destaca imediatamente. Seu efeito específico deve ser identificado no campo em que se realiza a americanização do religioso. Duas coisas podem ser vinculadas a essa expressão: de um lado, a virada pragmática da psicologia da religião que, em espírito jesuíno, insiste que o bem é reconhecido não em suas raízes, mas em seus frutos; de outro, a tendência dos norte-americanos para o desenvolvimento de sínteses cada vez mais coloridas entre tecnologia altamente desenvolvida e ingenuidade robusta. Como um porta-voz da americanização do religioso, James ofereceu impulsos de longo alcance para a aplicação de processos psicomecânicos e psicotécnicos à vida interior do indivíduo. Como James sabia de experiência própria, um potencial depressivo enorme é liberado quando o ser humano reflete sobre sua existência sob conceitos deterministas da ciência natural. Pode ocorrer uma interação fatal entre depressão psíquica e auto-objetivação teórica.

Por volta de 1800, Johann Gottlieb Fichte já tinha expressado algo semelhante com consequência fanática em seus escritos populares: aquele que compreende a si mesmo, no espírito das ciências do objeto, como partícula na fábrica do mundo, se separa de sua espontaneidade e arrisca afundar em desanimação incurável – esse indivíduo estaria fadado a flutuar como um pedaço de matéria demente pelo universo morto. Também Fichte já tinha receitado a fuga do determinismo como grande terapia; seu imperativo, ainda formulado de modo radicalmente idealista, exigia a cura por meio da autodeterminação da liberdade.

James, por sua vez, experimentou os efeitos da cura da liberdade – seguindo o kantiano francês Charles Renouvier – com sucessos variados; mais tarde, já não mais sob as máximas idealistas e absolutistas – ele se inseriu na sequência dos pensadores da liberdade moderna. Ele sabia por experiência própria em sua alma que a auto-objetivação segundo os conceitos mecanicistas, evoca o perigo de uma morte motivacional em vida. Ele previa algo da emergência de imensos proletariados da depressão separados das fontes da motivação própria e sem qualquer perspectiva vital senão um autodesgaste miserável. Desde cedo, ele alertou ao perigo de uma aids da falta de convicção. James se fez útil e conquistou respeito amplo ao publicar os excessos teóricos de seus experimentos autoterápicos – essa transmissão de conhecimento de autocura permaneceu, pelo menos desde a literatura de conversão protestante do século XIX, um mecanismo importante de formação de comunidade e público. E assim um público não só acadêmico conheceu William James como professor do direito à vida e advogado da "vontade de crer".

Os textos mais famosos de James podem ser lidos como se o autor tivesse pretendido traduzir a doutrina nietzschiana da vontade de poder em uma doutrina esperta sobre o direito à força. Para James, o dono desse direito humano energético não é um sobre-humano que se eleva a si mesmo, mas o ser humano burguês do cotidiano ameaçado pelo peso excessivo e pela desmotivação, cujo heroísmo consiste em adiar ao máximo o seu fracasso. Os heróis norte-americanos de James são – como ele mesmo – heróis do adiamento do colapso. Para ele, herói é aquele que, a cada dia, mobiliza suas forças para aceitar sua chance. (*A morte do caixeiro viajante*, de Arthur Miller, é claramente uma continuação da teoria de James sobre a coragem humana na tragédia trivial.) Era como se James quisesse explicar que ser e permanecer um norte-americano – ou será que, agora, poderíamos dizer: o homem moderno? – só é possível se possuirmos um capital de força de vontade e autoconfiança. Naturalmente, James conhecia o hino grandioso de Ralph Waldo Emerson à virtude categórica norte-

-americana da *self-reliance*. O psicólogo James se pôs a tarefa de traduzir o canto do transcendentalista para uma tonalidade analítica. Pois o que deveríamos aconselhar ao ser humano cuja fonte de autoconfiança secou? Como o filósofo pode se dirigir àqueles que sofrem uma estiagem psíquica e não têm acesso a visões e forças de vontade?

Na resposta a essa pergunta se evidencia o que significa a americanização do religioso. Aquele que ainda não encontrou uma fonte de energia em seu terreno interior não pode desistir sob quaisquer circunstâncias: ele precisa continuar tentando até encontrar forças profundas. Exatamente isso é o americanismo do religioso – a vinculação da mentalidade de garimpeiro à piedade do sucesso. Quem procura acha; na América da última virada do século isso significava: também dentro de você, mesmo que no momento você pareça estar sem forças, se encontra um lago vibrante de motivações; você está vivendo acima de um além energético que espera jorrar dentro de você. Deus é um Texas interior; o ser humano é uma plataforma para a extração de energias profundas. Americanismo espiritual significa neomediunidade: aquele que vive no Novo Mundo sempre tem a chance de se transformar em um canal pelo qual flui a energia empreendedora do reino espiritual; cada ser humano, sobretudo o transatlântico, é um médio para a força de sucesso do além.

Visto, porém, que a religião norte-americana é vinculada diretamente à busca pelo sucesso de vida, a fé se transforma em atividade experimental. Apenas agora vale, sem restrições, a sentença de que é verdade o que age. Assim, a vida de fé moderna trilha o caminho para o ecletismo: Caso se revele que a fé não agiu em medida suficiente, é permissível e obrigatório experimentar outra fé. Isso abre o caminho para os supermercados religiosos do pós-modernismo; em menos de cem anos, ele foi percorrido completamente pelos norte-americanos e europeus; rapidamente, percorreram todas as etapas, desde o sincretismo até o exotismo e a banalização. Sempre que se fazia valer o traço moderno para a vida com hipóteses religiosas, entrava em jogo também o motivo pragmático de obter acesso às fontes de energia transcendentais interiores. Entendemos perfeitamente por que existem, deste e daquele lado do Atlântico, lojas que oferecem toda a gama de publicidade religiosa e esoterismo ocidental e oriental juntamente com toda a gama de vitaminas em frascos de remédios. Em ambas as ofertas age o mesmo pragmatismo dietético. Religiões ou vitaminas: ambas alimentam a mesma metaconvicção segundo a qual cada indivíduo deve descobrir as convicções e vitaminas que surtam o melhor efeito nele. É a obrigação do indivíduo moderno e pós-moderno para consigo mesmo alimentar o motor da vida com a melhor mistura de combustíveis. Afirmações e vitaminas – essa é a *vita vitalis*, a cura que pode ser encontrada na farmácia pragmática.

Com uma elegante reflexão, William James tinha explicado aos seus colegas no clube filosófico das universidades Yale e Brown, em sua palestra *The Will to Believe*, de 1896, que o ser humano, e também o cientista, possui um direito inalienável a levar sua vida na base de convicções que conseguem motivá-lo para o empenho máximo de si mesmo; esse direito tem validade incondicional, pois a vida é curta demais para suspender a opinião e a fé pragmática até a pesquisa objetiva encontrar as verdades últimas. Cada ser humano se comporta a todo momento como um papa infalível de seus instintos vitais, e ninguém o repreenderá por isso. Duas ou três gerações mais tarde, o mercado foi invadido pelos gurus com o chavão muito deselegante de que a iluminação não se importa como você a alcança.

Seguidores de formas de fé mais antigas podem considerar repugnantes essas observações sobre o pragmatismo do religioso; elas realmente são escandalosas na medida em que nos recusamos a admitir que existe uma atividade intensa na fronteira entre o mecânico e o espiritual. O americanismo na religião possui a vantagem de não fazer mistério de sua inserção na era tecnológica. Para ele, crer significa experimentar com uma *mind-machine* simbólica. Uma das qualidades analíticas do pragmatismo é, também, que ele coloca o dedo no vínculo entre fé e vontade de sucesso – algo que as belas almas gostam de ignorar. A religiosidade pragmática expõe uma metafísica um tanto nua do sucesso de vida; e ela reconhece abertamente que não entende o que haveria de escandaloso nisso. Se a vida por convicção ou, em termos pragmáticos: por religião sempre já é vista como segredo motivacional do sucesso, precisamos conceder ao americanismo religioso o mérito de ter começado a lançar luz sobre a escuridão da vida de sucesso. O americanismo parece dizer: No mundo espiritual vale a lei da sobrevivência daquele que sabe convencer melhor.

Admitamos: Uma pessoa motivada possui melhores chances de sucesso. Se Darwin tivesse levado a cabo o seu pensamento, ele teria falado do *survival of the fittest believer*. Naturalmente, James contribuiu para amenizar a brutalidade dessa tese. Ele esboçou um tipo de metateoria das convicções ou uma teoria das metaconvicções, que lhe permite descrever a vida e o sucesso da vida sob o aspecto de hipóteses vivas práticas. Nisso se manifesta um resto metarreligioso de respeito diante do dinamismo da fé de seus compatriotas na república dos convencidos – já que uma participação direta na fé dos confessos positivos não é possível. Se quiséssemos reconstruir as observações dispersas de James sobre a lógica da fé na forma de uma tese coerente, chegaríamos provavelmente a uma teoria do círculo da sorte; quem o percorre tem sorte na sorte e sorte no azar; fracasso é sucesso por desvios. Jogadores crentes sempre surfam na onda da sorte. No *circulus virtuosus*, uma experiência própria no sucesso é liberada por meio de uma ousadia de fé e uma experiência própria na fé confirmada por meio do sucesso.

Esse círculo pode ser interpretado como sistema autorreforçador ou como turbilhão metamágico; nele não existe nada mais bem-sucedido do que o sucesso – exceto a fé na fé no sucesso. Parte do charme humano e intelectual de William James consiste no fato de que ele, com uma generosidade quase sem igual, confessou sua vontade de crer no pluralismo das sortes. Assim como o empirismo de James pôde se apresentar como caminho norte-americano para a fenomenologia, a sua metaconvicção do valor insubstituível das convicções e das práticas de fé pode ser descrita como caminho norte-americano para o ecumenismo.

No entanto, são poucas as trilhas do *american way of religious life* que levam em direções ecumênicas. Como Harold Bloom mostrou em seu livro angustiante *The American Religion. The Emergence of a Post-Christian Nation* (Nova York: Simon and Schuster, 1992), sob o manto do secularismo civilizatório nos Estados Unidos ocorreu uma metamorfose gigantesca de mentalidade desde o fim da Primeira Guerra Mundial. A nação de cidadãos "bravos e livres" de fé oficialmente cristã se transformou numa mistura de confissões profético-espiritistas de estilo livre – entre elas movimentos tão poderosos quanto a cura espiritual, o mormonismo, o movimento batista e o neo-orfismo californiano, o movimento *new age*. O livro de Bloom pode ser lido como uma réplica direta às palestras de Gifford – com um atraso de cem anos; ele trata das *Varieties of American Religious Experiences* no fim aberto da era cristã norte-americana. Oferece uma das poucas respostas intelectuais de primeira ordem ao diagnóstico (surpreendente para o europeu) de que, segundo pesquisas recentes, mais de 90% dos norte-americanos adultos informam existir na fé em um ser supremo relevante e de que este demonstrou seu afeto eletivo por eles.

Harold Bloom comete a imprudência de sugerir "gnose" como título para os sincretismos norte-americanos. Segundo Bloom, as características da religião norte-americana são a bandeira e o feto – ou seja, o símbolo da vida norte-americana que domina o mundo e, ao mesmo tempo, ameaçada de um lado, e de outro o símbolo da vida norte-americana ainda não nascida e ameaçada em sua salvação. Na verdade, a síndrome neorreligiosa norte-americana não é um caso de gnose, mas uma teosofia nacional pós-cristã. Ela impõe, como uma metástase calvinista, a religião do sucesso incondicional da vida; é, no sentido da secularização radical acima exposto, uma religião mundanizada. Consequentemente, ela executa todos os métodos de tornar o além presente no aquém com extrema falta de escrúpulos psicotécnicos. Seu interesse último é: *to make God happen*; onde Deus acontece, meu sucesso não pode estar distante. Para a religião norte-americana, tudo é dado "já agora".

A religião norte-americana leva à vitória o oposto do impulso gnóstico, se entendermos a gnose como emancipação da alma da coerção do mundo. As seitas da *american religion* são, por sua vez, nada mais do que escolas da ganância de sucesso intramundano com apoio espiritual; elas apostam na superimanência mágica; todas elas prometem *fitness* interior na corrida pelos troféus dos vencedores no real, demasiadamente real. Por isso, sua maioria é comercial, expressiva, auto-hipnótica, intervencionista; seus seguidores levam a centelha da alma na língua e sua esperança no carnê de cheques. Todos eles veem em Deus o seu patrocinador. Com eles, o irracionalismo se deleita na vingança contra o pragmatismo secular. Diante de tais desenvolvimentos, os poucos intelectuais europeus que ainda possuem uma noção da ideia do "Terceiro Reich" como teosofia nacional alemã, não podem ignorar o alarme dado por Harold Bloom em seu ensaio crítico-religioso.

No que diz respeito a William James, o seu projeto filosófico-religioso de uma empiria liberal que faria jus a toda a república das hipóteses vivas flutua muito acima da confusão norte-americana; seu protestantismo educacional, sua disciplina cientificista de Harvard, seu individualismo discretamente patético e sua prosa eufórica o afastam da neblina do americanismo maníaco com suas crias nacional-teosóficas. Devido à sua natureza melancólica, James não tinha como se refugiar numa fé positiva. Seu caminho foi o da metarreligiosidade sensível e empática, na qual o interesse pela religião teve que substituir a própria religião. O próprio James não via essa substituição como desvantagem; o interesse, contanto que seja uma hipótese suficientemente viva, pode tornar supérflua uma fé maciça. Assim, James é o aliado natural daqueles que possuem razões de se emancipar da religião por meio do interesse pela religião.

Como intérprete do monstruoso, James – diferentemente de Nietzsche – considerou necessário proteger os indivíduos da desolação que resulta da revelação da plenitude do mundo aos meros intelectos humanos. Ele entendeu que uma das tarefas da filosofia é não levar o ser humano à loucura que resulta da filosofia última. Nisso ele se comportou como um teólogo da Idade Média, que acreditava que era preciso falar de Deus de tal maneira que os intelectos mortais fossem protegidos de sua revelação aguda; normalmente, os teólogos medievais não prezavam muito a cegueira mística. Uma medida sábia parece ter sido tomada com a pragmatização do conceito da verdade, segundo o qual é verdadeiro o que produz frutos na vida. Nesse ponto, os grandes norte-americanos se encontram do mesmo lado das barricadas como Nietzsche.

Se tivéssemos que informar o motivo por meio do qual o interesse de James pela religião recebe um aspecto de uma afirmação irrescindível, resta-nos apenas a palavra chance. É a palavra de convicção mais própria de James. É o signo motivador que apresenta as tarefas ao seu intelecto. Quando James ressalta em sua hermenêutica do monstruoso o aspecto da variedade, ele interpreta a variedade como fonte das chances para os indivíduos. Nas chances transparece uma luz na densidade escura das coisas; onde a chance cria uma clareira, eu me aceito como lugar no ser no qual uma elevação é possível. A chance reconcilia o indivíduo com o monstruoso mostrando-lhe onde ele deve ousar mais uma vez o salto para o sucesso – apesar de se ver cercado de muitos fracassos. Às vezes, James parece até chegar ao ponto de dizer que, para o homem, a chance da salvação é mais importante do que a própria salvação.

"O coração vive em chances." Como pluralista cauteloso que sabe que nem tudo é bem-sucedido, mas que sabe também que nem tudo se perde, James resume sua existência nessa sentença cautelosa. Na vontade de crer nas chances dos indivíduos, James expressa a soma de suas dúvidas e certezas como que numa confissão transbordante.

Índice

Sumário, 5
1 Crepúsculo dos deuses, 7
2 Podemos dizer sim ao mundo? – Sobre a mudança na disposição básica na religiosidade da Modernidade com consideração especial de Martinho Lutero, 30
    1 A intensificação excêntrica, 30
    2 E eles viram que não era bom, 45
    3 A origem da Reforma a partir do espírito do desespero temperado, 52
    4 Entropia protestante, 59
3 A verdadeira heresia: a gnose – Sobre a religião mundial da ausência do mundo, 64
    1 Onde fica Nag Hammadi, 64
    2 Como o mundo real finalmente se transformou em equívoco, 72
    3 Uma breve história do tempo verdadeiro, 84
    4 A gnose como psicologia negativa, 93
    5 Humanismo demiúrgico – Sobre a gnose da arte moderna, 99
    Literatura mencionada, 102
4 Mais próximo de mim do que eu mesmo – Pré-escola teológica à teoria do interior comum, 103
5 O bastardo de Deus: A ruptura Jesus, 161
6 Aprimoramento do ser humano – Notas filosóficas sobre o problema da diferença antropológica, 190
7 Épocas da animação – Sugestões para uma filosofia histórica da neurose, 206

8 Latência – Sobre o escondimento, 231
  1 Emergência da cripta, 231
  2 Operação maximamente invasiva, 233
  3 Encaixamento com geração de latência, 234
  4 Amarrotamento e desdobramento, 236
  5 Cálculo integral intuitivo, 238
9 O imperativo místico – Observações sobre a mudança de forma do religioso na Modernidade, 242
  1 As *Confissões extáticas* de Martin Buber como sintoma da época, 242
  2 Religião na era do experimento, 253
  3 Arena mundial e espaço não marcado, 259
10 Imperativo absoluto e categórico, 269
11 Novidades sobre a vontade de crer – Observação sobre a dessecularização, 276
12 Chances no monstruoso – Anotação sobre a mudança de forma do religioso no mundo moderno na sequência de alguns motivos em William James, 297

LEIA TAMBÉM:

O que é poder?
Byung-Chul Han

Ainda existe em relação ao conceito de poder um caos teórico. Opõe-se à evidência do seu fenômeno uma obscuridade completa de seu conceito. Para alguns, significa opressão. Para outros, um elemento construtivo da comunicação. As representações jurídicas, políticas e sociológicas do poder se contrapõem umas às outras de maneira irreconciliável. O poder é ora associado à liberdade, ora à coerção. Para uns, baseia-se na ação conjunta. Para outros, tem relação com a luta. Os primeiros marcam uma diferença forte entre poder e violência. Para outros, a violência não é outra coisa senão uma forma intensiva de poder. Ele ora é associado com o direito, ora com o arbítrio.

Tendo em vista essa confusão teórica, é preciso encontrar um conceito móvel que possa unificar as representações divergentes. A ser formulada fica também uma forma fundamental de poder que, pelo deslocamento de elementos estruturais internos, gere diferentes formas de aparência. Este livro se orienta por essa diretriz teórica. Desse modo, poderá ser chamado poder qualquer poder que se baseie no fato de não sabermos muito bem do que se trata.

Byung-Chul Han nasceu na Coreia, mas fixou-se na Alemanha, onde estudou Filosofia na Universidade de Friburgo e Literatura Alemã e Teologia na Universidade de Munique. Em 1994, doutorou-se em Friburgo com uma tese sobre Martin Heidegger. É professor de Filosofia e Estudos Culturais na Universidade de Berlim e autor de inúmeros livros sobre a sociedade atual, dentre os quais *Sociedade do cansaço*, *Sociedade da transparência*, *Topologia da violência*, *Agonia do Eros* e *No enxame*, publicados pela Editora Vozes.

Agonia do Eros
Byung-Chul Han

O Eros se aplica, em sentido enfático, ao outro, que não pode ser abarcado pelo regime do eu. No inferno do igual, que iguala cada vez mais a sociedade atual, não mais nos encontramos, portanto, com a experiência erótica, que pressupõe a transcendência, a radical singularidade do outro. O terror da imanência, que transforma tudo em objeto de consumo, destrói a cupidez erótica. O outro que eu desejo e que me fascina é sem-lugar; ele se retrai à linguagem do igual. O desaparecimento do outro é um sinal da sociedade que vai se tornando cada vez mais narcisista; a sociedade, esgotada a partir de si, não consegue se libertar para o outro. É uma sociedade sem eros.

Byung-Chul Han nasceu na Coreia, mas fixou-se na Alemanha, onde estudou Filosofia na Universidade de Friburgo e Literatura Alemã e Teologia na Universidade de Munique. Em 1994, doutorou-se em Friburgo com uma tese sobre Martin Heidegger. É professor de Filosofia e Estudos Culturais na Universidade de Berlim e autor de inúmeros livros sobre a sociedade atual, dentre os quais: *Sociedade do cansaço*, *Sociedade da transparência* e *Topologia da violência*, publicados pela Editora Vozes.

CULTURAL

Administração
Antropologia
Biografias
Comunicação
Dinâmicas e Jogos
Ecologia e Meio Ambiente
Educação e Pedagogia
Filosofia
História
Letras e Literatura
Obras de referência
Política
Psicologia
Saúde e Nutrição
Serviço Social e Trabalho
Sociologia

CATEQUÉTICO PASTORAL

Catequese
  Geral
  Crisma
  Primeira Eucaristia

Pastoral
  Geral
  Sacramental
  Familiar
  Social
  Ensino Religioso Escolar

TEOLÓGICO ESPIRITUAL

Biografias
Devocionários
Espiritualidade e Mística
Espiritualidade Mariana
Franciscanismo
Autoconhecimento
Liturgia
Obras de referência
Sagrada Escritura e Livros Apócrifos

Teologia
  Bíblica
  Histórica
  Prática
  Sistemática

REVISTAS

Concilium
Estudos Bíblicos
Grande Sinal
REB (Revista Eclesiástica Brasileira)

VOZES NOBILIS

Uma linha editorial especial, com importantes autores, alto valor agregado e qualidade superior.

VOZES DE BOLSO

Obras clássicas de Ciências Humanas em formato de bolso.

PRODUTOS SAZONAIS

Folhinha do Sagrado Coração de Jesus
Calendário de mesa do Sagrado Coração de Jesus
Agenda do Sagrado Coração de Jesus
Almanaque Santo Antônio
Agendinha
Diário Vozes
Meditações para o dia a dia
Encontro diário com Deus
Guia Litúrgico

CADASTRE-SE
www.vozes.com.br

EDITORA VOZES LTDA.
Rua Frei Luís, 100 – Centro – Cep 25689-900 – Petrópolis, RJ
Tel.: (24) 2233-9000 – Fax: (24) 2231-4676 – E-mail: vendas@vozes.com.br

UNIDADES NO BRASIL: Belo Horizonte, MG – Brasília, DF – Campinas, SP – Cuiabá, MT
Curitiba, PR – Fortaleza, CE – Goiânia, GO – Juiz de Fora, MG
Manaus, AM – Petrópolis, RJ – Porto Alegre, RS – Recife, PE – Rio de Janeiro, RJ
Salvador, BA – São Paulo, SP